計算モデルと
プログラミング

猪股俊光・山田敬三 [共著]

森北出版株式会社

●本書のサポート情報を当社Webサイトに掲載する場合があります．下記のURLにアクセスし，サポートの案内をご覧ください．

https://www.morikita.co.jp/support/

●本書の内容に関するご質問は，森北出版 出版部「(書名を明記)」係宛に書面にて，もしくは下記のe-mailアドレスまでお願いします．なお，電話でのご質問には応じかねますので，あらかじめご了承ください．

editor@morikita.co.jp

●本書により得られた情報の使用から生じるいかなる損害についても，当社および本書の著者は責任を負わないものとします．

■本書に記載している製品名，商標および登録商標は，各権利者に帰属します．

■本書を無断で複写複製（電子化を含む）することは，著作権法上での例外を除き，禁じられています．複写される場合は，そのつど事前に(一社)出版者著作権管理機構（電話03-5244-5088, FAX03-5244-5089, e-mail: info@jcopy.or.jp）の許諾を得てください．また本書を代行業者等の第三者に依頼してスキャンやデジタル化することは，たとえ個人や家庭内での利用であっても一切認められておりません．

まえがき

コンピュータと計算モデル

　コンピュータは，「人間が行っている（行いたい）計算」を代行する電子機械であり，計算の仕方を書き表した文書（台本）がプログラムにあたる．このことから，コンピュータはプログラムに従って計算をする機械ともいえる．はたして，人間が行っている（行いたい）あらゆる種類の計算をプログラムとして記述できるのだろうか．プログラムとして記述できない計算，いいかえると，コンピュータが計算できないことはあるのだろうか．

　これらの答えを求めるための基礎理論とプログラミング技法の習得が，本書の目的の一つである．そのためには，計算の姿をいくつかの視点から観察し，その中からわかったことを論理的・体系的に整理しながら結論を導く必要がある．具体的には，計算にはどのような基本操作（演算）があるのか，それらの基本操作の組合せ（合成）にはどんなものがあるのか，組み合わせたものでどのような計算ができるのか，をそれぞれ解明していく．このような分析と統合の過程によって得られたのが「計算モデル」である．実は，「計算」に関する議論はコンピュータが開発される前の1930年代から始められており，その当時からいくつかの「計算モデル」が提案されている．

　現在，多くのプログラミング言語（以下，言語と記す）が設計され，それに対応した言語処理系もまた開発されている．それぞれの言語には設計にあたって参考とされた計算モデルがあり，言語がもつ構文要素（演算子，条件式など）や構文規則（実行順序制御，関数定義など）は，計算モデルの基本操作や合成の仕方から少なからず影響を受けている．そのため，計算モデルを学ぶことにより，既存のプログラミング言語や言語処理系の理解が深まることはもちろんのこと，将来，新しいソフトウェアを自分で作るために必要とされる知識や技術を身に付けられる．

プログラミングのための計算モデル

　データマイニング，機械学習，機械翻訳，自動運転など，コンピュータに意図した処理を行わせるために必要とされる論理的思考力は，「自分が意図する一連の活動を実現するために，どのような動きの組合せが必要であり，一つひとつの動きに対応した記号を，どのように組み合わせたらよいのか，記号の組合せをどのように改善してい

けば，意図した活動により近づくのか，といったことを論理的に考えていく力」であるといえる[†]．この中の「動きの組合せ」は計算モデルの基本操作の合成，「記号の組合せ」はプログラミング言語の構成要素の組合せにそれぞれ該当する．そして，意図した処理を実現するための基本操作を合成する一連の作業が「プログラミング」である．基本操作と合成は計算モデルごとに固有であり，プログラミングもまた計算モデルごとに特色がある．そのため，「意図した活動により近づける」ためには，各計算モデルの特性を理解し，適切な計算モデルを選択することが重要である．

現在，人工知能，ロボット制御，IoT，ビッグデータなどの分野を支えているコンピュータは，1930 年代からの「計算モデル」の研究成果による．コンピュータを中心とした先端技術の発達によって産業構造が変革をとげようとしている今こそ，各種計算モデルを学習することは，現在のコンピュータの理解・活用の助けになるばかりでなく，未来のコンピュータや情報通信技術を創造するためにも必要である．

対象とする読者

コンピュータに関心が高く，プログラミングを科学的に追究することに興味をもつ情報系の学部生・高専生や社会人を主な読者と想定している．離散数学（集合，関数，グラフ，論理など）の知識があれば理解が進みやすい箇所もあるが，本書の一部は高校生を対象とした公開講座の教材としても活用しながら例題や演習問題を充実させたので，大学で離散数学を学んでいない読者であっても，各計算モデルの計算メカニズムやプログラミング技法は理解できるであろう．なお，言語の種類は問わないが，特定のプログラミング言語の学習経験があることが望ましい．それは，本書の中のプログラム例を実際に動かすためには，言語処理系のインストールが必要であり，ある程度の経験が求められるためである．

本書の特徴

「計算」を主題とした類書では，計算モデルの数学的な定義をもとに計算可能性の形式的な議論が中心であり，計算モデルとプログラミングについて言及しているものは数少ない．本書は，数学的な厳密さを追求せずに，計算モデルを通じて学ぶ計算の仕組みを現実のプログラミングにつなげられるよう，次にあげる項目を中心に述べることとした．

- 複数種類の計算モデル
  これまでに考案されている計算モデルのうち，理論的な考察が行われていて，独自の視点からの形式化がされている「機械型計算モデル」から 4 種，「関数型計算

[†] 文部科学省「小学校プログラミング教育の手引き（第一版）」，平成 30 年 3 月より．

モデル」から 2 種,「論理型計算モデル」から 1 種をとりあげた.このうち,「機械型計算モデル」の 4 種類は,モデル化に際しての抽象度や計算可能な内容の違いから選んだ,チューリング機械,有限オートマトン,レジスタ機械,流れ図である.また,「関数型計算モデル」の 2 種類は,計算対象の違いから選んだ帰納的関数とラムダ計算である.

　一つひとつの計算モデルの特色を明らかにするために,共通の例題を定め,各モデルでの表現例を示した.さらに,一般的な計算能力について,各モデル間の関係についても論じた.なお,これら計算モデルを理解するために最低限必要な数学的知識について,付録 A に解説をまとめている.

- 計算モデルに基づいたプログラミング言語

　計算モデルの多くには,その計算モデルを基礎とするプログラミング言語が存在する.本書ではそのようなプログラミング言語として,Scratch（流れ図），Haskell（帰納的関数），Scheme（ラムダ計算），Prolog（論理プログラム）をとりあげた.なお,対応するプログラミング言語がない計算モデルについては,計算モデルのシミュレータ（チューリング機械,レジスタ機械）を準備し,その解説を付録 B,C に記した.

　これらの言語は,各計算モデルを導入した直後に,例題や問（解答例付き）を示しながら説明した.初めて学ぶことになる言語が多いことを想定して,言語処理系の概説と入手法も記した.ただし,プログラミング言語の解説書ではないため,本書だけでは各言語がもつすべての機能（とくにデータ構造）を習得することはできない.また,アルゴリズムの工夫によるプログラムの効率化やプログラムの正しさの検証については触れていない.本書で興味をもった読者は,プログラミング言語などについて詳しく解説された他書で,さらに学習してほしい.

- 計算のためのプログラミング技法

　各計算モデルに対応したプログラミング言語に触れることで,プログラム作りをする上で必要とされる,変数のスコープ（有効範囲），関数呼び出しの種類（値呼び,名前呼びなど），ラムダ式,高階関数,自己記述,単一化代入などの概念を学ぶことができる.

　新しいプログラミング言語を習得するときのポイントは,その言語がもつ基本操作（演算子,ライブラリ関数など）と合成の仕方（構文規則）を理解することである.そこで,例題をできるだけ共通化し,各プログラミング言語によるプログラムを例示することで,各言語が有する基本操作や合成の仕方の違いが際立つようにした.さらに,各計算モデルの計算メカニズムがプログラミング言語が有している変数のスコープ（有効範囲），関数呼び出しの種類（値呼び,名前呼びな

ど），ラムダ式，高階関数，自己記述，単一化代入などといった概念との関連性についても言及した．

　上記の Scratch, Haskell, Scheme, Prolog プログラムの実行にはそれぞれ処理系を用いるが，それらの基礎事項については，補遺として Web 上（https://www.morikita.co.jp/books/mid/085471）に用意した．また，本文中のプログラムもダウンロードできるように用意した．さらにチューリング機械とレジスタ機械については，それぞれのシミュレータのソースコードを掲載している．適宜参照されたい．

　末筆ながら本書の作成にあたってご協力をいただいた方々に感謝いたします．
　本書は，岩手県立大学ソフトウェア情報学部において，著者が担当してきた学部専門科目『情報学基礎 A』（1998〜2005 年度）と『計算モデル論』（2006 年度以降）の講義ノートをもとに作成したものです．この講義ノートの一部は，中高生を対象とした『コンピュータサイエンス教室』（岩手県立大学ソフトウェア情報学部主催の公開講座，2017, 2018 年度）でも活用しました．これらの実践を通じて，本文での説明内容，例題，演習問題等の手直しを繰り返してきました．さらに，本書の出版にあたっては，森北出版株式会社出版部の藤原祐介氏，ならびに宮地亮介氏にご尽力いただきました．
　みなさま方にこの場を借りてお礼申し上げます．

2019 年 3 月

著　者

目 次

第1章 計算の世界と計算モデル　1
1.1 計算の世界 ― 1
1.2 計算モデル ― 2
1.3 計算モデルとプログラミング言語 ― 3
1.4 アルゴリズムの記法 ― 5
1.5 数の体系 ― 9
1.6 自然数上の計算と計算モデル ― 10
演習問題 ― 12

第2章 抽象機械型計算モデル　13
2.1 機械による計算のモデル化 ― 13
2.2 順序機械 ― 18
2.3 有限オートマトン ― 22
2.4 チューリング機械 ― 27
2.5 チューリング機械の計算可能性 ― 35
2.6 まとめ ― 39
演習問題 ― 39

第3章 命令型計算モデル　41
3.1 命令による計算のモデル化 ― 41
3.2 レジスタ機械 ― 43
3.3 レジスタ機械の計算可能性 ― 51
3.4 流れ図による計算の記述 ― 53
3.5 流れ図の計算可能性 ― 59
3.6 流れ図の標準形定理 ― 63
3.7 Scratchによる流れ図の実行 ― 67
3.8 まとめ ― 72
演習問題 ― 73

第4章 関数型計算モデル ―帰納的関数―　75
4.1 関数による計算のモデル化 ― 75

4.2	Haskell によるプログラミング	79
4.3	関数の計算可能性と原始帰納的関数	85
4.4	帰納的関数	99
4.5	帰納的関数の計算可能性	105
4.6	関数型プログラミング	108
4.7	まとめ	111
	演習問題	113

第 5 章　関数型計算モデル ―ラムダ計算―　　114

5.1	ラムダ記法による計算のモデル化	114
5.2	Scheme によるプログラミング	116
5.3	ラムダ式による計算対象の表現	118
5.4	β 変換による計算	124
5.5	β 変換の特性と戦略	130
5.6	ラムダ計算と計算可能性	135
5.7	ラムダ計算の特徴	144
5.8	Scheme と関数型プログラミング	146
5.9	まとめ	152
	演習問題	153

第 6 章　論理型計算モデル　　155

6.1	論理による計算のモデル化	155
6.2	Prolog によるプログラミング	157
6.3	1 階述語論理	160
6.4	1 階述語論理の意味論と形式的体系	163
6.5	導出原理	166
6.6	SLD 導出と計算	175
6.7	論理プログラムの計算可能性	182
6.8	Prolog と論理型プログラミング	184
6.9	まとめ	189
	演習問題	190

付録 A　数学の準備　　192

A.1	論　理	192
A.2	集　合	193
A.3	論理と集合	194
A.4	関　数	195
A.5	グラフと木	195
A.6	アルファベットと言語	197

付録B　チューリング機械シミュレータ　　　　　　　　　　　　　　**198**

    B.1　TM の定義ファイル ——————————————————— 198
    B.2　シミュレータの起動 ——————————————————— 199

付録C　レジスタ機械シミュレータ　　　　　　　　　　　　　　　**200**

    C.1　RM のプログラム ———————————————————— 200
    C.2　シミュレータの起動 ——————————————————— 200

演習問題のヒントと解答　　202
参考文献　　207
索　引　　210

第1章 計算の世界と計算モデル

1.1 計算の世界

社会生活の中で，コンピュータを活用した作業には，たとえば，次のものがある．

データ通信，座席・チケット予約，ネットショッピング，自動翻訳，気象予測，ロボット制御，製造ライン管理，交通管制，車両の自動運転など．

これらの作業において，コンピュータが共通で行っていることは，

四則演算，大小比較，等価判定，データの検索・置換，データの比較・整列など

といった**計算** (computation) である．このことから，コンピュータは社会生活で必要とされる計算を行う機械といえる．ただし，人間が知的探究活動や日常生活の中で行っているあらゆる種類の計算を，コンピュータが代行できるわけではない．

では，コンピュータが計算を代行できるかどうかは，どのようにしたら判断できるのだろうか．仮に，コンピュータで代行できるとわかった場合，代行させるための方法をどのようにして選べばよいのだろうか．これらの答えを見つけるためには，計算を形式的に定めるとともに，数学的道具を駆使しながら計算の本質について考察することが有効であり，そのために考案されたものが**計算モデル** (computation model) である．計算モデルは，**図 1.1** に示すように，計算の世界の仕組みを抽象化することで得られ，この計算モデルのもとで現実の世界の諸課題を解決するための計算手順（解

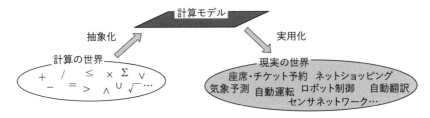

図 1.1 計算のモデル化と実用化

法）が考案される．このときの計算手順をコンピュータで実行させるために特定の形式（プログラミング言語）で記述したものが，プログラムにあたる．

1.2 計算モデル

計算の仕組み，すなわち計算にはどのような基本操作（演算）があるのか，それらの基本操作の組合せ方（合成）にはどんなものがあるのか，組み合わせたものでどんな計算ができるのか，といった計算の本質を考察するための研究が始まったのは 1930 年代であり，チューリング (A. Turing)，クリーネ (S. C. Kleene)，チャーチ (A. Church) らが，それぞれ独立に計算の概念を厳密に定義し，計算の本質・限界を探求した．このとき，計算の概念を厳密に定義することで得られたのが，**計算モデル**である．彼らの計算に対する視点は異なり，一人一人が別々の計算モデル「**チューリング機械**」，「**帰納的関数**」，「**ラムダ計算**」を提案した．これらは，見た目は違っているものの，各モデルがもつ計算能力は同じである．

コンピュータの開発は 1940 年代になってからであり，コンピュータの発明以前に，計算に関するこのような基礎理論が構築されたことは非常に興味深い．加えて，今日のコンピュータの能力は，彼らの導き出した計算の限界の範囲を越えていない．

1950 年代以降には，チューリングが考案した計算モデルと同様の計算能力をもちながら，構造や動作原理が現在のコンピュータと類似するモデル「**レジスタ機械**」が，ワン (H. Wang)，ミンスキー (M. Minsky) らによって考案された．

さらに，1970 年代になると，コワルスキ (R. A. Kowalski) らによって，もう一つの計算モデル「**論理プログラム**」が提案された．

次章以降では，チューリング，ミンスキー，クリーネ，チャーチ，コワルスキらが考案した計算モデルを中心に論じていく．これらのモデルは，図 1.2 に示すように，計算のモデル化にあたっての視点の違いにより，「機械，関数，論理」に大別される．

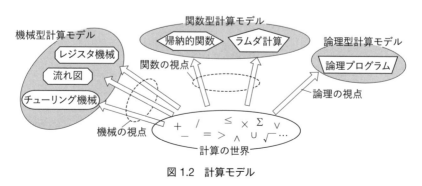

図 1.2　計算モデル

機械型計算モデルは「計算を機械的な動き」としてとらえたものであり，チューリングによるチューリング機械とミンスキーらによるレジスタ機械に加えて，**有限オートマトン**，流れ図をとりあげる．**関数型計算モデル**では「計算を数学的な関数（数と数の対応関係）」としてとらえており，クリーネらによる帰納的関数とチャーチによるラムダ計算をとりあげる．そして，**論理型計算モデル**は「計算を 1 階述語論理の推論」とするもので，コワルスキーによる論理プログラムをとりあげる．

1.3 計算モデルとプログラミング言語

諸課題をコンピュータを活用して解決するための計算手順，すなわち，解法（アルゴリズム）を記述するための特定の形式が，**プログラミング言語** (programming language) である（以下，単に言語と記す）．このプログラミング言語で記述された手順書が**プログラム** (program) であり，プログラムに従いながらコンピュータは計算を実行する．各種のプログラミング言語には，それが設計される際に理論的背景となった（あるいは理論的背景と見ることができる）計算モデルが存在する．すなわち，それぞれの言語には，設計にあたって参考とされた計算モデルがあり，言語がもつ構文要素（演算子，条件式など）や構文規則（実行順序制御，関数定義など）は，計算モデルの基本操作や合成法が少なからず影響を与えている．

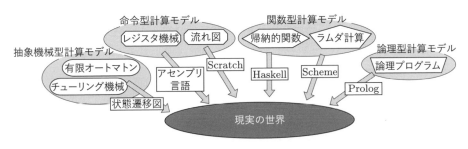

図 1.3　計算モデルとプログラミング言語

本書では，図 1.2 の 3 種の計算モデルのうち，機械型計算モデルを図 1.3 のように「抽象機械型計算モデル」と「命令型計算モデル」に分けるとともに，各モデルにプログラミング言語を関連付ける．なお，章構成は，計算モデル間の関連性についての議論の都合上，次の順序とする．

(1) **抽象機械型計算モデル**：チューリング機械，有限オートマトン .... 第 2 章
　　チューリング機械のほか，**有限オートマトン**や順序機械について述べる．これ

らは，計算の基本操作を記号処理（記号列の読み書き操作）として実現するための機構を抽象化して得られた，機械型計算モデルの一種である．抽象機械型計算モデルのもとでの計算は，**状態遷移図**（または**状態遷移表**）で表された「入力に対応した状態遷移と記号の出力を定めた動作規則」に基づいて行われる．そのため，**状態遷移モデル**ともよばれる．

これらのモデルは，理想化された仮想機械のもとで実行されることから，第 2 章では，チューリング機械を模倣するアプリケーション（シミュレータ）を導入して，計算の動作例を示す（付録 B 参照）．

(2) **命令型計算モデル**：レジスタ機械，流れ図 .... 第 3 章

算術命令（加減算）や制御命令（命令の実行順序を指定）を基本操作とし，これらの並びによって計算手順が記述される計算モデルが，命令型計算モデルである．このうち，各命令やデータが，現在のコンピュータと同様に記憶装置（レジスタ群）に格納されて実行されるのが**レジスタ機械**である．一方，算術命令をノードとし，制御命令で定められる実行順序関係をアーク（有向枝）とした有向グラフで表したのが**流れ図**である．

レジスタ機械がもつ命令は，計算に必要不可欠な基本操作からなり，現実のコンピュータで使われている**アセンブリ言語**には，これらの命令が含まれている．また，流れ図は，アルゴリズムの記述のほか，C などの手続き型言語によるプログラム設計時に使われている．近年では，プログラムを文字列として記述するのではなく，基本要素（ブロック）を組み合わせることで記述する，**ビジュアルプログラミング言語**（たとえば，Scratch）が広く使われるようになっている．これらも，流れ図の一種と見ることができる．

そこで，第 3 章では，アセンブリ言語としてレジスタ機械の命令群によるプログラム，また，流れ図として **Scratch** をそれぞれとりあげながら，命令型計算モデルのプログラム例を示す．このうち，レジスタ機械については，シミュレータを導入して実行例を示す（付録 C 参照）．

(3) **関数型計算モデル**：帰納的関数，ラムダ計算 .... 第 4, 5 章

計算を，データ（数や記号）からデータへの対応規則である「関数」によって表すモデルの一つが**帰納的関数**である．このモデルでは，基本操作をいくつかの対応規則（基本関数）とし，複数個の関数を合成して新しい関数を構成する合成規則によって，計算が記述される．このときに，新しい関数を構成する合成規則の種類によって，計算モデルは**原始帰納的関数**と**帰納的関数**に分類される．

関数型計算モデルに基づいたプログラミング言語には，Haskell, Lisp, Scheme などがある．第 4 章では，**Haskell** をとりあげ，関数型プログラミングについ

て述べる.

　関数型計算モデルの中でも，計算の対象となるデータはもとより，基本操作も特定の記号の並びとして表現し，計算はこの記号列を書き換え（変換）によるものとしたモデルが**ラムダ計算**である．ラムダ計算のもとでは，計算の対象となるデータと，データに対する計算の仕方（基本操作）の両方を，同じ種類の記号の並びとして表現することが特徴である．

　第 5 章では，このラムダ計算を，データとプログラムをともに同じ構文で表す言語の一つである，**Scheme** によって実現する方法について述べる．

(4) **論理型計算モデル**：論理プログラム........................第 6 章

　計算を，公理と推論規則からなる 1 階述語論理の論理体系のもとでの証明とみなすのが論理型計算モデルである．論理式の集合からなるプログラムは公理に該当し，入力データは証明したい命題に該当する．また，公理（プログラム）のもとで命題（入力データ）が成り立つかどうかの証明が，計算過程に該当する．

　プログラムと入力データをともにホーン節とよばれる論理式で表し，推論規則に基づいて計算を進める言語の一つが **Prolog** であり，第 6 章では，Prolog によるプログラミングを述べる．

1.4　アルゴリズムの記法

1.4.1　アルゴリズムの要件

　一般に，課題解決のための計算手順は**アルゴリズム** (algorithm) とよばれる．たとえば，2 次方程式の解の求め方や，二つの整数の最大公約数の求め方などである．コンピュータサイエンスにおけるアルゴリズムは，コンピュータで機械的に実行できて，有限時間内に計算結果が得られて終了する計算手順のことをいい，厳密には，次の三つの要件を満たすものである．

(1) 計算の手順は有限個のステップとして，計算で扱うデータは有限長の記号列として，それぞれ表現される．
(2) 各ステップにおける操作（動作）は，機械的に実行でき，有限時間内に結果を出して終了する．
(3) 入力に対して，有限時間内に手順を終えて，結果が得られる．

　アルゴリズムを特定のプログラミング言語などによって記述することが，条件 (1) と (2) を満足するための必要条件である．条件 (3) を満たすかどうかは**停止問題**とよ

ばれており，とくに，入力を「任意」にした場合には，一般的には停止問題は決定不可能，すなわち，停止するかどうかは判定できない（2.5.3 項参照）[†1]．

次章以降では，計算モデルの振る舞い方やアルゴリズムを，次項で定める疑似言語[†2]によって記述する．

1.4.2 文の逐次実行

アルゴリズムは，特定の操作（演算）の実行順序を定めることで記述される．一つの操作は**文** (statement) あるいは**式** (expression) として記述され，複数個の文を順番に実行することを**逐次実行**，あるいは逐次処理という．ここでは，一つの文をセミコロン ; で区切ることにし，n 個の文を順に実行することを次のように表す．

$$stmt_1; \quad stmt_2; \quad \cdots ; \quad stmt_n;$$

このような複数個の文を，**複合文**とよぶ．文の種類には，次項以降で述べる代入文，入力文，出力文，条件文，繰り返し文がある．

1.4.3 変数の役割

計算において，入力や出力としてのデータの格納，計算途中のデータの格納のために**変数** (variable) が用いられる．変数 var にデータ（式の評価値）exp を格納する操作が**代入** (assignment) であり，次の代入文で表される．

$$var \leftarrow exp;$$

たとえば，変数 x に 3 を代入したのち，x と 1 との和を変数 y へ代入する複合文は，次のように表される．

$$x \leftarrow 3; \quad y \leftarrow x + 1;$$

計算における変数には，関数への「データの受け渡し」の役割もある．たとえば，関数 $f(x, y)$ に対する $f(4, 2)$ は，変数 x とデータ 4，変数 y とデータ 2 がそれぞれ**束縛** (binding) する．このために用いられる変数（この例では x, y）は**引数** (parameter, argument) とよばれる．なお，変数 x, y を**仮引数**，4, 2 を**実引数**とよび，区別することもある．

さらに，関数 **read**() と **write**() により，入力文と出力文を，それぞれ次のように定める．

[†1] 上記の条件 (2) において，計算結果が確率的あるいは乱数によって定まる場合には，**確率的アルゴリズム**，もしくは**乱択アルゴリズム**とよばれる．

[†2] コンピュータでは実行できないが，計算手順を明確に記述できる言語．

- 入力文　**read**(x);　　入力したデータを変数 x の値とする
- 出力文　**write**(x);　　変数 x の値を出力する

1.4.4　条件分岐（場合分け）

計算の中には，条件 $cond$ の真偽に応じて，計算する内容が異なる場合がある．$cond$ は論理演算子（$\wedge, \vee, \neg$ など）や関係演算子（$=, \geq, \leq$ など）などで表現され，真偽が定まる式である．$cond$ が真（T）ならば「$stmt_\mathsf{T}$」を，偽（F）ならば「$stmt_\mathsf{F}$」をそれぞれ計算することを，次の条件文（if 文）で表す．

$$\textbf{if } cond \textbf{ then } stmt_\mathsf{T}; \quad \textbf{else } stmt_\mathsf{F}; \tag{1.1}$$

なお，$stmt_\mathsf{T}$ と $stmt_\mathsf{F}$ は，いずれも複合文としてもよい．さらに，条件 $cond$ が偽のときに評価すべき式がない場合には，「**else** $stmt_\mathsf{F}$;」を省略できる．

例 1.1　条件付き減算

二つの数 x, y について，$x \geq y$ ならば「x と y の差」を，そのほかの場合には「0」を変数 z に代入する計算は，次式で表される．

$\quad$ **if** $x \geq y$ **then** $z \leftarrow x - y$;$\quad$ **else** $z \leftarrow 0$;

たとえば，x, y がそれぞれ $3, 2$ の場合には，z に 1 が代入される．一方，x, y がそれぞれ $2, 3$ の場合には，z に 0 が代入される．

1.4.5　繰り返し（反復）

文 $stmt$ を繰り返して実行するために，次の繰り返し文（while 文）がある．

$\quad$ **while** $(cond)$ **do**
$\quad\quad$ $stmt$;
$\quad$ **end**;

これにより，条件 $cond$ が真である限り，$stmt$ が繰り返し実行される．なお，$stmt$ は複合文でもよい．

例 1.2　while による繰り返し（総和）

自然数 n までの総和，すなわち，$n + (n-1) + \cdots + 1$ の計算をする一つの方法は，n の値を $n, n-1, \ldots, 1$ と 1 ずつ減じていきながら，その都度，変数 s（初期値 0）との和を求める処理である．この処理は，**while** を使って，次のようなアルゴリズムとして記述することができる．

```
sum.al
1:  read(n);          // n の読み込み
2:  s ← 0;            // 総和 s の初期値 (0) を設定
3:  while (n > 0) do  // n が 0 より大きければ繰り返す
4:        s ← n + s;  // 総和 s を計算
5:        n ← n − 1;  // n を 1 ずつ減らす
6:  end;
7:  write(s);         // 総和 s の出力
```

ここで，「//」はコメント（説明文）の始まりを表す．

たとえば，3 を入力とした場合，変数 n, s の値を (n, s) と表し，変数が更新される行番号を⃝n とすれば，

①$(3, -)$ → ②$(3, 0)$ → ④$(3, 3)$ → ⑤$(2, 3)$ → ④$(2, 5)$ → ⑤$(1, 5)$
→ ④$(1, 6)$ → ⑤$(0, 6)$

と計算が進み，7 行目で s の値 $6 (= 3 + 2 + 1)$ が出力される．

例 1.2 の sum.al のように，アルゴリズムは逐次実行，条件分岐，繰り返しなどの構文を用いて記述できる．以下では，逐次実行，条件分岐，繰り返しなどの構文で記述された文の集まりを，「**AL プログラム**」とよび，.al という拡張子を付けて表すことにする．AL プログラムは，基本的には入力文から始まり，出力文によって終わるが，入出力データが明らかな場合には，入出力文は省略する．なお，アルゴリズムの記述に必要な演算子や関数などは，その都度導入していく．

問 1.1

自然数 n の階乗 $n! = n \times (n-1) \times \cdots \times 1$ を計算する AL プログラムを作成せよ．ただし，$0! = 1$ である．

解答例 例 1.2 の sum.al の 2 行目を「$s \leftarrow 1;$」，4 行目を「$s \leftarrow n \times s;$」にそれぞれ変更する．

問 1.2

自然数 n が奇数なら出力を「1」，偶数ならば「0」とする AL プログラムを作成せよ．

解答例 n が偶数であれば，2 を減じる $(n - 2)$ ことを繰り返すといつかは 0 になり，奇数であれば 1 になる．この性質をもとにした AL プログラムは次のとおり．

```
read(n);
while (n > 1) do
      n ← n − 2;
end;
write(n);
```

1.5 数の体系

1.5.1 コンピュータの中の数

次章以降，計算の対象を**自然数** (natural number) $0, 1, 2, \ldots$ として議論する[†1]．それは，以下に述べるように自然数を拡大することにより，**整数** (integer)，**有理数** (rational number)，**実数** (real number) を構成できるためである[4]．また，コンピュータの中では，データはすべて 2 進法で表されており，2 進法で表されたデータと自然数との対応付けも容易なためでもある．

また，自然数 n に対する $n-1$ と $n+1$ を，それぞれ，n の**前者** (predecessor) と**後者** (successor) とよぶ．なお，0 の前者は 0 と定める．

1.5.2 自然数から実数へ

自然数は非負整数ともよばれる．そのため，自然数全体に負の整数 $-1, -2, \ldots$ を加えることで整数全体が構成されるととらえることができるが，実は，次のようにすることでも，任意の整数を自然数として定義できる[†2]．

  正の整数 n は，自然数 0 と n の組 $(0, n)$
  負の整数 n は，自然数 1 と n の組 $(1, n)$
  整数 0 は，自然数 0 と 0 の組 $(0, 0)$

これにより，たとえば $(1,2), (1,1), (0,0), (0,1), (0,2)$ は，整数の列 $-2, -1, 0, 1, 2$ と，それぞれ対応付けることができる．さらに，整数上の演算（加減乗除など）も，このように表された自然数上の演算として実現できる．以下，$(0, n), (1, n)$ を，通常の整数の表記法である $n, -n$ とそれぞれ表す．

また，二つの整数 m, n ($m \neq 0$) からは，分数 $\frac{n}{m}$，すなわち有理数が定義される．

さらに，有理数では表すことができない数，たとえば，$\sqrt{2}, \sqrt{3}$ を含めた数が実数である．有理数からは，デデキントの切断による方法により，実数を構成できる．

以上のように，自然数を順次拡大していくことで，整数，有理数，実数を実現できる．したがって，計算について議論するにあたっては，自然数を対象とすれば十分である．以下，自然数全体の集合を $\mathbb{N}$ で表す．

1.5.3 記号列を自然数へ

記号（数も含む）の集合（アルファベットとよぶ．付録 A.6 参照）Σ の要素からな

[†1] 本書では，0 も自然数として考える．
[†2] ほかには，自然数の偶数を正整数，自然数の奇数を負整数として対応付ける方法が考えられる．

る有限列は，次の関数によって，一つの自然数に対応付けることができる．このようにして得られた自然数を，**ゲーデル数** (Göedel number) とよぶ[4]．

Σ の要素からなる記号列 $s_0 s_1 \cdots s_{n-1}$ のゲーデル数（自然数）$n_G(s_0 s_1 \cdots s_{n-1})$ は，次式で定義される．

$$n_G(s_0 s_1 \cdots s_{n-1}) = p_0^{f_G(s_0)} \cdot p_1^{f_G(s_1)} \cdot \cdots \cdot p_{n-1}^{f_G(s_{n-1})} \tag{1.2}$$

ここで，p_i は i 番目の素数を表す．たとえば，$p_0 = 2$, $p_1 = 3$, $p_3 = 5$ である．また，$f_G(s_i)$ は，s_i が Σ の j 番目の記号であるとき，次式とする関数である．

$$f_G(s_i) = 2j + 1 \tag{1.3}$$

このようにして，記号列 $s_0 s_1 \cdots s_{n-1}$ を自然数の列に置き換え，各自然数を指数とした素数の積（ゲーデル数）に対応させることを，**コード化**という．素因数分解の一意性から，ゲーデル数から記号列を復元できる．

以上のことから，任意の記号列をコード化することで，自然数に対応付けることができるため，計算の対象を自然数としても，一般性を失うことはない．

例 1.3 ゲーデル数

アルファベット Σ が $\{x, +, \leftarrow, 1\}$ であるとき，x は 1 番目の要素であり，$f_G(x) = 3$ である．同様にして，Σ の各要素の f_G による値は，次のようになる．

$$f_G(x) = 3, \quad f_G(+) = 5, \quad f_G(\leftarrow) = 7, \quad f_G(1) = 9$$

このとき，「$x \leftarrow x + 1$」のゲーデル数は，次式で求められる．

$$n_G(x \leftarrow x + 1) = p_0^{f_G(x)} \cdot p_1^{f_G(\leftarrow)} \cdot p_2^{f_G(x)} \cdot p_3^{f_G(+)} \cdot p_4^{f_G(1)}$$
$$= 2^3 \cdot 3^7 \cdot 5^3 \cdot 7^5 \cdot 11^9$$

問 1.3

アルファベット Σ が $\{x, y, z, -, >, <, =\}$ であるとき，「$x > y - z$」のゲーデル数を求めよ．

解答例 $x, y, z, \ldots$ の f_G による値は，それぞれ，$3, 5, 7, \ldots, 15$ であることから，

$$n_G(x > y - z) = p_0^{f_G(x)} \cdot p_1^{f_G(>)} \cdot p_2^{f_G(y)} \cdot p_3^{f_G(-)} \cdot p_4^{f_G(z)}$$
$$= 2^3 \cdot 3^{11} \cdot 5^5 \cdot 7^9 \cdot 11^7$$

1.6 自然数上の計算と計算モデル

図 1.4 に示すように，計算の世界の要素（数や文字，演算記号など）からなる記号

1.6 自然数上の計算と計算モデル　　11

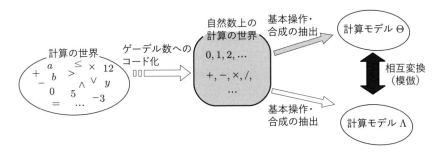

図 1.4　自然数上の計算の世界と計算モデル

列は，ゲーデル数へコード化することにより，自然数に変換できる．したがって，「計算」をモデル化するにあたっては，自然数からなる世界を対象としてよい．しかし，可読性や説明の都合上，計算対象や計算式をすべてコード化することはせず，演算記号 $+, -, \times, /$ などや文字 x, y, z はそのままの表記とする．このような要素からなる世界を，「自然数上の計算の世界」とよぶことにする．

　自然数上の計算の世界から「基本操作」と「合成」を抽出することで，図 1.4 に示すように，計算モデルが構成される．

　自然数上の計算では，基本となるのは，ある自然数の前者と後者を求める操作である．これらの操作を便宜上，前者関数と後者関数とよぶことにする．第 2 章以降では，各計算モデルの前者関数と後者関数に注目されたい．

　各計算モデルの計算能力の比較にあたっては，ある計算モデル Θ がもつ基本操作と合成を，ほかの計算モデル Λ の基本操作と合成法によって模倣することができるかどうかが議論される．もし，計算モデル Θ を Λ が模倣することができれば，Λ は Θ が計算できることをすべて含むことになる．さらに，逆も成り立つならば，Θ と Λ の計算能力は等しいといえる．

　このように，ほかの計算モデルを模倣することは，コンパイラやインタープリタのような言語処理系が行っていることでもある．たとえば，計算モデル Θ に基づいた言語 T を記述言語として，計算モデル Λ に基づいた言語 L のプログラムのインタープリタを作ることができるならば，Θ は Λ を模倣することになる．具体的には，アセンブリ言語（あるいは C 言語）によって Scheme のインタープリタを記述することは，命令型計算モデルによる関数型計算モデルの模倣にあたる．

演習問題

1.1 「手続き型プログラミング言語」,「関数型プログラミング言語」とよばれている言語で,1.3 節では例示されていない言語をそれぞれあげよ.

1.2 奇偶を判定する計算,すなわち,「自然数 n が奇数なら 1」,「偶数なら 0 とする」の AL プログラムを,以下の枠を埋めて完成させよ.なお,一つの枠には一つの文や式を記述すること.

  read(n);
  while (   ) **do**
           ;
  end;
  write(n);

1.3 自然数 n について,次式で求められるフィボナッチ数 $fibo(n)$ を計算する AL プログラムを,以下の枠を埋めて完成させよ.なお,一つの枠には一つの文や式を記述すること.

$$fibo(n) = \begin{cases} 0 & , n=0 \text{ のとき} \\ 1 & , n=1 \text{ のとき} \\ fibo(n-1)+fibo(n-2), & n \geq 2 \text{ のとき} \end{cases}$$

  read(n);
  $fn \leftarrow 0; \quad n1 \leftarrow 1; \quad n2 \leftarrow 0;$
  if $(n=1)$ **then** $fn = n1$;
  while (   ) **do**
           ;
           ;
           ;
           ;
  end;
  write(fn);

1.4 アルゴリズムの一つである「ユークリッドの互除法」について調べて,このアルゴリズムの AL プログラムを作成せよ.

第2章 抽象機械型計算モデル

2.1 機械による計算のモデル化

　計算を機械的な動きとしてとらえた機械型計算モデルの中でも，機械的な動きを「入力記号に対応した状態遷移と記号の出力」としてとらえ，これらを数学的な構造（集合上の関数や関係）として抽象化して表すモデルが，**抽象機械型計算モデル**である．本章では，日常生活で使われている自動販売機を例にとりあげながら，抽象機械型計算モデルとしてのモデル化の仕方について述べたあと，具体的な計算モデルとして，順序機械，有限オートマトン，チューリング機械について，それぞれの計算能力について考察する．

2.1.1 状態による計算

　次の自動販売機 VM を例とし，投入された硬貨の合計の計算や，押下された商品選択ボタンから商品が販売される様子を，機械的な動きとしてモデル化する仕方を述べる．

例 2.1　自動販売機 VM の動作仕様

　3種類の商品 A, B, C を販売する自動販売機 VM がある（図 2.1）．各商品の価格は，100円，150円，200円であり，硬貨として100円玉と50円玉のみが入金され，投入された総額は表示される．欲しい商品の価格分の硬貨を投入してから，対応した商品選択ボタ

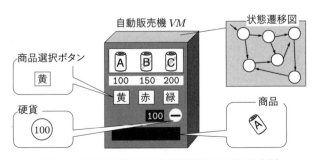

図 2.1　自動販売機 VM の状態遷移でのモデル化例

ン「黄，赤，緑」を押せば，その商品が購入できる．なお，一つの商品を販売後には，次の商品を販売できるものとする．

この動作仕様に従って，たとえば商品 A を購入するときの手順は，次のとおり．

$$100\text{ 円投入} \rightarrow \text{ボタン黄押下} \rightarrow \text{商品 A 受け取り} \tag{2.1}$$

同様にして，商品 B と商品 C を購入する場合には，それぞれ次の手順になる[†]．

$$100\text{ 円玉投入} \rightarrow 50\text{ 円玉投入} \rightarrow \text{ボタン赤押下} \rightarrow \text{商品 B 受け取り} \tag{2.2}$$

$$50\text{ 円玉投入} \rightarrow 100\text{ 円玉投入} \rightarrow \text{ボタン赤押下} \rightarrow \text{商品 B 受け取り} \tag{2.3}$$

$$100\text{ 円玉投入} \rightarrow 100\text{ 円玉投入} \rightarrow \text{ボタン緑押下} \rightarrow \text{商品 C 受け取り} \tag{2.4}$$

これら一連の手順によって商品を販売する自動販売機 M_1 は，次の特性をもつ．

(a) 2 種類の硬貨「100 円玉，50 円玉」，3 種類のボタン「黄，赤，緑」を**入力**とし，投入総額と，3 種類の商品「A, B, C」を**出力**とする．
(b) 投入総額と商品の価格が一致しているときに，当該の商品のボタンが押下されたら，商品を出力する．

たとえば，投入総額が 100 円のときにボタン黄が入力されると，商品 A が出力される．このとき，入力の履歴が，100 円玉 1 枚だけなのか，あるいは 50 円玉 2 枚なのかは問題ではない．その時点までの投入総額がわかれば，新たな入力による出力や，投入総額が定まる．そこで，入力の履歴をもとに**状態** (state) を設け，新たな入力と状態の組合せに応じて，出力の有無や状態の更新をすれば，上記 (b) が実現される．

VM の場合，100 円玉，50 円玉が入力されたときの投入総額の組合せにあたる「0, 50, 100, 150, 200」に加えて，ボタン「黄，赤，緑」が入力されたことも状態とすれば，次の 8 種類の状態が得られる．なお，動作を開始するときの状態を**初期状態** (initial state) とよぶ．この例では，投入総額 0 円の状態 q_0 がそれにあたる．

q_0：投入総額 0 円（初期状態）， q_{50}：投入総額 50 円， q_{100}：投入総額 100 円，
q_{150}：投入総額 150 円， q_{200}：投入総額 200 円，
q_A：商品 A 販売， q_B：商品 B 販売， q_C：商品 C 販売

2.1.2 状態遷移の表現法

VM のように，入力 x があるたびに，現在の状態 q から新しい状態 q' へ遷移し，

[†] このほかにも，50 円玉のみで，150 円の商品 B や 200 円の商品 C を購入する場合もある．

y を出力をする振る舞いは，次式のように表せる．

$$q \xrightarrow{x/y} q' \tag{2.5}$$

なお，入力がなくとも状態が遷移する場合†も考慮し，空入力を「ε」で表す．

例 2.2　*VM* の状態遷移の式による表現

式 (2.1) の振る舞いは，次式で表される．

$$q_0 \xrightarrow{100/\langle 100 \rangle} q_{100} \xrightarrow{黄/\langle A \rangle} q_A \xrightarrow{\varepsilon/\langle 0 \rangle} q_0 \tag{2.6}$$

ここで，《100》は投入総額 100 円の出力（表示）を，《A》は商品 A の出力（販売）を，それぞれ表す．そして，$q_A \xrightarrow{\varepsilon/\langle 0 \rangle} q_0$ は，商品の販売後に，初期状態に自動的に戻るための（空入力 ε による）遷移を表す．

問 2.1

式 (2.2)〜(2.4) の振る舞いを，それぞれ式 (2.5) の形式で表せ．

解答例　式 (2.2)〜(2.4) は，それぞれ次のように表される．

式 (2.2)：　$q_0 \xrightarrow{100/\langle 100 \rangle} q_{100} \xrightarrow{50/\langle 150 \rangle} q_{150} \xrightarrow{赤/\langle B \rangle} q_B \xrightarrow{\varepsilon/\langle 0 \rangle} q_0$

式 (2.3)：　$q_0 \xrightarrow{50/\langle 50 \rangle} q_{50} \xrightarrow{100/\langle 150 \rangle} q_{150} \xrightarrow{赤/\langle B \rangle} q_B \xrightarrow{\varepsilon/\langle 0 \rangle} q_0$

式 (2.4)：　$q_0 \xrightarrow{100/\langle 100 \rangle} q_{100} \xrightarrow{100/\langle 200 \rangle} q_{200} \xrightarrow{緑/\langle C \rangle} q_C \xrightarrow{\varepsilon/\langle 0 \rangle} q_0$

入力 x による状態 q から q' への遷移と出力 y を表す式 (2.5) は，図 2.2(a) のように描かれる．すなわち，状態の種類ごとに○を描き，○の中には状態を区別するための記号列を記入する．アーク（有向枝，付録 A.5 参照）は「現在の状態」から「遷移後の状態」へ向かって描かれ，入力 x と出力 y はアークのラベル「x/y」とする．このようにして，対象とするすべての状態 q と，$q \xrightarrow{x/y} q'$ を満たす q と q' の間にアークとラベルを描くことで得られる図を，**状態遷移図**とよぶ．また，状態遷移図と同じ

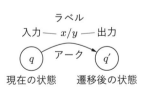

（a）状態遷移図

（b）状態遷移表

図 2.2　状態遷移図と状態遷移表

---

† 外部からの入力によらない，機械内部での時間経過などによる遷移にあたる．

内容を，図 (b) のように，すべての状態とすべての入力をそれぞれ行と列に並べ，状態（行）q と入力（列）x の欄には遷移先 q' と出力 y にあたる「q', y」を記入した，**状態遷移表**として表すこともできる．

2.1.3 自動販売機の状態遷移図

例 2.1 の自動販売機 VM の状態遷移図は，式 (2.1)〜(2.4) にかけての動作を順に描くことで得られる．その作成過程を図 2.3〜2.5 に示す．

式 (2.1) に対応する状態遷移図が図 2.3(a) である．q_0 から q_{100} へのアークとラベル「100/《100》」は，初期状態 q_0 のときに 100 円玉が入金されることによって，投入総額《100》が出力（表示）されて，状態 q_{100} へ遷移することを表す．その後，q_{100} から q_A へのアークとラベル「黄/《A》」によりボタン黄が押されて，商品 A を出力

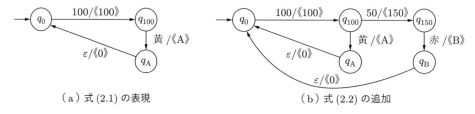

（a）式 (2.1) の表現　　　　　　　　（b）式 (2.2) の追加

図 2.3　VM の状態遷移図の記述例（作成過程その 1）

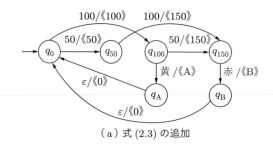

（a）式 (2.3) の追加

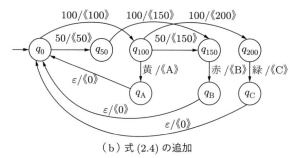

（b）式 (2.4) の追加

図 2.4　VM の状態遷移図の記述例（作成過程その 2）

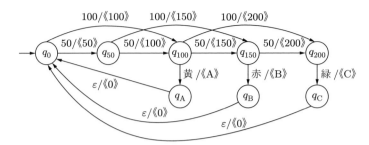

図 2.5　VM の状態遷移図の記述例（全体）

し，状態 q_A へ遷移する．状態 q_A からは，入力なしで，投入総額を《0》として，初期状態 q_0 に戻る．このことを，q_A から q_0 へのアークのラベルを「$\varepsilon/《0》$」と書くことで表す．なお，状態遷移図では，初期状態 q_0 をほかの状態と区別するために，q_0 にはラベルのない→を描く．

同様に，式 (2.2) の動作を追加して得られた状態遷移図が図 (b) である．150 円の商品 B の販売のために，状態 q_{150} と状態 q_B，これらへの遷移を表すアークとラベルがそれぞれ追加されている．

次に，式 (2.3) の動作を追加したのが図 2.4(a) である．最初に 50 円玉が投入されたときのために状態 q_{50} を，初期状態 q_0 と状態 q_{100} の間に設けるために，図 2.3(b) のアークの一部の描き方を変えている．

そして，200 円の商品 C を販売する式 (2.4) の動作のために，状態 q_{200} と状態 q_C を追加するなどして得られたのが図 2.4(b) である．

さらに，50 円玉だけが入金された場合の販売も考慮しつつ，最終的に得られた VM の状態遷移図が図 2.5 である．

この VM の場合，各商品を販売したあとに再び商品を販売できるため，図では q_A，q_B, q_C から初期状態 q_0 へのアークを設けている．なお，VM の状態遷移はこの図で描かれたものがすべてである．たとえば，q_{100} のときに赤や緑が押されても，遷移しない[†]．

問 2.2

例 2.1 の VM の状態遷移図（図 2.5）を，状態遷移表として表せ．

解答例　以下の表のようになる．ここで，「−」は状態遷移が行われないことを表す．

[†] この場合，エラーとする，あるいは，現在の状態に留まるとする対応が考えられる．

	50	100	黄	赤	緑	ε
q_0	$q_{50}, 《50》$	$q_{100}, 《100》$	—	—	—	—
q_{50}	$q_{100}, 《100》$	$q_{150}, 《150》$	—	—	—	—
q_{100}	$q_{150}, 《150》$	$q_{200}, 《200》$	$q_A, 《A》$	—	—	—
q_{150}	$q_{200}, 《200》$	—	—	$q_B, 《B》$	—	—
q_{200}	—	—	—	—	$q_C, 《C》$	—
q_A	—	—	—	—	—	$q_0, 《0》$
q_B	—	—	—	—	—	$q_0, 《0》$
q_C	—	—	—	—	—	$q_0, 《0》$

問 2.3

たとえば，《0, A》のように，同時に 2 種類の出力が行えるとすれば，VM の状態遷移図（図2.5）の中の状態数を削減することができる．そこで，入力なし（ε）の遷移に着目して，状態数を削減して得られる状態遷移図を描け．

解答例 図 2.5 の三つの状態 q_A, q_B, q_C と，それぞれへの入出力アークをすべて削除する．そして，次のアークとラベルを設ける：

$$q_{100} \xrightarrow{黄/《0,A》} q_0, \quad q_{150} \xrightarrow{赤/《0,B》} q_0, \quad q_{200} \xrightarrow{緑/《0,C》} q_0$$

これにより，VM の振る舞いを変えることなく，図 2.6 のように，入力なし（ε）の遷移をなくすことができる．

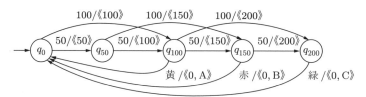

図 2.6 VM の状態遷移図の記述例（状態数削減版）

2.2 順序機械

2.2.1 入出力と状態遷移をもつ機械

例 2.1 の M_1 のように，有限個の状態をもち，入力に応じて状態遷移と出力をする機械は，一般的には，**順序機械** (sequential machine) とよばれる[†]．入力および出力を，それぞれ特定の記号（数，文字など）の集合としたとき，順序機械では，図 2.7 に示されるように，記号 x_i ($i = 1, 2, \ldots$) の入力があるたびに，状態遷移（有限個の状

[†] 有限個の状態であることを明示するために，「有限順序機械」とよぶこともある．

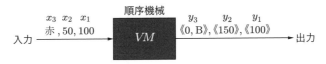

図 2.7 順序機械としての自動販売機 VM

態の間で行われる）と記号 y_i $(i = 1, 2, \ldots)$ の出力が繰り返される．

例 2.1 の VM の場合，図 2.7 に示すように，たとえば，式 (2.2) にあたる入力系列は $x_1 (= 100)$, $x_2 (= 50)$, $x_3 (= 赤)$ であり，これに伴う出力系列は $y_1 (= 《100》)$, $y_2 (= 《150》)$, $y_3 (= 《0, \mathrm{B}》)$ である[†]．

このように，順序機械は，入力された文字列 $x_1 x_2 x_3 \cdots$ を特定の文字列 $y_1 y_2 y_3 \cdots$ に変換する（書き換える）ことから，**変換器** (transducer) とよばれることもある．

2.2.2　順序機械の形式的定義

順序機械のもつ計算能力を，ほかの計算モデルとの比較を通して考察するにあたって，順序機械の構成要素や動く仕組みを，数学の用語・数式を用いて形式的に定義する．

このような形式的定義は，順序機械に限らず，ほかの計算モデルに対しても適用される．これによって，計算モデルのもつ特性を明らかにしたり，ほかの計算モデルとの計算能力を比較をしたり，計算モデルどうしを変換したりすることが，数学的手法をもとに行えることから，特定の事例に依存せずに一般化できる．さらに，計算モデルを模倣するアプリケーションの作成にあたっても，形式的定義をもとにプログラムの仕様記述やコーディングが行えることから，有用である．

順序機械の形式的定義は，次のとおり．

定義 2.1　順序機械

順序機械 SM は，次の 6 項組である．

$$SM = \langle Q, \Sigma, \Gamma, \delta, \omega, q_0 \rangle$$

Q : 状態の有限集合
Σ : 入力アルファベット（有限集合）
Γ : 出力アルファベット（有限集合）
δ : 状態遷移関数 $Q \times \Sigma \to Q$
ω : 出力関数 $Q \times \Sigma \to \Gamma$
q_0 : 初期状態 $(q_0 \in Q)$

[†] ε 入力を除いた図 2.6 をもとに作成．

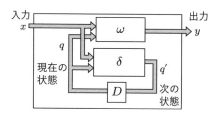

図 2.8 順序機械の構成

この順序機械の定義の 6 項組のうち，状態 $q, q' \in Q$，入力記号 $x \in \Sigma$，出力記号 $y \in \Gamma$，状態遷移関数 δ，出力関数 ω は，図 2.8 のような関連性がある．

図 2.8 における D は，遷移後の状態 q' を保持するための遅延素子にあたる．これにより，順序機械では「現在（いま）の状態」だけが保持されており，それまでに入力された文字列や遷移系列は何も記憶されない．そのため，順序機械は，過去（入力文字列と遷移系列の履歴）に依存せずに，「現在の状態と入力」だけで「次の状態と出力」が定まる．また，状態は有限個しかなく，常に有限個の中の一つが現在の状態となる．このことが，あとで述べる順序機械の計算の限界（2.3.3 項）の要因にもなる．

順序機械 $SM = \langle Q, \Sigma, \Gamma, \delta, \omega, q_0 \rangle$ の動きの AL プログラムによる記述例が，次の SM-sim.al である．

```
SM-sim.al
1:  q ← q₀;              // 現在の状態 q を初期状態 q₀ に設定
2:  while (T) do          // 無限ループ
3:      read(x);          // x の読み込み
4:      q' ← δ(q,x);      // 状態遷移関数 δ による遷移先 q' の設定
5:      y ← ω(q,x);       // 出力関数 ω による出力 y の設定
6:      write(y);         // y の出力
7:      q ← q';           // 現在の状態 q を q' に更新
8:  end;
```

現在の状態 q を初期状態 q_0 とした（1 行目）のち，3 行目から 7 行目をいつまでも繰り返す．入力記号を読み込み（3 行目），状態遷移関数 δ により q と x に応じた次の状態 q' へ遷移（4 行目）し，出力関数 ω により q と x に応じた y を出力（5, 6 行目）し，現在の状態を q' に更新（7 行目）する．

問 2.4

例 2.1 の VM を順序機械としたときの形式的定義 $SM_{VM} = \langle Q_{VM}, \Sigma_{VM}, \Gamma_{VM}, \delta_{VM}, \omega_{VM}, q_{0_{VM}} \rangle$ を求めよ．

解答例 $Q_{VM} = \{q_0, q_{50}, q_{100}, q_{150}, q_{200}, q_A, q_B, q_C\}$, $\Sigma_{VM} = \{50, 100, 黄, 赤, 緑\}$

$\Gamma_{VM} = \{ 《0》, 《50》, 《100》, 《150》, 《200》, 《A》, 《B》, 《C》 \}$

$\delta_{VM}(q_0, 50) = q_{50}, \quad \delta_{VM}(q_0, 100) = q_{100}, \quad \delta_{VM}(q_{50}, 50) = q_{100},$

$\delta_{VM}(q_{50}, 100) = q_{150}, \quad \delta_{VM}(q_{100}, 50) = q_{150}, \quad \delta_{VM}(q_{100}, 100) = q_{200},$

$\delta_{VM}(q_{100}, 黄) = q_A, \quad \delta_{VM}(q_{150}, 50) = q_{200}, \quad \delta_{VM}(q_{150}, 赤) = q_B,$

$\delta_{VM}(q_{200}, 緑) = q_C, \quad \delta_{VM}(q_A, \varepsilon) = q_0, \quad \delta_{VM}(q_B, \varepsilon) = q_0, \quad \delta_{VM}(q_C, \varepsilon) = q_0$

$\omega_{VM}(q_0, 50) = 《50》, \quad \omega_{VM}(q_0, 100) = 《100》, \quad \omega_{VM}(q_{50}, 50) = 《100》,$

$\omega_{VM}(q_{50}, 100) = 《150》, \quad \omega_{VM}(q_{100}, 50) = 150, \quad \omega_{VM}(q_{100}, 100) = 《200》,$

$\omega_{VM}(q_{150}, 50) = 《200》, \quad \omega_{VM}(q_A, \varepsilon) = 《A》, \quad \omega_{VM}(q_B, \varepsilon) = 《B》,$

$\omega_{VM}(q_C, \varepsilon) = 《C》$

$q_{0_{VM}} = q_0$

例 2.3　順序機械 (1 を加える：後者関数)

入力された自然数（2 進法表記）に 1 を加える順序機械 SM_s の状態遷移図を，図 2.9 に示す．入力文字列は，自然数を 2 進法表記したもので，最下位ビットから順に入力され，最上位ビットのあとには \$ が入力されるものとする．たとえば，自然数 $6(= 110_{(2)})$ の場合，0, 1, 1, \$ の順で入力される．

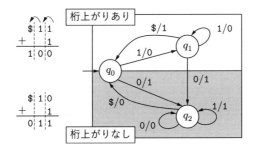

図 2.9　1 を加える順序機械 SM_s

図 2.9 に示すように，1 文字目（最下位ビット）が 0 の場合，桁上がりが生じないため，$0 + 1 = 1$ を出力して状態 q_2 に遷移して，2 文字目以降は入力をそのまま出力する．一方，1 文字目（最下位ビット）が 1 の場合，桁上がりが発生するため，0 を出力して状態 q_1 に遷移して，さらに桁上がりが生じるなら再び状態 q_1 に遷移し，桁上がりが生じなくなるのであれば，状態 q_2 に遷移する．そして，\$ を読み取ったら q_0 に遷移する．これにより，後者関数が実現される．

問 2.5

入力された自然数（2 進法表記）から 1 を減じる順序機械 SM_p の状態遷移図を作れ．なお，入力文字列は 1 以上の自然数を 2 進法表記したもので，例 2.3 と同様に，最下位ビットから順に入力されるものとする．

解答例 状態遷移図は図 2.10 のとおり．これにより，前者関数が実現される（1 以上の場合）．

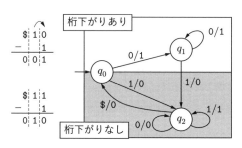

図 2.10　1 を減じる順序機械 SM_p

2.3 有限オートマトン

2.3.1 出力のない順序機械

ここで，特殊な順序機械，すなわち，入力系列に対する出力が 2 種類，たとえば，「真，偽」，「Yes, No」の場合を考えてみよう．このような順序機械では，状態の集合を，状態遷移時の出力に応じて二つに大別できる．このうちの一方を「受理状態」の集合として構成された順序機械は，**有限オートマトン** (finite state automaton) とよばれる．たとえば，受理状態を「真」の出力，その他の状態を「偽」の出力ととらえることができる．そのため，有限オートマトンでは出力関数は必要ない．

また，有限オートマトンが受理状態に遷移したとき，そのときまでの入力系列を**受理**したといい，そのときの入力系列を**受理語**という．

例 2.4　入力（2 進法表記）が奇数かどうかを判定する有限オートマトン FA_1

入力（2 進法表記）された数が奇数かどうかを判定する有限オートマトン FA_1 を構成する．すなわち，FA_1 は，奇数が入力されたときに限り受理状態に遷移する（参考：演習問題 1.2）．なお，入力は 1 桁目（最下位ビット）からとする．たとえば，自然数 14 の 2 進法表記である「1110」は，0 から順に入力される．また，「0110」や「00110」などといった，最上位ビットが 0 の場合も入力される[†]．

FA_1 を構成するには，最初は入力の長さが 1 の場合，次に長さが 2 の場合と，だんだん

[†] いずれも，10 進法における 6 (six) である．

と長くなった場合を考えていく．まず，長さ 1 の場合は，入力は 1 と 0 の 2 通りだけであり，1 のときにのみ受理状態 q_2 に遷移すればよく，0 の場合は受理状態以外の状態 q_1 に遷移する．すなわち，FA_1 の振る舞いは，次式で表せる．

$$q_0 \xrightarrow{1} q_2, \quad q_0 \xrightarrow{0} q_1 \tag{2.7}$$

これを状態遷移図として描くと，図 2.11(a) が得られる．有限オートマトンの状態遷移図では，受理状態は二重丸◎で表される．

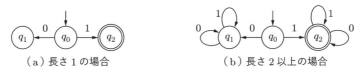

（a）長さ 1 の場合　　　　　　（b）長さ 2 以上の場合

図 2.11　有限オートマトン FA_1 の状態遷移図

次に，長さ 2 の場合は，入力は 00, 01, 10, 11 の 4 通りがある．このうち，01 と 11 は図 2.11(a) の状態遷移図で状態 q_2 に遷移したあとに 0 または 1 が入力されると考えるが，いずれも奇数であることから受理状態 q_2 のままとしてよい．すなわち，この振る舞いは，

$$q_0 \xrightarrow{1} q_2 \xrightarrow{0} q_2, \quad q_0 \xrightarrow{1} q_2 \xrightarrow{1} q_2 \tag{2.8}$$

と表せる．一方の 00 と 10 については，図 (a) で状態 q_1 に遷移したあとで，1 または 0 が入力されるため，受理状態に遷移させる必要はなく，q_1 のままとしておく．すなわち，この振る舞いは次式のように表せて，図 (b) が得られる．

$$q_0 \xrightarrow{0} q_1 \xrightarrow{0} q_1, \quad q_0 \xrightarrow{1} q_1 \xrightarrow{1} q_1 \tag{2.9}$$

さらに，長さ 3 の場合，000, 001, 010, 011, 100, 101, 110, 111 の 8 通りがある．このうち，最下位ビットが 1 であれば受理状態 q_2 に遷移し，そうでなければ q_1 に遷移し，それぞれの状態を保てばよい．このときの状態遷移図も図 (b) で表現できる．なお，この状態遷移図は，長さ 3 以上の入力系列にも対応している．

問 2.6

例 2.4 の奇数かどうかの判定において，2 進法表記された文字列を（例 2.4 とは逆に）「最上位ビット」から順に読み取った場合の状態遷移図を描け．たとえば，自然数 14 の 2 進法表記である「1110」は，1 から順に 1, 1, 1, 0 と入力される．

解答例　状態遷移図は図 2.12 のとおり．

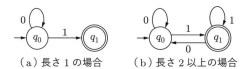

（a）長さ1の場合　　（b）長さ2以上の場合

図 2.12　奇数を判定する有限オートマトン（最上位ビットからの入力）

2.3.2　有限オートマトンの形式化

有限オートマトンの形式的定義を次に示す．

定義 2.2　有限オートマトン

有限オートマトン FA は次の5項組である．

$$FA = \langle Q, \Sigma, \delta, q_0, F \rangle$$

　Q：状態の有限集合
　Σ：入力アルファベット（有限集合）
　δ：状態遷移関数 $Q \times \Sigma \to Q$
　q_0：初期状態 ($q_0 \in Q$)
　F：受理状態の集合 ($F \subseteq Q$)

ここで，受理状態はただ一つとは限らず，複数個，あるいはなしでもよい．なお，状態遷移関数 δ は，順序機械と同様に，状態遷移図や状態遷移表によって表される．

有限オートマトンの動作は，基本的には，入力に応じた状態遷移の繰り返しであるが，「受理状態へ遷移して入力がなくなった」ときに停止する．このような有限オートマトンの動作を AL プログラムとして記述したのが，次の `FA-sim.al` である．

```
FA-sim.al
1:  q ← q₀;                // 現在の状態 q を初期状態 q₀ に設定
2:  read(x);               // x の読み込み
3:  while (x ≠ NIL)  do    // 停止条件の判定
4:      q' ← δ(q, x);      // 状態遷移関数 δ による遷移先 q' の設定
5:      q ← q'             // 現在の状態 q を q' に更新
6:      read(x);           // x の読み込み
7:  end;
8:  if (q ∈ F)  then write("Yes");  else write("No");
```

初期状態の設定（1行目）後，最初の入力記号を読み込み（2行目），状態遷移（4,5

行目）と入力（6行目）を，「入力がなくなる」まで繰り返す．そのために，3行目での繰り返しの条件は，「入力がある $(x \neq \mathrm{NIL})$」である．ここで，「NIL」は「なし」を表す．入力がなくなったときに，受理状態に遷移していたら「Yes」を，そうでなければ「No」を，それぞれ出力する．

例 2.5　有限オートマトン FA_1 の形式的定義

例 2.4 の入力が奇数かどうか判定する有限オートマトン FA_1 の形式的定義は，次のとおり．

$$FA_1 = \langle Q_1, \Sigma_1, \delta_1, q_0, F_1 \rangle$$

$$Q_1 = \{q_0, q_1\}$$

$$\Sigma_1 = \{0, 1\}$$

$$\delta_1 : Q_1 \times \Sigma_1 \to Q_1$$

$$\delta_1(q_0, 0) = q_0, \quad \delta_1(q_0, 1) = q_1, \quad \delta_1(q_1, 0) = q_0, \quad \delta_1(q_1, 1) = q_1$$

$$F_1 = \{q_1\}$$

ここで，状態遷移関数 δ_1 を状態遷移表で表現したのが**表 2.1** である．

表 2.1　FA_1 の状態遷移表

	0	1
q_0	q_0	q_1
q_1	q_0	q_1

2.3.3　有限オートマトンの限界

この項では，入力語が 0 と 1 からなる文字列であるとき，「0 が連続したあとで 1 が連続していて，0 と 1 の個数が同じ」，すなわち，$01, 0011, 000111, \ldots$ であるかどうかを判定する有限オートマトンの構成を試みながら，有限オートマトンで計算できることの限界について考察する．以下では，$01, 0011, 000111, \ldots$ のいずれかの文字列を，$0^n 1^n \ (n > 0)$ と表す．

ここでも，例 2.4 と同じように，入力される文字列 $0^n 1^n$ の長さが短い場合から，すなわち，$01, 0011, 000111, \ldots$ の順で考えてみよう．なお，最上位ビットから順に入力されるものとする．

$n = 1$ のときの入力は 01 であり（入力は 0, 1 の順），この入力を受理するための状態遷移図は**図 2.13**(a) になる．そして，$n = 2$ のときの入力 0011 は，図 (a) に状態を追加して得られた図 (b) で受理される．さらに，$n = 3$ のときの入力 000111 は，図 (b) に状態を追加した図 (c) で受理される．この図 (c) によって，$n = 1, 2, 3$ の $0^n 1^n$

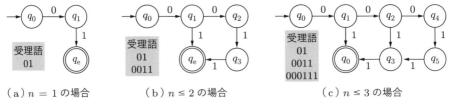

図 2.13　$0^n 1^n$ $(1 \leq n \leq 3)$ を受理する状態遷移図

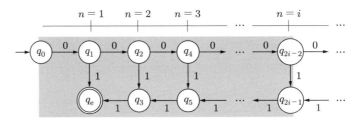

図 2.14　$0^n 1^n$ $(n \geq 1)$ を受理するための状態遷移図

の語は受理される．

同様にして，$n > 3$ の場合を考えると，たとえば，$n = i > 3$ の場合には，図 2.14 のように，i 個の「0」が入力された状態 $q_1, q_2, q_4, \ldots, q_{2i-2}$ を設け，その後，i 個の「1」が入力された状態 $q_3, q_5, \ldots, q_{2i-1}$ を設ければ受理できるようになる．

これまでの議論から，一般的に $n = i$ の場合に必要とされる状態数は，$2i + 1$ であることがわかる．これは，初期状態のほかに，「0」が i 個入力されたことを判別するために i 個の状態が，さらに，「1」が i 個入力されたことを判別するために i 個の状態が，それぞれ必要なためである．そして，任意の $n \in \mathbb{N}$ については，$2n + 1$ 個の状態が必要となる．したがって，すべての $n (\geq 0)$ に対して $0^n 1^n$ を受理するオートマトンの状態数は有限ではなくなり，$0^n 1^n$ を受理する有限オートマトンは存在しない[1]．

一般的に，有限オートマトンでは，計算の状況（途中経過など）を区別して記憶するときには，すべて異なる有限個の状態で表現しなければならない．そのため，有限オートマトンを構成する時点で未知数（この例では n）を含む計算は行えない[2]．

これに対して，状態数が有限でない場合でも計算可能なモデルの一つが，次節の「チューリング機械」である．

---

[1] n の最大値（いくら大きくてもよい）が定められているならば，有限オートマトンは構成できる．
[2] 状態機械もまた状態数が有限でなければならず，有限オートマトンと同種の制限がある．

2.4 チューリング機械

2.4.1 基本的なアイデア

チューリングは，人間が行っている計算を機械で模倣することを通じて，計算するときの思考中の動作を明らかにした．

チューリングのアイデア [11, 12]

人間は「黒板」上の「文字」を「目」で「読み」，「頭」の中に「記憶」し，頭の中で，ある「規則」に従って思考し，黒板に「メモ」しながら「答え」を導く．答えが見つかれば不要なメモを「消し」，答えを「書く」．このとき，必要に応じて，黒板の前を足を使って「移動」する．

これらの動作を真似るのには，次の部品が必要であると考えた．

- メモとして文字を書いたり消したりするための黒板に代わる「テープ」
- 移動しながらテープに書かれた文字を読んだり，書いたり，消したりするための「ヘッド」
- ヘッドで読み取った文字をもとに答えの導き方を記述する「動作関数」
- ヘッドで読み取った文字を記憶し，プログラムに従ってヘッドに指示を与える「コントローラ」

以上のことから，次の構成要素からなる**図 2.15**(a) を**チューリング機械** (Turing machine) として定めた．以降，チューリング機械を，適宜 TM と書く．

テープ：無限長で，左右にいくらでも延ばすことができる．テープ上にはマス目があり，各マス目にはアルファベット中の記号を一つ書くことができる．空白 (blank) を ␣ で表す．

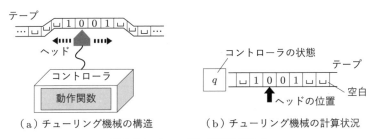

(a) チューリング機械の構造 　　 (b) チューリング機械の計算状況

図 2.15 チューリング機械の構成

ヘッド：一度に一つのマス目の記号を読み取ったり，書き込むことができる．その後，1マス分だけ左右に移動できる．

動作関数：マス目に書く記号やヘッドの移動方向を決めるための規則であり，動作関数として表される．

コントローラ：動作関数をもとに，ヘッドに対して移動指示やマス目への記号の書き込み指示などを行う．

TMの動作を考察する上では，「コントローラの状態とテープ上の記号の並び，ヘッドの位置」が重要である．この三つ組を**計算状況** (configuration) といい，図 (b) のように略記する．

2.4.2 チューリング機械の形式的定義

TMの構成要素のうち，テープに書かれる記号の種類とプログラムは，次の5項組として形式的に定義される．

定義2.3 チューリング機械

チューリング機械 M は，次の5項組である．

$$M = \langle Q, \Sigma, \delta, q_0, q_H \rangle$$

Q：状態の有限集合

Σ：テープ上に書かれるアルファベット．空白 ⊔ も含む．

δ：動作関数．現在の状態と読み取った記号をもとに，新しい状態，書き込む記号，ヘッドの移動方向（左：L，右：R）を定めた規則．δ は次のような定義域と終域からなる**部分関数**である．$\delta : Q \times \Sigma \to Q \times \Sigma \times \{L, R\}$．

q_0：初期状態 ($q_0 \in Q$)

q_H：停止状態 ($q_H \in Q$)

M の動作関数 δ の定義域 $Q \times \Sigma$ は，定義2.1の順序機械や定義2.2の有限オート

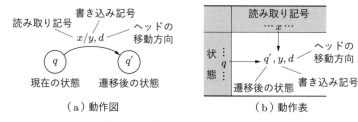

図 2.16　動作関数の図表による表現

マトンの状態遷移関数と同じであるが，終域が異なる[†]．そして，δ は，図 2.16 に示す動作図あるいは動作表によって表される．初期状態と停止状態は，それぞれ「ラベルのない矢印→◯」と「二重丸◎」で表す．

例 2.6　自然数（2 進法表記）と 1 の和を求めるチューリング機械 M_1

テープに書き込まれた自然数（2 進法表記）と 1 の和を求める，すなわち，後者関数（例 2.3 参照）を計算するチューリング機械 M_1 は，次のように定義される．なお，初期状態では，ヘッドは自然数の最上位ビットが書かれたマス目に位置するものとする．

$M_1 = \langle Q_1, \Sigma_1, \delta_1, q_0, q_3 \rangle$

$Q_1 = \{q_0, q_1, q_2, q_3\}$ （q_0 は初期状態，q_3 は停止状態）

$\Sigma_1 = \{0, 1, \sqcup\}$

$\delta_1 : Q_1 \times \Sigma_1 \to Q_1 \times \Sigma_1 \times \{L, R\}$

δ_1 を次の状態遷移表のように定める．

Q_1 の要素	Σ_1 の要素		
	0	1	$\sqcup$
q_0	$q_0, 0, R$	$q_0, 1, R$	$q_1, \sqcup, L$
q_1	$q_2, 1, L$	$q_1, 0, L$	$q_3, 1, R$
q_2	$q_2, 0, L$	$q_2, 1, L$	$q_3, \sqcup, R$

問 2.7

例 2.6 のチューリング機械 M_1 の，動作関数 δ_1 の状態遷移図を描け．

解答例　状態遷移図は図 2.17 のとおり．

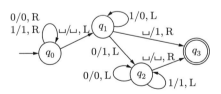

図 2.17　M_1 の動作関数 δ_1 の動作図

2.4.3　チューリング機械の動作

チューリング機械 $M = \langle Q, \Sigma, \delta, q_0, q_H \rangle$ の動作を定めるにあたって，図 2.18 に示すような次の準備，ならびに記法を導入する．

[†] 順序機械と有限オートマトンでの終域は Q である．

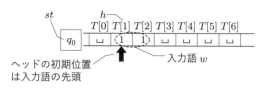

図 2.18 チューリング機械の動作記述のための記号化

マス目の記号：テープ T の h 番のマス目に書かれた記号は，$T[h]$ で参照される（h は非負整数）．

入力語：テープ T には，あらかじめ空白以外の記号 $x \in \Sigma$ からなる入力語 w を書いておく．w の先頭記号が書かれたマス目を 1 番とする．

コントローラの状態：コントローラの状態 $st \in Q$ の初期値は $q_0 \in Q$．状態 st が $q_H \in Q$ のときに動作停止．

ヘッドの位置：初期状態 q_0 ではヘッドはマス目 1 番（入力語の先頭記号）にあり，ヘッドが最初に読み取る記号は $T[1]$ である．

TM は，次の AL プログラムに従って動く．

```
TM-sim.al
 1:  q ← q_0;                              // 現在の状態 q を初期状態 q_0 に設定
 2:  h ← 1;                                // ヘッドの位置 h を 1 マス目に設定
 3:  while (q ≠ q_H) do                    // 停止状態 q_H かどうかの判定
 4:      ch ← T[h];                        // マス目の記号 T[h] の読み取り
 5:      ⟨q', ch', dir⟩ ← δ(q, ch);        // 動作関数 δ による動作の設定
 6:      T[h] ← ch';                       // マス目への記号 ch' の書き込み
 7:      if (dir = L)                      // ヘッドの移動方向 dir の判定
 8:          then h ← h - 1;               // ヘッドを左へ 1 マス移動
 9:          else h ← h + 1;               // ヘッドを右へ 1 マス移動
10:      q ← q';                           // 現在の状態 q を q' に更新
11:  end;
```

初期設定として，初期状態を q_0（1 行目），ヘッドの位置を 1 番目のマス目（2 行目）とする．その後，停止状態に遷移するまで，4 行目から 10 行目を繰り返す．そこでは，マス目の記号を ch（4 行目）とし，現在の状態 q と ch に応じた動作関数 δ の値（3 項組 $\langle q', ch', dir \rangle$）を求める（5 行目）．記号 ch' を書き込んで（6 行目）から，ヘッドの移動方向 dir に応じて，ヘッドの位置 h を設定（7～9 行目）し，状態 q を q' に更新する（10 行目）．これら 4 行目から 10 行目の動作を，1 ステップとよぶ．

例 2.7　例 2.6 の M_1 の動作例

入力語を「11」としたときの，例 2.6 の M_1 の動作例を図 2.19 に示す．

2.4 チューリング機械 | 31

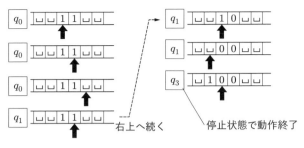

図 2.19 M_1 の動作例

問 2.8

例 2.6 の M_1 について，次の (1), (2) の問いに答えよ．

(1) M_1 を入力語「100」に対して動作させたときの，テープの変化を図示せよ．
(2) M_1 の動作関数 δ_1 は，和が求められたあとに，ヘッドを最上位ビットの位置まで移動してから停止する．この動作関数を，和が求められたときには停止するように修正せよ（ヘッドは最上位ビットの位置でなくてよい）．

解答例　(1) 入力語「100」の動作例は図 2.20(a)．(2) 動作関数 δ_1 の修正例は図 (b)．

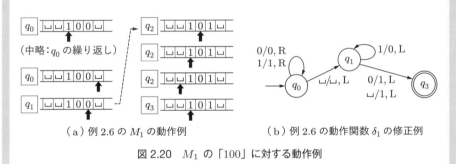

（a）例 2.6 の M_1 の動作例　　（b）例 2.6 の動作関数 δ_1 の修正例

図 2.20 M_1 の「100」に対する動作例

TM は，無限長のテープを利用することで，計算の状況を必要なだけ区別して表すことができる．そのため，2.3.3 項の有限オートマトンでは実現できなかった「入力語が $0^n 1^n$ $(n > 0)$ であるかどうか」を，TM では，次の例のようにして調べることができる．

例 2.8　0 と 1 の個数の同値性判定を行うチューリング機械 M_2

M_2 のアルファベット Σ を $\{\sqcup, 1, 0, *, Y, N\}$ とする．このうち，「Y」と「N」は，それぞれ，「入力語が $0^n 1^n$ である」と「その他」を表す書き込み用の記号とする．また，「$*$」は，「1」を読み込んだ後に，対になる「0」を見つけるための，書き込み用の記号とする．

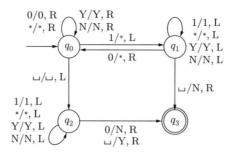

図 2.21　M_2 の動作図

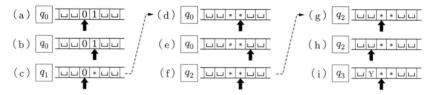

図 2.22　「01」を入力したときの M_2 の動作例

そして，状態の集合を $\{q_0, q_1, q_2, q_3\}$ として，構成された動作関数の状態遷移図が**図 2.21**である．ここで，q_0 と q_3 は，それぞれ初期状態と停止状態である．

入力語を「01」とした場合の動作例が**図 2.22**である．

初期状態 q_0 では，「1」または「␣」のマス目に出会うまでヘッドを右方向に移動する（図 2.22(a), (b)）．「1」の場合，「*」を書き込み，q_1 に遷移し，「1」と対となる「0」を探すために左方向にヘッドを移動する（図 (c)）．そのような「0」があれば「*」を書き込み，q_0 に遷移する（図 (d)）．q_0 では再び，「1」または「␣」のマス目に出会うまでヘッドを右方向に移動するが，「␣」のマス目に移動したので，q_2 に遷移する（図 (e)）．q_2 ではヘッドの左側に「0」が残っておらず，「␣」に出会えば（図 (f), (g)）「Y」を書いて q_3 へ遷移して停止する（図 (h), (i)）．もしも，「0」が残っていれば（入力語の 0 の個数が多いことから）「N」を書いて q_3 へ遷移して停止する．なお，図 (c) の q_1 において「1」と対となる「0」が存在せず，「␣」のマス目に出会った場合には，「N」を書いて q_3 へ遷移して停止する．

問 2.9

例 2.8 の M_2 について，入力語を「001」としたときの動作例を示せ．

解答例　動作例は図 2.23 のとおり．

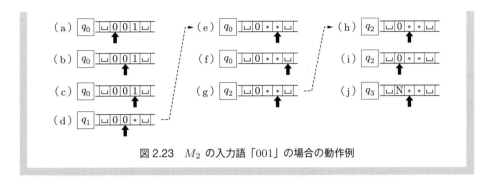

図 2.23　M_2 の入力語「001」の場合の動作例

2.4.4 チューリング機械のシミュレータ

2.4.3 項の TM の動作 TM-sim.al に基づいた，**チューリング機械 (TM) シミュレータ**（付録 B 参照）による実行例を示す．たとえば，例 2.8 の M_2 の場合，図 2.21 をもとに，次の定義ファイル M-2.tm を作成する．説明の都合上，行頭に行番号「n:」を付け，折り返して表示した．行番号は，定義ファイルでは記入する必要はない．

```
M-2.tm
 1: 4                  16: 3 N R
 2: 6 0 1 * N Y _      17:
 3:                    18: 3 N R
 4: 0 0 R              19: 2 1 L
 5: 1 * L              20: 2 * L
 6: 0 * R              21: 2 N L
 7: 0 N R              22: 2 Y L
 8: 0 Y R              23: 3 Y R
 9: 2 _ L              24:
10:                    25: 3 0 R
11: 0 * R              26: 3 1 R
12: 1 1 L              27: 3 * R
13: 1 * L              28: 3 N R
14: 1 N L              29: 3 Y R
15: 1 Y L              30: 3 _ R
```

M-2.tm の 1 行目の「4」は状態数を表す．2 行目の最初の「6」は，アルファベットの種類数を表し，各記号がそのあとに続く．定義ファイルでは，空白をアンダースコア「_」で表す．4〜30 行目は動作関数の定義であり，最初の 6 行（4〜9 行目）は状態 q_0 に対する規則，続く 6 行（11〜16 行目）は状態 q_1 に対する規則，というように，状態ごとに 6 行単位のブロックに分けて書く（ブロックの区切りは空行）．

各ブロックでは，テープに書かれた記号が「0, 1, *, N, Y, _」のとき[†1]，それぞれのとき，どのように動作するのかが書かれる．たとえば，4行目の「0 0 R」は，状態が「0」で，テープに「0」が書かれていたときの動作，すなわち，$\delta(0,0)$ の値が $(0,0,R)$ であることを表す．続く5〜9行目で，$\delta(0,1), \delta(0,*), \delta(0,N), \delta(0,Y), \delta(0,\_)$ の値が，それぞれ表される．25〜30行目の動作関数は状態 q_3 に対する規則にあたり，図2.21には描かれていないが，TMシミュレータでは，受理状態を表すために，すべての遷移を自己遷移として，便宜上記述しておく．

この M-2.def を引数とした「turing M-2.def」によって，シミュレータが起動する．ここで，$ はターミナルエミュレータのプロンプトである[†2]．

```
$ turing M-2.def
Input Initial Tape ? 01
 [ 0] : _01_____
         ^
 [ 0] : _01_____
          ^
 [ 1] : _0*_____
         ^
 [ 0] : _**_____
          ^
 [ 0] : _**_____
           ^
 [ 2] : _**_____
          ^
 [ 2] : _**_____
         ^
 [ 2] : _**_____
        ^
 [ 3] : Y**_____
         ^
Halt !
```

シミュレータの出力「Input Initial Tape ?」に対して，「01」を入力すると，「01」を入力語としてシミュレーションが開始される．「[ ]」の中の数は状態の番号，「^」はヘッド，「_」は空白をそれぞれ表す．この例では，「Y」を書き込んでから停止する．なお，シミュレータの終了は，Ctrl-C の入力による[†3]．

[†1] この列挙順は，2行目でアルファベットを定めた順序．
[†2] macOS 10.13.6 上のシェル bash のもとでの実行例．
[†3] Ctrl-C は，Ctrl キーを押下したまま C キーを押すことを表す．

問 2.10

TM シミュレータで，例 2.6 の M_1 に対して，入力語を 011001 として動作させよ．同様に，例 2.8 の M_2 に対して，入力語を 110111 として動作させよ．

解答例 略

問 2.11

TM シミュレータを，有限オートマトンのシミュレータとして使用する方法を述べよ．

解答例 ヘッドの移動方向を常に「右方向」とし，「受理状態」を停止状態としたチューリング機械の動作関数を定めればよい．

2.5 チューリング機械の計算可能性

2.4.1 項で述べたように，チューリングは，人間が計算が行っている計算を模倣する機械を考案し，この TM を通じて「計算できること・できないこと」を明らかにしようとした．この「計算できること・できないこと」は本書の主題の一つである．本節で TM のもつ計算能力を明らかにすることは，次章以降で導入する計算モデルの基準となり，ほかのモデルがもつ計算能力は，TM と比べてどうなのか考察していけるようになる．これにより，本書のもう一つの主題である「各種計算モデルの特性の理解」につながる．

2.5.1 チューリング機械が計算する関数

図 2.24 に示すように，あるチューリング機械 M の入力語を w とする．M の動作が停止したとき，すなわち，停止状態のときに記号列 z が書かれていれば，この M は，w を入力とし，z を出力とした関数 f の計算をしているととらえることができる．

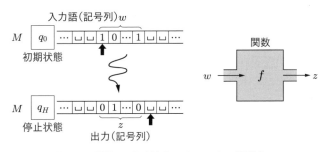

図 2.24　関数 f を計算するチューリング機械 M

テープ上の記号列 w や z はアルファベット Σ の要素からなる．Σ 上のすべての記号列からなる集合を Σ^* とする．たとえば，$\Sigma = \{0,1\}$ のとき，$\Sigma^* = \{\varepsilon, 0, 1, 10, 01, 00, 110, 111, \ldots\}$ であり，図 2.24 における w と z は，ともに Σ^* の要素である．このことから，M は，Σ^* の要素 w を，Σ^* の要素 z に対応付ける関数 $\Sigma^* \to \Sigma^*$ を実現しているとみなせる．このように，一つの TM を定めることによって，一つの関数 f を計算できる．そこで，次の定義のように，f を計算する TM が存在するかどうかで，その関数の計算可能性を定めることとする．

定義 2.4　TM の計算可能性

アルファベット Σ について，$f : \Sigma^* \to \Sigma^*$ がチューリング機械 M によって計算可能であるとは，次の二つの条件が満たされるときである．

(i) $x \in \Sigma^*$ について $f(x)$ が定義されているとき，x を入力語として動作を開始し，$f(x)$ の値の記号列がテープ上に書き込まれたのち，M は停止する．

(ii) $x \in \Sigma^*$ について $f(x)$ が**未定義**のとき，M は**停止しない**．

以下，チューリング機械 M が関数 f を計算するとき，このときのチューリング機械と関数をそれぞれ M_f と f_M に対応付ける．1.5.3 項のゲーデル数を用いれば，Σ 上の記号列は自然数にコード化可能である．このことから，定義 2.4 の関数は，自然数上の関数としても一般性を失うことはない．また，Σ を 2 種類の文字，たとえば，$\{0,1\}$ に限定[†1]しても，TM の計算可能性としては一般性を失わない[11]．

2.5.2　万能チューリング機械

TM は，計算したい関数ごとに作成される．もし，任意の関数 f を計算するためのチューリング機械 M_f をテープ上に表現でき，M_f の動きを模倣するチューリング機械が構成できれば，任意の関数が，一つの TM で計算可能である．このようなチューリング機械は，**万能チューリング機械** (UTM: Universal TM) とよばれる[†2]．UTM では，模倣するチューリング機械 M_f の定義 $M_f = \langle Q, \Sigma, \delta, q_0, q_H \rangle$ や状態，M_f のテープ上の記号列（f への入力 x も含む）は，**図 2.25** のようにゲーデル数にコード化され，UTM のテープ上に $\widehat{M_f}$ として記述される（図中では 0 と 1 の列として表記）．

UTM は，テープ上に記述された $\widehat{M_f}$ などに基づいて，M_f の動きを 1 ステップごとに模倣しながら関数 $f(x)$ の値を計算する．

---
†1　記号列の 2 進法によるコード化に相当する．
†2　UTM へのコード化や動作関数の詳細は，文献 [11] を参照のこと．

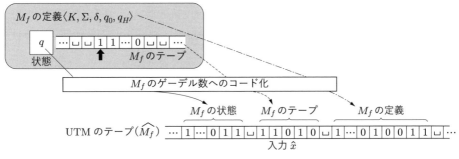

図 2.25 チューリング機械 M_f のコード化

図 2.25 のテープ上の M_f の定義や入力 x にあたるコードを入れ換えれば，任意の TM の動作を模倣できる．つまり，UTM の動作は，テープ上の $\widehat{M_f}$ や $\hat{x}$ をプログラムとしたインタープリタ（言語処理系の一種）と同じである．

2.5.3　停止問題の決定不可能性

TM の形式的定義（動作関数など）と任意の入力が与えられたとき，その TM が停止するかどうかを判定する問題を，(TM の)「停止問題」とよぶ．この停止問題に関して，次の定理が成り立つ．

定理 2.5　停止問題の決定不可能性

任意の TM の定義と任意の入力が与えられたとき，その TM が停止するかどうかを判定する UTM は存在しない．

◆ **証明**　背理法による．

仮定：任意のチューリング機械 M の形式的定義 $\widehat{M}$（コード化済）と，任意の入力 $\hat{x}$（コード化済）が与えられたとき，その停止性を判定する UTM が存在すると仮定し，その UTM を H とする．

仮定より，H は，図 2.26 に示すように，次の関数 $halt()$ を計算することができる．

$$halt(\widehat{M}, \hat{x}) = \begin{cases} 1, & M \text{ が } x \text{ に対して停止する} \\ 0, & M \text{ が } x \text{ に対して停止しない} \end{cases}$$

$halt()$ は任意の入力について停止性を判定できる関数なので，入力として $\widehat{M}$ を与えた，

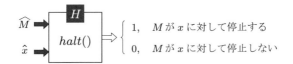

図 2.26　停止性判定が可能な万能チューリング機械 H（仮定）

$halt(\widehat{M}, \widehat{M})$ を計算できる．そこで，この関数 $halt()$ を使って，次の関数 $halt'()$ を定める．

$$halt'(\widehat{M}) = \begin{cases} 1, & halt(\widehat{M}, \widehat{M}) = 0 \text{ のとき （}M\text{ が停止しない）} \\ 未定義, & halt(\widehat{M}, \widehat{M}) = 1 \text{ のとき （}M\text{ が停止する）} \end{cases}$$

この $halt'()$ は $halt()$ をもとにして作られたものであり，H を使って，$halt'()$ を計算する万能チューリング機械 H' を，図 2.27 のように構成する．

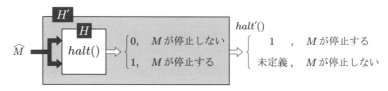

図 2.27　停止性判定が可能な万能チューリング機械 H'

具体的には，H が 0 を出力したら，H' は 1 を出力して停止するものとし，H が 1 を出力したら，H' は，たとえば，新たな状態を一つ用意して，どんな入力記号に対しても同じ状態に留まるようにして，停止しない動きにする．これにより，「M が停止しなければ H' は停止する」し，「M が停止するときには H' は停止しない」．

次に，H' への入力として，「H' の形式的定義 $\widehat{H'}$」を与えてみよう．

この場合，図 2.28 が得られる．すなわち，もし，H' が $\widehat{H'}$ を入力したときに停止する，すなわち，「H' が，入力 $\widehat{H'}$ に対して停止する」としたとき，関数 $halt$ の定義から，$halt(\widehat{H'}, \widehat{H'}) = 1$ となり，関数 $halt'$ の定義より，$halt'(\widehat{H'})$ は未定義となる．しかし，H' は $halt'$ を計算するので，これは，「H' が，入力 $\widehat{H'}$ に対して停止しない」ことになる．

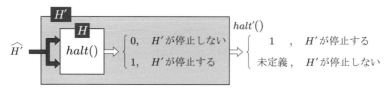

図 2.28　H' への $\widehat{H'}$ の入力

一方，「H' が，入力 $\widehat{H'}$ に対して停止しない」としたとき，関数 $halt$ の定義から，$halt(\widehat{H'}, \widehat{H'}) = 0$ となり，関数 $halt'$ の定義より，$halt'(\widehat{H'}) = 1$ となる．しかし，これは，「H' が，入力 $\widehat{H'}$ に対して (1 を出力して) 停止する」ことになる．

以上，矛盾が生じることがわかる．この矛盾は，仮定が間違っていたことによる．よって，仮定した H は存在しない．　　□

この定理と同様なことがらとして，次のプログラムの停止問題の解法が存在しない（解くことができない）ことが知られている．

任意のプログラムと任意のデータを与えたとき，そのプログラムが停止するかどうかを，あらかじめ判定するプログラムは存在しない．

2.6 まとめ

この章のまとめを図 2.29 に示す．抽象機械型計算モデルとして，有限オートマトン（定義 2.2）とチューリング機械（定義 2.3）をとりあげたが，有限オートマトンが受理できない入力語（たとえば，$0^n 1^n$）であってもチューリング機械では受理できることから，計算能力は，チューリング機械のほうが有限オートマトンよりも優れている．

図 2.29　抽象機械型計算モデルのまとめ

定理 2.5 より，任意のチューリング機械と任意の入力が与えられたときに，チューリング機械が停止するか否かを判定するアルゴリズムは存在しないことが示された．さらに，任意のプログラムと任意の入力データが与えられたときに，「プログラムの停止性」を判定するアルゴリズムは存在しないことも，この定理をもとに証明される．

チューリング機械の基本操作は無限長のテープ上での記号の読み書きであり，その特性を生かし，まるで筆算をしているように記号を読み書きしながら自然数に関する計算を実現している．

次章以降では，このような計算能力をもつチューリング機械を基準として，ほかの計算モデルと比較していく．

演習問題

2.1　例 2.1 において，次の三つの状況を考える．〔 〕内を各状況の対応策として，図 2.5 を修正せよ．
(1) 入金よりも先に商品選択ボタンが押された場合
〔商品は出力しない．投入総額は 0 円のまま〕
(2) 入金不足にもかかわらず商品選択ボタンが押された場合

〔商品は出力しない．投入総額を変更せず，入金が続けられるようにする〕
(3) 押されたボタンの商品の値段よりも多くの入金があった場合
〔商品を出力し，残金は返却せずに，入金が続けられるようにする〕

2.2 一般に，順序機械の振る舞いを状態遷移図として描いた場合と，状態遷移表によって表した場合のメリットとデメリットをそれぞれ述べよ．

2.3 TM には，1 本のテープの片方のみに無限個のマス目が連なっているものや，n 本のテープを使えるようにしたものがある．これらの種類の TM と，定義 2.3 の TM との計算能力の違いについて述べよ．

2.4 TM_f と TM_h が，それぞれ Σ 上の関数 f と h を計算するチューリング機械であるとき，f と h の合成関数 $h \circ f$ を計算するチューリング機械 $TM_{h \circ f}$ は，図 2.30 に示すように，TM_f と TM_h の合成によって構成可能である†．その合成法を答えよ．

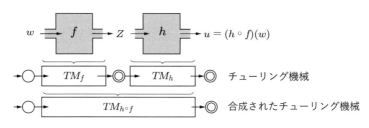

図 2.30　二つの TM の合成

2.5 「任意のプログラム P と任意のデータ x を与えたとき，そのプログラム P が停止するかどうかをあらかじめ判定するプログラムは存在しない」こと（2.5.3 項参照）を示せ．
〔ヒント〕定理 2.5 の証明を参考にする．

2.6 チューリングの名を冠した「チューリング賞」について調べよ（受賞対象となる分野，受賞者など）．

---

† 合成関数の数学的定義は，付録 A.4 を参照．

第3章 命令型計算モデル

3.1 命令による計算のモデル化

機械型計算モデルの中でも，命令によって動く機械によって計算をとらえるのが，**命令型計算モデル**である．自動販売機を動かすための命令を定めながら，命令型計算モデルによるモデル化について述べたのち，命令群を記憶装置に格納するレジスタ機械，命令群を有向グラフで表す流れ図，命令群をブロックの組合せで表すビジュアルプログラミング言語，それぞれによるプログラミング例を交えながら，これらの計算能力の関係について考察する．

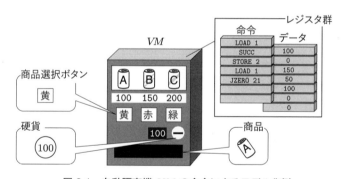

図 3.1　自動販売機 VM の命令によるモデル化例

例 2.1 の自動販売機 VM を，**図 3.1** に示す，命令やデータを記憶するためのレジスタ（アドレスで識別され，命令用とデータ用に分かれている）群をもち，命令レジスタに格納された命令に従って動く機械で実現してみよう．この機構の命令の種類には，入出力（硬貨の読み取り，商品出力など），算術演算（投入総額の計算など），実行制御（命令の実行順序指定など），データ転送（データレジスタへのデータの書き込みなど）があり，各命令は順序付けられて命令レジスタ内に格納されている．

例 3.1　自動販売機 VM のための命令列

VM において，100 円玉 1 枚と黄のボタンが入力された場合に「商品 A を販売する」た

めの命令列は，次の 1:〜8: である．ここで，「n:」は命令番号であり，特別な指定がない限りは，「n:」の命令の実行後には「$n+1$:」の命令が実行される．

  1: 硬貨の読み取り（入金）
  2: データレジスタ 1 への入金額の格納
  3: 商品選択ボタンの読み取り（ボタン入力）
  4: データレジスタ 2 へのボタン入力の格納
  5: データレジスタ 1 が「100」でないならば 8: へ
  6: データレジスタ 2 が「黄」でないならば 8:へ
  7: 商品「A」を出力
  8: 終了

 1: で読み取られた硬貨の金額は，2: でデータレジスタ 1 に格納される．次に 3: で押されたボタンの種類は，4: でデータレジスタ 2 に格納される．5: では硬貨の金額が調べられ，100 のときは 6:，それ以外のときは 8: が次の実行となるように指定される．6: では，ボタンの種類が調べられ，黄ならば 7:，それ以外なら 8: が次の実行となるよう指定される．7: では商品「A」が販売される．そして，8:の実行により販売が終了する．

 この命令列は，商品 A を一度だけ販売するものだが，ほかの商品の販売も，同様にして作成することができる．

問 3.1

 例 3.1 の命令列（1:〜7:）の並び順の一部を変えた命令列でも，商品 A を販売することができる．あてはまる命令列を答えよ．

解答例 たとえば，例 3.1 の命令列（1:〜7:）を「1:, 2:, 5:, 3:, 4:, 6:, 7:」の順に変更．

問 3.2

 例 3.1 の VM において「商品 C を販売する」ための命令列を作れ．ただし，入力は硬貨 2 枚とボタン一つとする．

解答例 2 枚の硬貨の金額をそれぞれ，データレジスタ 1 とデータレジスタ 2 に格納し，ボタンの種類をレジスタ 3 に格納してから判断する場合は，次の命令列となる．

  1: 硬貨の読み取り（入金）
  2: データレジスタ 1 への 1 度目の入金額の格納
  3: 硬貨の読み取り（入金）
  4: データレジスタ 2 への 2 度目の入金額の格納
  5: 商品選択ボタンの読み取り（ボタン入力）
  6: データレジスタ 3 へのボタン入力の格納
  7: データレジスタ 1 が「100」でないならば 11: へ
  8: データレジスタ 2 が「100」でないならば 11: へ
  9: データレジスタ 3 が「緑」でないならば 11:へ
  10: 商品「C」を出力

11: 終了

3.2 レジスタ機械

3.2.1 アーキテクチャ

3.1節で示した命令は例題のための仮想的なものであったが，計算モデルの中でも，実用化されている汎用コンピュータに類似のアーキテクチャ（システム構成）をもつものの一つが，**レジスタ機械** (register machine) である．レジスタ機械は，記憶装置の一種であるレジスタの集まりと制御装置からなり，命令の種類や実行方法など，現実のコンピュータとの共通点は多い．なお，レジスタは無限個あり，各レジスタにはいくらでも大きな自然数を記憶できるとする．

レジスタ機械は，図 3.2 に示すように，次の構成要素からなる．

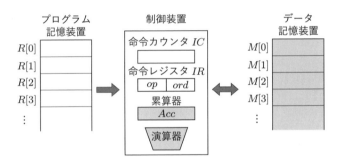

図 3.2 レジスタ機械の構成

- **プログラム記憶装置** $R[j]$

    プログラムを構成する命令は，j をアドレスとするレジスタ $R[0], R[1], \ldots, R[j], \ldots$ に格納される．各命令はオペコード（命令の種類）op とオペランド（引数）ord の組からなり，いずれも自然数で表される（オペランドを必要としないオペコードもある）．op は偶数アドレス k のレジスタ $R[k]$ $(k = 0, 2, 4, \ldots)$ に，ord は対応する op に隣接する奇数アドレス $k+1$ のレジスタ $R[k+1]$ にそれぞれ格納される．

- **データ記憶装置** $M[i]$

    演算対象のデータは，i をアドレスとするレジスタ $M[0], M[1], \ldots, M[i], \ldots$ に格納される．

- **制御装置**

    命令カウンタ IC(Instruction Counter)，**命令レジスタ** IR(Instruction Register)，**累算器** Acc(Accumulator)，**演算器**からなり，命令実行サイクル（3.2.4節参照）を繰り返す．IC, IR, Acc は制御装置内のレジスタ（自然数を格納）であり，次に実行すべき命令が格納されているアドレス，次に実行すべき命令，演算器の計算対象となるデータがそれぞれ格納される．このうち，IR の op と ord には，$R[IC]$ と $R[IC+1]$ がそれぞれ格納される．

3.2.2 命令の種類

レジスタ機械がもつ10種類の命令（これらを**命令セット**とよぶ）を表3.1に示す[14]．オペコードには略称（命令名）を割り当てることとし，可読性を考慮し，プログラムは命令名を使って記述する．なお，i, j はアドレス，c は自然数である．

表3.1 レジスタ機械の命令表

オペコード	命令名	オペランド	実行の効果
1	LOAD	i	$Acc \leftarrow M[i]$
2	STORE	i	$M[i] \leftarrow Acc$
3	JUMP	j	$IC \leftarrow j$
4	JZERO	j	$Acc = 0$ ならば $IC \leftarrow j$
5	HALT	—	停止
6	SETC	c	$Acc \leftarrow c$
7	SUCC	—	$Acc \leftarrow Acc + 1$
8	PRED	—	$Acc \leftarrow Acc - 1$
9	ADD	i	$Acc \leftarrow Acc + M[i]$
10	SUB	i	$Acc \leftarrow Acc - M[i]$

レジスタ機械の命令セットは，次の三つに大別される．

(1) データ転送のための命令　LOAD, STORE, SETC

　　LOAD は $M[i]$ から Acc へ，STORE は Acc から $M[i]$ へ，それぞれ格納されているデータ（自然数）を転送する．また，SETC はオペランド c を Acc に格納する．

(2) 算術演算のための命令　SUCC, PRED, ADD, SUB

　　それぞれ，後者，前者，和，差を計算する命令である．後者と前者は，それぞれ自然数 n に対する，$n+1$ と $n-1$ である[†]．SUCC と PRED では「Acc の内容」の後者と前者が，ADD と SUB では「Acc の内容」と「$M[i]$ の内容」の和と差がそれぞれ計算され，その結果は Acc に格納される．

---

† 0 の前者は 0 である．

(3) 制御の流れのための命令　JUMP, JZERO, HALT

HALT はプログラムの実行を停止し，JUMP と JZERO は命令レジスタ IC の内容を変更する．このうち，JUMP は無条件に IC の内容をオペランド j とする．JZERO は，Acc の値が 0 であるときに限り，IC の内容をオペランド j とする．

3.2.3 レジスタ機械の分類

これまで「レジスタ機械」とよんでいた計算モデルは，命令セットの内容などによって，次のように分類される [2, 14]．

- 計数器機械 (counter machine)
  表 3.1 のオペコード 1 から 8 までの命令だけをもつ．
- レジスタ機械 (register machine)
  表 3.1 のオペコード 1 から 10 までの命令をもつ．
- RAM (Random Access Machine)
  表 3.1 のオペコード 1 から 10 に加えて，**間接アドレス方式**とよばれる命令 LOADI と STOREI をもつ．これらは，$M[i]$ に格納されているデータをアドレスとみなし，$M[M[i]]$ に対して，それぞれ，読み取り（LOADI）・書き込み（STOREI）を行う．
- RASP (Random Access Stored Program Machine)
  レジスタ機械では，プログラムの実行中にプログラム領域の命令を書き換えることは許されない．これに対し，RASP では，プログラム記憶装置とデータ記憶装置の区別はなく，プログラムとデータは共通の記憶装置に格納される．この方式は，UTM において動作関数やデータを同一のテープに格納する方式と同じであり，プログラムの実行中にプログラム（の中の命令）の書き換えが可能である．RASP の構成方式を**ノイマン型アーキテクチャ**，RAM の構成方式を**ハーバード型アーキテクチャ**とそれぞれよび，区別することもある．

したがって，計数器機械に加算と減算の命令を追加したのがレジスタ機械であり，間接アドレス方式の命令を追加したレジスタ機械が RAM である．

以下，断りのない限り，表 3.1 の命令セットを対象としてプログラムを作成する．

3.2.4 命令実行サイクル

レジスタ機械は，図 3.3 に示すように，次の命令実行サイクル「(1) 命令読み取り → (2) 命令解読 → (3) 命令実行」を，HALT が実行されるまで繰り返す．

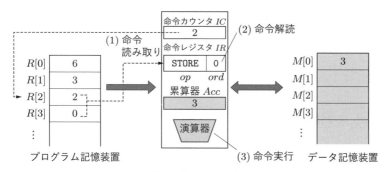

図 3.3　レジスタ機械の命令実行サイクル

(1) 命令読み取り

　命令カウンタ IC をプログラム記憶装置 $R[\ ]$ の番地として，$R[IC]$ がオペコード op，$R[IC+1]$ がオペランド ord となるように，命令レジスタ IR に転送する．その後，命令カウンタ IC のデータに 2 が加算される[†]．

(2) 命令解読

　表 3.1 のオペコードをもとに，命令レジスタの命令の種類を特定する．

(3) 命令実行

　表 3.1 の実行の効果に従って，演算器で命令が実行される．

なお，初期状態では，命令カウンタ IC には 0 が格納されているものとする．また，プログラムに対する入力データは，プログラムの先頭でデータ記憶装置 $M[\ ]$ に書き込んでおき，プログラムの実行結果もまた，データ記憶装置 $M[\ ]$ に書き込むこととする．

3.2.5　レジスタ機械のプログラム

レジスタ機械のプログラム（RM プログラム）は，「n: 命令名　オペランド」という命令の集まりによって表現される．ここで，行頭の n: は説明のために付けた行番号であり，プログラム記憶装置 $R[i]$ のアドレス i とは異なる．「//」はコメントの始まりを表し，【】内は命令名（オペコード）が格納されているアドレスである．以下に，プログラムの例を示す（以降，RM プログラムは .rm という拡張子を付けて表す）．

例 3.2　和を求める RM プログラム

　二つの自然数 3 と 2 の和を計算する RM プログラム plus.rm は，次のとおりである．

[†] オペコード op が格納されているアドレスは，0, 2, 4, ... と増加することに注意．

```
plus.rm
1: SETC   3    // 【0】 Acc ← 3
2: STORE  0    // 【2】 M[0] ← Acc
3: SETC   2    // 【4】 Acc ← 2
4: STORE  1    // 【6】 M[1] ← Acc
5: LOAD   0    // 【8】 Acc ← M[0]
6: ADD    1    // 【10】Acc ← Acc + M[1]
7: STORE  2    // 【12】M[2] ← Acc
8: HALT        // 【14】実行終了
```

このプログラムでは，3と2を$M[0]$と$M[1]$にそれぞれ格納したのち（1〜4行目），Accに3（$M[0]$の内容）をコピーし（5行目），Accと2（$M[1]$の内容）の和を計算し，結果をAccに格納する（6行目）．そして，その和を$M[2]$に格納する（7行目）．

このプログラムを実行したときの各種レジスタの内容が更新される様子を**表 3.2**に示す．ここで，表中の「−」は，値が不定であることを表す．このプログラムにはJUMPやJZEROが含まれておらず，ICは常に増加し，逐次実行されている．

表 3.2 プログラム plus.rm の実行例

IC	op	ord	Acc	$M[0]$	$M[1]$	$M[2]$
0	SETC	3	3	−	−	−
2	STORE	0	3	3	−	−
4	SETC	2	2	3	−	−
6	STORE	1	2	3	2	−
8	LOAD	0	3	3	2	−
10	ADD	1	5	3	2	−
12	STORE	2	5	3	2	5
14	HALT		5	3	2	5

問 3.3

二つの数の和を求める計算は，例 3.2 のプログラムよりも命令数（プログラムの行数）を少なくしたプログラムでも実現できる．そこで，命令数を減らしたプログラムを作れ．

解答例 3 行目の実行により，2 が Acc に格納される．そこで，この 2 と $M[0]$（3 が格納）の和を求めると，命令数が少なくて済む．よって，次の 6 行のプログラムでよい．

```
SETC 3    // 【0】 Acc ← 3
STORE 0   // 【2】 M[0] ← Acc
SETC 2    // 【4】 Acc ← 2
ADD 0     // 【6】 Acc ← Acc + M[0]
STORE 2   // 【8】 M[2] ← Acc
HALT      // 【10】実行終了
```

例 3.3　総和を計算する RM プログラム

総和（例 1.2 参照）を計算する，次の関数 $sum(n)$ を考える．

$$sum(n) = n + (n-1) + \cdots + 1$$

$n = 3$ とした場合の RM プログラム sum.rm は，次のとおり．

```
sum.rm
 1:  SETC   3    // 【0】  Acc ← 3
 2:  STORE  0    // 【2】  M[0] ← Acc
 3:  SETC   0    // 【4】  Acc ← 0
 4:  STORE  1    // 【6】  M[1] ← Acc
 5:  LOAD   0    // 【8】  Acc ← M[0]
 6:  ADD    1    // 【10】 Acc ← Acc + M[1]
 7:  STORE  1    // 【12】 M[1] ← Acc
 8:  LOAD   0    // 【14】 Acc ← M[0]
 9:  PRED        // 【16】 Acc ← Acc − 1
10:  JZERO  24   // 【18】 Acc = 0 ならば IC ← 24
11:  STORE  0    // 【20】 M[0] ← Acc
12:  JUMP   10   // 【22】 IC ← 10
13:  HALT        // 【24】 実行終了
```

最初に，3 をデータ記憶装置 $M[0]$ に格納する（1，2 行目）．$M[1]$ を総和を求める作業領域とし（3，4 行目），$M[0] + M[1]$（5〜7 行目）を，$M[0]$ の値を 1 ずつ減らしながら（9〜11 行目），$M[0]$ が 0 になるまで繰り返す．そのために，$M[0]$ が 0 かどうかの判定（10 行目）を，$M[0]$ を Acc に格納した（8 行目）あとに 1 を引き（9 行目），JZERO を実行することによって行い，0 であればアドレス 24 の「HALT」を実行する．そうでなければ 11 行目で $M[0]$ を更新し，12 行目にくると 6 行目に戻り，「ADD 1」から繰り返す．10 行目の JZERO により条件分岐（真なら 13 行目，偽なら 11 行目）が，12 行目の JUMP により繰り返し（6 行目に戻る）が実現されている．

問 3.4

計数器機械と同じ命令セット（表 3.1 のオペコード 1〜8）だけを使って，二つの自然数の和，たとえば，$3 + 2$ を求める RM プログラムを作成せよ．

解答例　3 と 2 の和は $(3+1)+1$，すなわち「3 の後者の後者」である．そこで，二つの自然数を $M[0]$ と $M[1]$ に格納し，$M[1]$ の回数だけ SUCC を $M[0]$ に適用し，計算終了時には両者の和が $M[0]$ に格納される RM プログラムを次に示す．

```
SETC   3    // 【0】 Acc ← 3
STORE  0    // 【2】 M[0] ← Acc
SETC   2    // 【4】 Acc ← 2
STORE  1    // 【6】 M[1] ← Acc
LOAD   0    // 【8】 Acc ← M[0]
```

```
SUCC           // 【10】 Acc ← Acc + 1
STORE  0       // 【12】 M[0] ← Acc
LOAD   1       // 【14】 Acc ← M[1]
PRED           // 【16】 Acc ← Acc − 1
JZERO  24      // 【18】 Acc = 0 ならば IC ← 24
STORE  1       // 【20】 M[1] ← Acc
JUMP   8       // 【22】 IC ← 8
HALT           // 【24】 実行終了
```

問 3.5

計数器機械と同じ命令セット（表 3.1 のオペコード 1〜8）だけを使って，二つの自然数の差（例 1.1 参照），たとえば，$3 - 2$ を求めるプログラムを作成せよ．

解答例 二つの自然数を $M[0]$ と $M[1]$ に格納し，$M[1]$ の回数だけ PRED を $M[0]$ に適用すれば，最終的に $M[0]$ が両者の差となる．そのために，問 3.4 のプログラムの SUCC を PRED に置き換えればよい．

3.2.6 レジスタ機械のシミュレータ

レジスタ機械の命令実行サイクル（3.2.4 項参照）を AL プログラムとして記述したのが，次の RM-sim.al である．

```
RM-sim.al
1:  IC ← 0;                       // 最初に実行する命令の設定
2:  cont ← 1;                     // 停止判定のためのフラグ設定
3:  while (cont ≠ 0) do           // 停止すべきかどうかの判定
4:      op ← R[IC];               // (1) 命令読み取り（オペコード）
5:      ord ← R[IC + 1];          // (1) 命令読み取り（オペランド）
6:      IC ← IC + 2;              // IC の更新
7:      inst = decode(op);        // (2) 命令解読
8:      exec(inst, ord);          // (3) 命令実行
9:  end;
```

ここで，$cont$ は，初期値が「1」で，HALT 命令が実行されたときに $exec()$ によって「0」になるフラグであり，$cont$ が「1」である限り，プログラムの実行が続く[†]．

以下，この計算手順に従って表 3.1 の命令を実行するシミュレータ（付録 C 参照）を，**レジスタ機械（RM）シミュレータ**とよび，その実行ファイルを RM プログラムとする．

[†] 表 3.1 の HALT 命令の実行の効果を，このフラグへの「0」の代入とした．

例 3.4　RM シミュレータの実行例

例 3.3 の RM プログラム `sum.rm`（行番号は除く）を引数として，コマンド RM をコマンドラインで入力する．その実行結果は次のとおり．

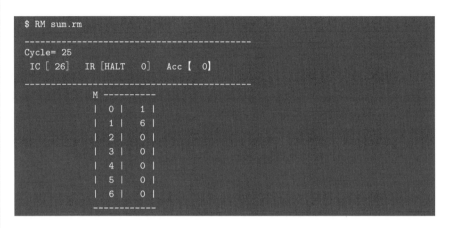

Cycle は命令実行サイクルの実行回数，IC は命令カウンタ，IR は命令レジスタ，Acc は累算器，M はデータ記憶装置をそれぞれ表す．この実行例では，25 回の命令の実行で計算が終了し，M[1] に 3 + 2 + 1 の計算結果「6」が得られる．

問 3.6

問 3.4 で作成したプログラムを `plus.rm` とし，RM シミュレータで実行せよ．

解答例　二つの自然数の和（3 + 2）のプログラムの実行例は，次のとおり．

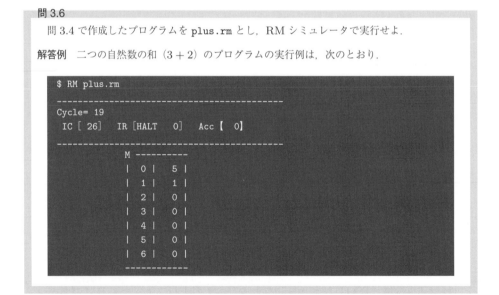

3.3 レジスタ機械の計算可能性

3.3.1 レジスタ機械の計算可能性

表3.1の命令からなるプログラムが，自然数上の n 引数関数 $f:\mathbb{N}^n \to \mathbb{N}$ を計算することを，次のように定義する．

定義 3.1　RM プログラムの計算可能性

RM プログラム P_{RM} が，自然数上の関数 $f(x_1, x_2, \ldots, x_n)$ を計算するとは，次の二つの条件が満たされるときである．

(i) P_{RM} の計算が終わったときの計算結果が $f(x_1, x_2, \ldots, x_n)$ の値と等しい．
(ii) P_{RM} の計算が終わらないとき，$f(x_1, x_2, \ldots, x_n)$ が未定義である．

ここで，P_{RM} において，入力 $x_1, x_2, \ldots, x_n$ および計算結果は，あらかじめ指定していたレジスタに格納されているものとする．

3.3.2 レジスタ機械とチューリング機械の関係

レジスタ機械とチューリング機械の計算可能性について，次の定理が成り立つ．

定理 3.2　チューリング機械とレジスタ機械の等価性

自然数上の関数 f について，次の (i) と (ii) は同値である．

(i) f はチューリング機械で計算可能である．
(ii) f はレジスタ機械で計算可能である．

◆ **証明**　詳細については文献 [11, 16] を参照のこと．
・「(i) ならば (ii)」について（概要）

TM は，定義 2.4 で示した，記号列の集合 Σ^* 上の関数 f_{TM} を計算する．任意の記号列は，1.5.3 項で述べたゲーデル数を用いることで自然数に変換できることから，TM が計算する f_{TM} は，自然数上の関数とみなしてよい．UTM（2.5.2 項参照）であれば任意の f_{TM} が計算可能であることから，もし，UTM の動きをレジスタ機械のプログラムとして実現できれば，任意の f_{TM} が，レジスタ機械で計算可能であることになる．UTM の「状態」や「ヘッドの位置」，「テープの内容（f_{TM} を計算する TM の定義や入力データなど）」をデータ記憶装置のレジスタ群に格納し，UTM の動作関数をレジスタ機械のプログラムとして記述したものをプログラム記憶装置に格納すれば，レジスタ機械は UTM を模倣できる．

・「(ii) ならば (i)」について（概要）

レジスタ機械で計算される自然数上の関数 f_{RM} を TM で模倣するために，テープを次の五つの領域に分ける．

(1) データ記憶装置のレジスタ $M[i]$ $(i \geq 1)$ を記憶する部分．
　　図 3.4 のように，データ領域を，記号 # で区切られた対 (j, c_j) の列として表す．ここで，c_j はレジスタ $M[j]$ の内容である．
(2) Acc の内容を記憶する領域
(3) 作業用領域
(4) 入力用領域
(5) 出力用領域

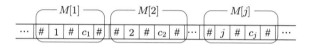

図 3.4　レジスタ機械のデータ記憶装置の TM のテープによる実現

さらに，RM プログラムが n 行であれば，TM の状態数を n 個とし，IC の値は TM の状態に対応させる．すなわち，IC が更新されることと TM の状態遷移を対応させる．そして，動作関数（状態遷移図）を，状態 i ごとに $R[i]$ の命令の種類に応じて定める．たとえば，$R[i]$ の命令が JUMP, JZERO のときはオペランドを状態遷移先とし，そのほかの命令では $R[i+1]$ に対応する状態を遷移先とする．また，SUCC, PRED では「Acc に割り当てたマス目」の値を，それぞれ $+1, -1$ する．LOAD, STORE では「Acc に割り当てたマス目」の値とオペランドで指定されたマス目の間で，数をコピーする．SETC では「Acc に割り当てたマス目」にオペランドで指定された数を書き込む．このようにして，RM プログラムに対応した動作関数を構成できる．　　　　　　　　　　　　　　　　　　　　　　□

3.3.3　最小の命令セット

問 3.4 と問 3.5 で，ADD と SUB を使わずとも加減算が実現できることが示された．また，定理 3.2 において，計数器機械がもつ命令によって，TM で計算可能な関数を計算することができることがわかった．これらのことから，計算可能性の観点からは，次の 8 種の命令があれば，チューリング機械と同等の計算能力があるといえる．

　　　LOAD,　STORE,　SUCC,　PRED,　JUMP,　JZERO,　HALT,　SETC

さらに，ミンスキー[11] は，次の命令セットであっても，チューリング機械と同等の計算能力をもつことを示した[†]．

---

† 命令の表記は，本書に合うように変更している．

```
ZERO   i        M[i] ← 0
SUCC   i        M[i] ← M[i] + 1
JZDEC  i, j     M[i] = 0 ならば, IC ← j. M[i] ≠ 0 なら M[i] = M[i] − 1.
HALT            実行終了
```

なお，ミンスキーのレジスタ機械では，累算器にデータを転送せずともレジスタ i に対して演算が行えるため，データ転送命令は含まれていない．さらに，ミンスキーは，これらの命令セットのうち，「ZERO と SUCC，JZDEC」だけでも TM で計算可能な関数と同等の計算が行えることを示している [11]．このうち，JZDEC は「ゼロ判定と 1 引く」を合わせた命令であることから，次の命令セットとすることもできる[†]．

```
ZERO,  SUCC,  PRED,  JZERO,  HALT
```

世の中で使われているプロセッサには，数多くの命令が実装されている．それらの命令は，プログラムを記述しやすくしたり，高速処理のために必要なものであるが，計算可能性の観点からは，上記の命令セットがあれば十分である．

3.4 流れ図による計算の記述

3.4.1 流れ図の形式

レジスタ機械以外の命令型計算モデルとして，**流れ図**がある．流れ図は**フローチャート** (flowchart) ともよばれ，1940 年代に，ノイマン (J. von Neumann) らがプログラミングの際に用いる記述形式の一つとして提唱して以来，広く用いられている．また，流れ図をプログラムとみなし，プログラムの正当性を検証する手法も，フロイド (R. W. Floyd) らによって提唱されている．

この節では，流れ図を計算モデルとした場合の計算能力について考察する．形式的に議論をするために，流れ図を，次の定義 3.3 に示すように，命令をノードとし，命令の実行順序関係をアークとした有向グラフと定める．

定義 3.3　流れ図

表 3.3 に示す七つの基本ブロックが，それぞれ指定された本数の入力アークと出力アークをもつ連結した有向グラフを，**流れ図**とよぶ．

流れ図の中の START ブロックはただ一つと定めるが，HALT ブロックの個数に制限は設けない．流れ図において，START ブロックと HALT ブロックを除いた部

[†] Shepherdson,J.C. and Strugis,H.E : Computability of Recursive Functions, *J.ACM*, Vol.10, No.2, pp.217-255 (1963) でも論じられている．

表 3.3 流れ図の基本ブロック

	基本ブロック	操 作	入力アーク数	出力アーク数
1	START	計算の開始	0	1
2	HALT	計算の終了	m	0
3	$x \leftarrow 0$	x に 0 を代入	m	1
4	$x \leftarrow y$	x に y の値を代入 y の値は変わらない	m	1
5	$Succ(x)$	x の値を 1 増やす	m	1
6	$Pred(x)$	x の値を 1 減らす $Pred(0)$ は 0	m	1
7	$x=0$ (T, F)	$x=0$ ならば T の出力アークを選択 $x \neq 0$ ならば F の出力アークを選択	m	2 (T と F)

※ m は 1 以上の自然数

分を，**流れ図の本体**（あるいは単に本体）とよぶ．

流れ図の中の変数 x, y には，次の 3 種類がある．いずれも自然数を値とする．

- **入力変数**：初期値が代入されている変数で，計算の途中で変数の値は変更されない．必要に応じて START ブロックの出力アークのラベルとして明記する．
- **出力変数**：値がただ一度だけ代入される変数で，その値は流れ図の計算結果となる．必要に応じて HALT ブロックの入力アークのラベルとして明記する．
- **補助変数**：入力変数と出力変数以外の変数．

表 3.3 の基本ブロック 5 と 6 は，それぞれ後者関数，前者関数に相当する．

流れ図において，表 3.3 の 3～6 の基本ブロックが図 3.5 のように一列に連結された場合は，図 (b) や図 (c) のように一つの長方形（ブロックとよぶ）として描く．さら

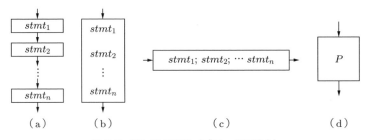

図 3.5 流れ図の略記（ブロックの結合）

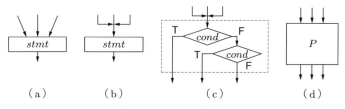

図 3.6　流れ図の略記（複数本のアーク）

に，必要に応じて，図 (d) のように，ブロックで実行される内容を省略して描く．

また，**図 3.6**(a) のように，一つの基本ブロックへ複数本の入力アークがある場合，図 (b) のように描く．さらに，図 (c) のように表 3.3 の基本ブロック 7 が複数個連結された場合を，複数本の入出力アークとともにまとめて図 (d) のように描く．

以下，混乱が生じない限り，基本ブロックもまた，単にブロックとよぶことにする．

3.4.2　アルゴリズムの記述例

1.4 節で述べた AL プログラムの「逐次実行（1.4.2 項）」と「条件分岐（1.4.4 項）」は，それぞれ，**図 3.7**(a), (b) の流れ図に対応する．ここで，「条件分岐」の $cond$ は，表 3.3 の 7 のように「$x = 0$」に限られる．

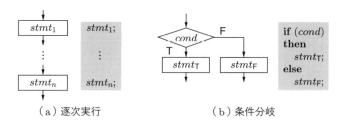

図 3.7　流れ図と AL アルゴリズムの対応（逐次実行と条件分岐）

また，AL アルゴリズムの「繰り返し（1.4.5 項）」は，**図 3.8** の流れ図で表される．図 (a), (b) はブロックの配置が異なるものの，ともに図 (c) の「$cond$ が真である限り，$stmt$ の実行を繰り返す処理」を表す．

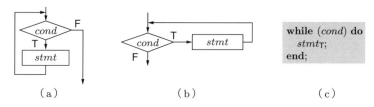

図 3.8　流れ図と AL アルゴリズムの対応（繰り返し）

問 3.7

図 3.9 の流れ図に対応する AL プログラムを作成せよ．

図 3.9　繰り返しの流れ図

解答例　この流れ図は「**do〜while**」とよばれる繰り返しであり，$stmt$ を実行してから条件 $cond$ の判定がなされ，真であれば再び $stmt$ が実行される[†]．AL プログラムは以下のとおり．

  $stmt$;
  while ($cond$) **do**
    $stmt$;
  end;

例 3.5　和を求める流れ図

二つの自然数を入力変数 x_1, x_2 とし，$x_1 + x_2$ を出力変数 y とする流れ図を，**図 3.10** に示す（問 3.4 参照）．

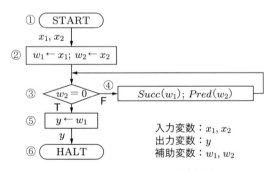

図 3.10　$x_1 + x_2 = y$ の流れ図

流れ図の計算では，変数の値を ± 1 しかできない．そこで，問 3.4 の解答例のように，x_1 に 1 を x_2 回加えることで $x_1 + x_2$ を計算するために，図の②で入力変数 x_1 と x_2 をそれぞれ補助変数 w_1 と w_2 に代入し，③と④により w_2 を 1 ずつ減らしながら，w_2 が 0 になるまで w_1 に 1 を加える．w_2 が 0 になったときの w_1 は x と y の和となるので，⑤で出力変数 y の値とする．入力が 3 と 2 のときに実行されるブロックや補助変数の値の変化を，**表 3.4** に示す．ステップ 3〜6 にかけて，「③と④」が w_2 の回数分，すなわち，2 回

[†] 図 3.8 の流れ図では，条件 $cond$ によっては，一度も $stmt$ が実行されないこともある．一方，図 3.9 では，$stmt$ が必ず一度は実行される．

表 3.4　図 3.10 の流れ図の実行例

ステップ	ブロック	x_1	x_2	w_1	w_2	y
1	①	3	2	—	—	—
2	②	3	2	3	2	—
3	③	3	2	3	2	—
4	④	3	2	4	1	—
5	③	3	2	4	1	—
6	④	3	2	5	0	—
7	③	3	2	5	0	—
8	⑤	3	2	5	0	5
9	⑥	3	2	5	0	5

実行されている.

問 3.8

二つの自然数を入力変数 x_1, x_2 とし,両者の差 $x_1 - x_2$(例 1.1 参照)を出力変数 y とする流れ図の例を作れ.

解答例　図 3.10 の④の「$Succ(w_1)$」を「$Pred(w_1)$」にすることで,$3-2=(3-1)-1$ により差を求める流れ図が得られる.

例 3.6　総和を求める流れ図

ある自然数を入力変数 x とし,0 から x までの総和 $x + (x-1) + \cdots + 1$ を出力変数 y とする流れ図を図 3.11 に示す.

たとえば,初期値を 0 とした補助変数 w_3 に,$x, x-1, \ldots, 1$ を順に加えれば総和は求められる.そのために,図 3.11 の網掛け中の③と④で,$w_3 \leftarrow w_3 + w_2$ を例 3.5(二つの自然数の和)の計算法で実現している.さらに,この中の w_2 を,⑤と⑥を経由しての繰り

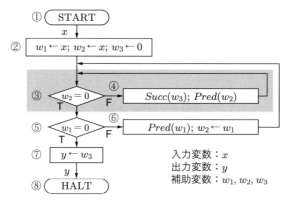

図 3.11　$0 \sim x$ の総和を求める流れ図

返しで，w_2 を $x, x-1, \ldots, 1$ と更新することによって，$x + (x-1) + \cdots + 1$ の計算が実現されている．

問 3.9

例 3.6 の図 3.11 において，入力が n であるときに，ブロック④と⑥が，それぞれ実行される回数を求めよ．

解答例　次式のように計算されるため，④は $n=1$ のときに 1 回，$n=2$ のときに 3 回実行されることから，$n(n+1)/2$ 回．⑥は n 回．

$$\underbrace{x + \underbrace{(x-1)}_{n-1\text{ 回}} + \underbrace{(x-2)}_{n-2\text{ 回}} + \cdots + \underbrace{2}_{2\text{ 回}} + \underbrace{1}_{1\text{ 回}}}_{n\text{ 回}\cdots\cdots\text{⑥の実行回数}} \cdots\cdots\text{④の実行回数}$$

問 3.10

ある自然数を入力変数 x とし，x が奇数であれば出力変数 y を「1」とし，x が偶数であれば「0」とする流れ図を作成せよ（例 2.4 参照）．

解答例　x を補助変数 w_1 の初期値とし，w_1 から 2 を減じ続けたときに，w_1 が奇数であればいつかは 1 に，偶数であればいつかは 0 になる．そこで，図 3.12 のように④と⑤で w_1 が 1 かどうかを判定し，そうであれば⑦で w_2 を 1 にしておく（その後，⑧でこの 1 を y に代入する）．もし，1 以外ならば，⑥と③とで (w_1-1) が 0 かどうかを判定し，0 であれば⑧で w_2 を y に代入する．w_1 が 1 と 0 以外の場合には，③～⑥が 1 回繰り返されるごとに，w_1 から 2 が減じられる．

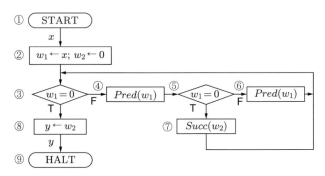

図 3.12　奇数判定の流れ図

3.5 流れ図の計算可能性

3.5.1 流れ図の等価性

流れ図が関数 f を計算することを，次のように定める．

定義 3.4　流れ図の計算可能性

入力変数の組 $x_1, x_2, \ldots, x_n$，出力変数 y である流れ図 FC が，自然数上の関数 $f(x_1, x_2, \ldots, x_n)$ を計算するとは，次の二つの条件が満たされるときである．

(i) FC の計算が終わったときの出力変数 y が $f(x_1, x_2, \ldots, x_n)$ の値と等しい．

(ii) FC の計算が終わらないとき，$f(x_1, x_2, \ldots, x_n)$ が未定義である．

このとき，$f(x_1, x_2, \ldots, x_n)$ を，FC によって計算される関数 $\mathcal{F}_{FC}(x_1, x_2, \ldots, x_n)$ と書く．

例 3.7　加算関数を計算する流れ図

例 3.5 の流れ図（図 3.10）の計算が終わったときの出力は，$add(x_1, x_2) = x_1 + x_2$ と等しい．よって，$add(x_1, x_2)$ は図 3.10 によって計算される．

問 3.11

例 3.6 の流れ図（図 3.11）によって計算される関数を求めよ．

解答例　$sum(x) = x + (x-1) + \cdots + 1$ が計算されている．

さらに，二つの流れ図が等しいことを次のように定める．

定義 3.5　流れ図の等価性

二つの流れ図 FC_1 と FC_2 が次の三つの条件を満たすとき，同値であるといい，$FC_1 \simeq FC_2$ と表す．

(i) FC_1 の入力変数の組と FC_2 の入力変数の組が等しい．それらを $x_1, x_2, \ldots, x_n$ とする．

(ii) FC_1 の出力変数と FC_2 の出力変数が等しい．

(iii) 任意の自然数の組に対して，FC_1 で計算される $\mathcal{F}_{FC_1}(x_1, x_2, \ldots, x_n)$ の値と，FC_2 で計算される $\mathcal{F}_{FC_2}(x_1, x_2, \ldots, x_n)$ の値が等しい．ただし，一方の流れ図の値が定義されていないときには，他方も定義されない．

例 3.8　同値な流れ図

例 3.5 の流れ図（図 3.10）と同値な流れ図の例を，**図 3.13** に示す．

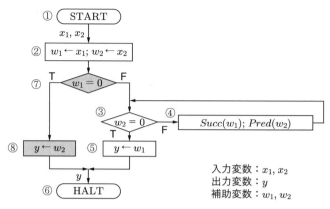

図 3.13　$x_1 + x_2 = y$ の流れ図の例

　図では，図 3.10 に⑦と⑧が追加されている．これにより，図 3.10 では，$0 + x_2$ の場合であっても④が x_2 回実行されていたが，図 3.13 では，$x_1 = 0$ のときの和 $0 + x_2$ が，ただちに出力 y に代入される．

問 3.12

問 3.10 の図 3.12 と同値な流れ図を作成せよ．

解答例　たとえば，図 3.12 の⑦の中で $y \leftarrow w_2$ を行って終了することもできる．このようにして得られた流れ図が，**図 3.14** である．

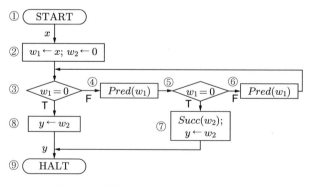

図 3.14　奇数判定の流れ図と同値な流れ図

3.5.2 流れ図の合成

二つの関数 $y = f(x)$ と $y = g(x)$ を計算する流れ図が,それぞれ図 3.15(a) と (b) のように,HALT がただ一つであり,かつ,二つの流れ図の補助変数の名前が相異なる[†]とき,次の方法で,二つの流れ図 FC_1 と FC_2 を合成することができる.

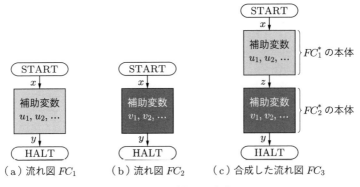

(a) 流れ図 FC_1　　(b) 流れ図 FC_2　　(c) 合成した流れ図 FC_3

図 3.15　流れ図の合成

(1) FC_1 に現れている出力変数 y を,すべて z に置き換えて得られた流れ図を FC_1^* とする.

(2) 流れ図 FC_2 に現れている入力変数 x を,すべて z に置き換えて得られた流れ図を,FC_2^* とする.

(3) FC_1^* の HALT へのアークを,FC_2^* の START からのアークと同一視し,得られる図 (c) を,FC_3 とする.これに伴い,FC_1^* の HALT と FC_2^* の START を削除する.

このようにして得られた流れ図 FC_3 は,二つの関数 $z = f(x)$ と $y = g(z)$ の合成関数 $y = (g \circ f)(x)$ を計算する.

3.5.3 流れ図とレジスタ機械

レジスタ機械と流れ図は,ともに命令型計算モデルをもとにしたモデルであり,いずれも前者と後者の計算やゼロ判定をするための基本操作をもつ.このような両者が行うことができる計算には,次のような関係がある.

[†] 仮に同じ名前の補助変数があった場合には,名前を変更して異なるものにしておく.

定理 3.6　流れ図とレジスタ機械の等価性

自然数上の関数 f について，次の (i) と (ii) は同値である．

(i) f は流れ図で計算可能である，

(ii) f はレジスタ機械で計算可能である．

◆ **証明**　詳細については文献 [11, 13] を参照のこと．

レジスタ機械のプログラムは，表 3.1 の 1～8 番の命令だけで構成されているとしても一般性を失うことはないので，以下ではこれら 8 種類の命令を対象とする．

・「(i) ならば (ii)」について（概要）

流れ図に現れる変数（入力，出力，補助）の総数が n の場合には，たとえば，それらをレジスタ機械のデータ記憶装置 $M[0] \sim M[n-1]$ に対応させる．そして，表 3.3 の 2～7 の基本ブロックを，それぞれ，**表 3.5** の命令群に対応させる．なお，紙面の都合上，各命令は「;」で区切って表す．表中の x_i と x_j は，それぞれ，i 番目と j 番目の変数を表す $(i, j = 0, 1, \ldots, n-1)$．

表 3.5　流れ図の基本ブロックとレジスタ機械の命令との対応関係

流れ図	レジスタ機械
HALT	HALT
$x_i \leftarrow 0$	SETC 0; STORE i
$x_i \leftarrow x_j$	LOAD j; STORE i
$Succ(x_i)$	LOAD i; SUCC; STORE i
$Pred(x_i)$	LOAD i; PRED; STORE i
$x_i = 0$	LOAD i; JZERO j j は「$x_i = 0$」が真のときに実行する命令のアドレス．

基本ブロックが図 3.7(a) の順次実行として結合しているときには，それぞれに対応した命令群を順に並べる．それ以外の場合には，JUMP 命令を使って，基本ブロックの出力アークが合流している先のブロックに対応する命令群が実行されるようにする．なお，入力変数 x_j の初期値 c は，プログラムの先頭で，次の命令によって実現しておくことにする．

　　SETC c; STORE j

以上のことにより，ある関数を計算する流れ図が与えられたとき，その関数を計算する RM プログラムを構成することができる．

・「(ii) ならば (i)」について（概要）

ある関数を計算する RM プログラムが与えられたとき，その関数を計算する流れ図は，プログラムから入力変数・補助変数・出力変数の抽出と，プログラム中の各命令の流れ図のブロックへの変換で構成される．まず，プログラムで参照しているデータ記憶装置のアドレスをもとに流れ図で必要とされる変数を設ける．このうち，プログラムに対する入力データと出力データが格納されるアドレスは，それぞれ，流れ図の入力変数と出力変数と

表 3.6　RM 命令と基本ブロックの対応関係

レジスタ機械	流れ図（〈　〉は基本ブロック番号）
LOAD i	〈4〉 $w_i \leftarrow acc$
STORE i	〈4〉 $acc \leftarrow w_i$
JUMP j	矢印を j 番目の命令に対応するブロックへ
JZERO j	〈7〉 判定を「$acc = 0$」とし，真の矢印を j 番目の命令に対応するブロックへ．
HALT	〈2〉
SETC c	〈4〉 $acc \leftarrow c$，c 入力変数の値とする．
SUCC	〈5〉 $Succ(acc)$
PRED	〈6〉 $Pred(acc)$

し，そのほかに値が代入されているアドレス i は補助変数 w_i とする．さらに，累算器に対応する補助変数 acc を設ける．

次に，表 3.1 の命令と表 3.3 の基本ブロックを，表 3.6 のように対応付ける．

「JUMP j」と「JZERO j が真」の場合は，該当するブロックからのアークを，ジャンプ先の命令 (j) に対応する基本ブロックへ結ぶが，これら以外は順序実行になるように各ブロックをアークで結合していく．このようにしてできあがった流れ図の最初のブロックを START とすることで，与えられたプログラムと同じ関数を計算する流れ図が得られる．　□

流れ図とチューリング機械との間においても，この定理と同様のことがいえる．すなわち，「流れ図で計算可能な関数であれば，チューリング機械でも計算可能である」ことが成り立ち，かつ，その逆も成り立つ[4]．

3.6　流れ図の標準形定理

3.6.1　流れ図の標準形

一般的には，ある関数を計算する流れ図は複数種類存在する．この節では，任意の流れ図は，**標準形** (normal form) とよばれる流れ図に書き換えられることを述べる[4, 18]．流れ図の標準形は，以下のように定義される．

定義 3.7　流れ図の標準形

次の (i)～(iii) に従って帰納的に定義されるものだけが，流れ図の標準形である．

(i) 基本要素

図 3.16(a)～(d) は標準形の基本要素である．

(a) の $stmt$ は表 3.3 の 3～6 の基本ブロック「$x \leftarrow 0$, $x \leftarrow y$, $Succ(x)$, $Pred(x)$」のいずれかである．図 (c) は無限ループにあたる．図 (c) と図 (d)

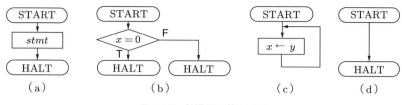

図 3.16 標準形の基本要素

は計算としての観点からは意味はないが，標準形を構成するために必要である．

(ii) 合成

図 3.17(e), (f) がともに標準形であるとき，それらを合成して得られる図 (g) は標準形である．ただし，P_0 および P_i $(i = 1, 2, \ldots, n)$ は流れ図の本体（START や HALT を含まない）である．

ここでの合成は，図 3.15 で示した方法によるものであり，標準形 (e) の n 個の「HALT」と n 個の標準形 (f) の「START」を 1 対 1 に対応させることで，P_0 のあとには，P_i $(i = 1, 2, \ldots, n)$ のいずれか一つを実行する処理がで

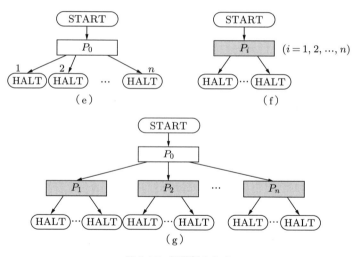

図 3.17 標準形の合成

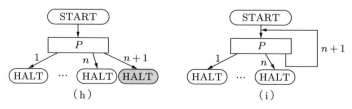

図 3.18 標準形の繰り返し

(iii) 繰り返し

図3.18(h) が標準形であるとき，P から HALT への出力アークのいずれか1本を，P の入力アークになるように修正して得られた図 (i) は標準形である（$n+1$ 番目の HALT を修正した場合）．ただし，P は流れ図の本体である．

流れ図が標準形であるとき，グラフ構造上，次の特徴をもつ．

- 閉路が一つもなければ，「木」となる．
- 閉路の合流先は，「先祖（のノード）」に限られる．

例 3.9　標準形ではない流れ図

図 3.19 の流れ図は，いずれも，二重線のアークが祖先にあたるブロックに合流していないため，標準形でない．

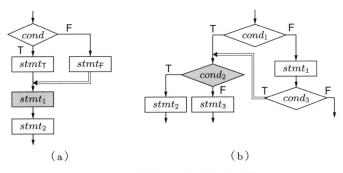

図 3.19　標準形ではない流れ図の例

3.6.2　標準形定理

一般的に，与えられた流れ図について，同値かつ標準形の流れ図を構成できることが，次の定理からいえる．証明は文献 [4, 18] を参照のこと．

定理 3.8　流れ図の標準形定理

任意の流れ図 FC_1 について，$FC_1 \simeq FC_2$ を満たす，標準形の流れ図 FC_2 が存在する．

この定理より，例 3.9 の二つの流れ図について，同値な標準形の流れ図が存在することがわかる．

例 3.10　標準形の流れ図への変換例

図 3.19(a), (b) の流れ図と同値で,かつ,標準形である流れ図の例を,図 3.20 に示す.

図 3.19(a) の場合, $stmt_\mathsf{F}$ の出力アークの合流先で実行すべき $stmt_1$ と $stmt_2$ の複製を作り, $stmt_1$ の出力アークの先で実行するようにすれば,図 3.20(a) の標準形が得られる.同様にして,図 3.19(b) は, $cond_3$ が真 (T) であるときに実行すべきブロック群の複製を作ることで図 3.20(b) の標準形が得られる.

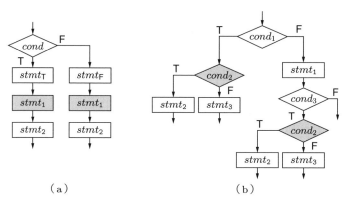

図 3.20　標準形の流れ図への変換例

3.6.3　プログラムの標準形

流れ図の標準形には,定義 3.7 のほかに,図 3.21 を基本形とする標準形の流れ図も存在する[19].

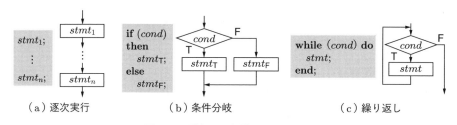

図 3.21　流れ図の標準形 ―その 2―

図 3.21 の三つの基本形は,AL プログラムに対応する流れ図(図 3.7, 3.8)にほかならない.したがって,任意の流れ図で計算される関数は,AL プログラムとして記述できる.

図 3.21 の流れ図は,他書では,N プログラム[21]や S プログラム[13],while プログラム[14, 17]といった,テキスト形式で記述される計算モデルにあたり,計算可能性

の議論の際に計算モデルの一種として用いられる．いずれも，チューリング機械やレジスタ機械によって計算可能な関数を記述できることが示されている[†1]．

3.7 Scratchによる流れ図の実行

3.7.1 Scratchと流れ図

Scratchは，2006年に，MITのマルチメディアラボで開発されたプログラミング教育用の開発環境である[†2]．プログラムの形式は，文字や記号の並びではなく，各種ブロックを組み合わせることで構成される．ブロックの種類には，算術演算や実行順序の制御に加えて，音の再生，線の描画，スプライト（ネコなどのキャラクター）の動作などがある．これらブロックは機能や役割ごとに異なる形状をしており，プログラムの構文として正しいものどうしがジグソーパズルのようにはめられる．完成したプログラムは隙間なく連結されたブロック群であり，基本的には，最上部のブロックから直下に連結されたブロック群の一つひとつが順に実行される．

このように，Scratchは，算術演算や実行順序を制御するブロックをもつことから，Scratchを3.4.1項の流れ図の一種とみなすことができる．Scratchのブロックの中から，表3.3の流れ図のブロックとの対応関係を，**表3.7**に示す．

表3.7 流れ図とScratchのブロックの対応関係

	基本ブロック	Scratchブロック	ブロックの種類	ブロックの機能
1	START	が押されたとき	ハットブロック	スクリプトが開始される．
2	HALT	このスクリプトを止める	キャップブロック	スクリプトが停止する．
3	$x \leftarrow 0$	x を 0 にする	スタックブロック	命令が実行される．
4	$x \leftarrow y$	x を y にする		
5	$Succ(x)$	x を 1 ずつ変える		
6	$Pred(x)$	x を -1 ずつ変える		
7	$x = 0$	もし x = 0 なら / でなければ	C型ブロック（六角形は，真偽ブロック）	条件に応じて，挟まれたブロックが実行される．

[†1] 各プログラムがもつ命令に違いはあるが，「逐次，条件，反復」の制御構造は共通である．
[†2] 本書ではScratchの処理系として，Ver.3.0を使用している．基本的な操作などは，補遺 (https://www.morikita.co.jp/books/mid/085471) の付録Dを参照．

Scratchのプログラムはスクリプト（台本）ともよばれ，その先頭は**ハットブロック**であり，流れ図の「START」にあたる．表3.7の1番目のブロックの場合，旗印のクリックによってスクリプトの実行が開始される．スクリプトの最後は**キャップブロック**であり，流れ図の「HALT」にあたる．図の3番目から6番目にかけては変数に関する**スタックブロック**であり，流れ図の変数の操作にあたる．7番目は，六角形の**真偽ブロック**と**C型ブロック**の組合せによって，流れ図の条件分岐に対応させる．さらに，図3.8の条件分岐による繰り返しの場合には，C型ブロックの中にある**図3.22**の「○回繰り返す」や「○まで繰り返す」，「ずっと」に対応する．

図 3.22　Scratch の繰り返しのためのブロック

「○回繰り返す」では，○の回数だけこのブロックに挟まれたブロックが実行される．「○まで繰り返す」の場合，○には真偽ブロックが挿入される．○の中が真であれば，このC型ブロックの実行は終了し，C型ブロックの下部に連結されたブロックに実行が移る．一方，○の中が偽であれば，このブロックに挟まれたブロックが実行されてから，再び○の判定が繰り返される．

たとえば，**図3.23**(a) の流れ図における繰り返しは，図 (b) のように，表3.7のブロック群で実現される．

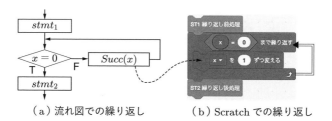

（a）流れ図での繰り返し　　　（b）Scratch での繰り返し

図 3.23　流れ図の繰り返しの Scratch での実現法

3.7.2　Scratch のプログラム例

Scratch の場合，プログラムで使う変数は，あらかじめ生成しておく．生成された変数もまたブロックとして，ほかのブロックの部品として利用することができる．以下のプログラム例における入力変数 x_1, x_2，出力変数 y，補助変数 w_1, w_2, w_3 は，いずれもあらかじめ生成しておいたものである．

例 3.11 和を求めるスクリプト

例 3.5 と同様に，二つの自然数を入力変数 x_1, x_2 とし，$x_1 + x_2$ を出力変数 y とする Scratch のスクリプト例を，図 3.24 に示す．

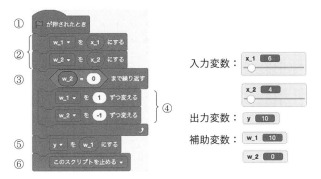

図 3.24 2 変数の和のスクリプト例

図 3.24 の①〜⑥は，図 3.10 のそれに対応している．ハットブロックの旗印がクリックされると，①から順にブロックが実行される．②の実行のあと，③の判定「$\mathtt{w\_2} = 0$」が偽であれば，ブロックの内部に挟まっている④が実行されて，再び③が実行される．もし，③の判定で「$\mathtt{w\_2} = 0$」が真になれば，繰り返しは終了し，⑤と⑥が実行されてプログラムが停止する．たとえば，$\mathtt{x\_1}$ と $\mathtt{x\_2}$ の初期値をそれぞれ 6 と 4 にした場合，⑤において両者の和 10 が $\mathtt{y}$ に代入されて停止する．

問 3.13

二つの自然数を入力変数 x_1, x_2 とし，両者の差 $x_1 - x_2$（問 3.8 参照）を出力変数 y とする Scratch のスクリプトを作れ．

解答例 図 3.24 の④の「$\mathtt{w\_1}$ を 1 ずつ変える」を「$\mathtt{w\_1}$ を -1 ずつ変える」にすることで，$3 - 2 = (3 - 1) - 1$ により差を求めるスクリプトが得られる．

例 3.12 総和を求めるスクリプト

例 3.6 と同様に，ある自然数を入力変数 x_1 とし，0 から x_1 までの総和を出力変数 y とするスクリプトの例を図 3.25 に示す．図中の①〜⑧は，図 3.11 の①〜⑧と対応している．

③で $\mathtt{w\_1} \neq 0$ である限りは⑤と⑥が実行される．このとき，⑤において $\mathtt{w\_2} \neq 0$ であれば④が繰り返され，$\mathtt{w\_2} = 0$ になったときに⑥が実行される．

この例の場合，$\mathtt{x\_1}$ を 5 とすると，$\mathtt{y}$ が 15 となって終了する．

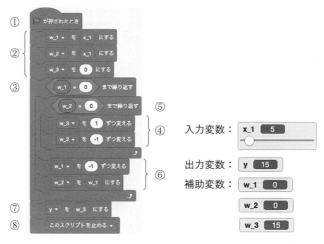

図 3.25　総和を求めるスクリプト例

問 3.14

ある自然数を入力変数 x とし，x が奇数であれば出力変数 y を「1」とし，それ以外であれば「0」とするスクリプトを作成せよ（問 3.10 参照）．

解答例　図 3.12 をもとに作成したのが，図 3.26 である．

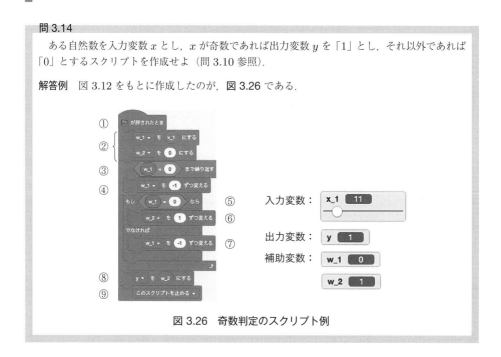

図 3.26　奇数判定のスクリプト例

3.7.3　Scratch と計算モデル

Scratch に代表される「ブロックの組合せによってプログラムを作成する言語」は，ビジュアルプログラミング（あるいはグラフィカルプログラミング）言語とよばれて

おり，数多く提案されている（たとえば，micro:bit[†1], Google Blockly[†2] など）．これらの中には，ブロックで組み立てられたプログラムからテキスト形式のソースコード（たとえば，Java, Python など）を自動生成する機能をもった開発環境もある．本項では，Scratch と計算モデルとの関係を考察する．

最初に，計算モデルとして 3.4 節の流れ図をとりあげる．Scratch のブロックと流れ図のブロックとの関係（表 3.7 参照）より，流れ図がもつ基本操作（前者関数など）は Scratch ももっていることから，これらの合成の仕方，すなわち，「逐次実行，条件分岐，繰り返し」については，図 3.27 の対応関係が成り立つ．

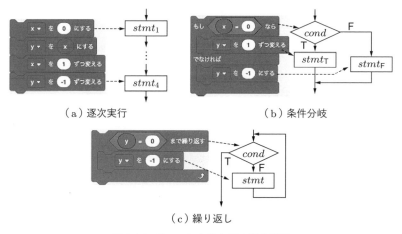

図 3.27 Scratch と流れ図の対応関係

図の三つの流れ図は，図 3.21 で示した流れ図の標準形にあたる．任意の流れ図は基本形の組合せによって構成できることから，流れ図で計算される関数は，Scratch のスクリプトとして記述可能である．

次に，レジスタ機械をとりあげ，Scratch でレジスタ機械の動作を模倣できることを示す．レジスタ機械の構成要素を，図 3.28(a) のように，Scratch の変数 (IC, cont など) とリスト (R, M) で実現する．このうち，IC, cont, IR_op, IR_ord, R は，3.2.6 項のシミュレータ RM-sim.al の AL プログラム中の変数 $IC, cont, op, ord, R[\ ]$ にそれぞれ対応する．さらに，変数 Acc は累算器を，リスト M はプログラム記憶装置を表す．

レジスタ機械のプログラムを，表 3.1 のオペコードに従ってリスト R に格納する．図 3.28(a) の R の中に格納されているのは，次のプログラム（M[1] の値と 1 との和を M[2] に格納する）である．

[†1] https://makecode.microbit.org/
[†2] https://developers.google.com/blockly/

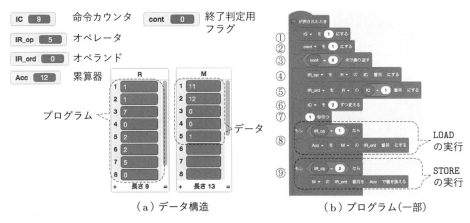

（a）データ構造　　　　　　　（b）プログラム（一部）

図 3.28　Scratch によるレジスタ機械の模倣

```
LOAD  1     // Acc ← M[1]
SUCC        // Acc ← Acc + 1
STORE 2     // M[2] ← Acc
HALT        // 実行終了
```

そして，図 (b) は，3.2.6 項のレジスタ機械のシミュレータ RM-sim.al を Scratch のスクリプトとして記述したものの一部である．RM-sim.al の 1～6 行目は，図 (b) の①～⑥に対応する．ただし，リストの添字は 0 から始まるので，①では IC に 1 を代入している．⑦は，Scratch の実行を目で確認できるように，実行時間の遅延のために設けたブロックである．RM-sim.al の 8 行目の関数 $exec()$ は，図 (b) の⑧以降で実現される．⑧と⑨は，それぞれ，オペコード 1（LOAD）と 2（STORE）のためのものである．LOAD の場合，リスト M の IR_ord 番目の値を Acc の値とする．STORE では，Acc の値をリスト M の IR_ord 番目の値とする．ほかのオペコードについても同様にして，⑨以降に追加すればよい（残りについては演習問題 3.5 参照）．

3.8　まとめ

本章の議論の結果をもとにチューリング機械，レジスタ機械，流れ図の三つの計算モデルの計算可能性に関する関係をまとめたのが，図 3.29 である．第 2 章のチューリング機械と本章のレジスタ機械は，定理 3.2 より等価である．さらに，そのレジスタ機械は，定理 3.6 より流れ図とも等価である．これらのことから，三つの計算モデルはすべて同じ計算能力をもっている．すなわち，これら三つのうち，どれか一つの計算モデルで計算可能な関数は，ほかの計算モデルでも計算可能である．

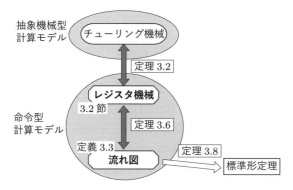

図 3.29 計算モデルどうしの計算可能性の関係

　また,任意の流れ図は,定理 3.8 より,標準形に変換できる.つまり,「逐次処理,条件分岐,繰り返し」を組み合わせることで,計算可能な関数を実現できる.さらに,流れ図の標準形は Scratch のスクリプトとして表すこともでき,開発環境のもとで実際に計算結果が得られる.

　命令型計算モデルの特徴は,基本操作(前者関数や後者関数など)のために(レジスタ機械の)命令セットや(流れ図の)基本ブロックを,基本操作の合成を行うために次の命令を指定する条件分岐命令やブロックを,それぞれ備えていることである.このような構成は,現実のコンピュータのアーキテクチャと類似性が高く,各種計算モデルを模倣するシミュレータを実装する際のモデルとなりやすい.次章以降では,計算モデルどうしの計算可能性に関する比較を理論的に行うが,Haskell, Scheme, Prolog といった,各計算モデルに基づいたプログラミング言語向けの言語処理系が命令型計算モデルを基にしたアーキテクチャ上で実装されていることからも,命令型計算モデルがほかのモデルと同等の計算能力をもつことがわかる.

演習問題

3.1 RAM の命令(表 3.1 の命令表に「LOADI, STOREI」を追加)を用いて,データ記憶装置の 1 番地 $M[2]$ から n 番地 $M[n+1]$ までに格納されている n 個のデータの総和を s 番地 $M[s]$ に格納する RAM プログラムを作成せよ.n と s は $M[0]$ と $M[1]$ にそれぞれ格納されているものとする.ここで,LOADI は「$Acc \leftarrow M[M[i]]$」を,STOREI は「$M[M[i]] \leftarrow Acc$」を,それぞれ表す(i はオペランド).

3.2 表 3.1 の命令表に命令「JEQO j」を追加する.この命令は「Acc と $M[0]$ が等しければ,次に実行すべき命令を $R[j]$ とする」(そうでなければ,次に実行すべき命令は $R[IC+1]$)ものである.この命令が追加されれば,表 3.1 の PRED が不要になる(ほかの命令を組

み合わせることで同じ演算を実現できる).たとえば,「$M[0]$ のデータの前者を $M[1]$ に格納する」プログラムを,PRED を使用せずに作成せよ.

3.3 二つの自然数 x_1, x_2 の積を計算する流れ図を作成せよ.

3.4 Scratch において,10 個の要素からなるリストを用意し,10 個の要素の総和を求めるスクリプトを作れ.なお,リストの各要素の初期値は乱数(範囲は 1〜10)とせよ.乱数の生成は「演算ブロック」の中の「1 から 10 までの乱数」ブロックを用いるとよい.

3.5 図 3.28 に示した,レジスタ機械を模倣する Scratch のスクリプトを完成させよ.

3.6 Scratch を用いて,例 2.1 の自動販売機 VM を模倣するスクリプトを作成せよ.

〔ヒント〕硬貨や商品選択ボタンはキーボードからの入力(「見た目」ブロック利用),商品はスプライトのセリフ(「調べる」ブロック利用)とする.

第4章 関数型計算モデル —帰納的関数—

4.1 関数による計算のモデル化

計算を，数と数の対応関係ととらえる数学的な関数としてモデル化するのが**関数型計算モデル**である．このモデルの中でも，いくつかの基本関数と関数の合成によって計算を記述する，原始帰納的関数と帰納的関数をとりあげる．まず，自動販売機を関数型計算モデルの観点からモデル化したのち，関数型言語 Haskell によるプログラミング例を交えながら，関数型プログラミングの特徴について述べる．

4.1.1 自動販売機の機能

最初に，第2章と同じ自動販売機 VM を例にあげながら，**関数** (function) によるモデル化について述べる．

VM の機能は，図 4.1 に示すように，硬貨の投入総額「100 円，150 円，200 円」と3種類の商品選択ボタン「黄，赤，緑」の組合せに応じて，商品「A,B,C」のいずれか一つを出力するものである．

具体的には，「投入総額 100 円と商品選択ボタン A」に「商品 A」が，「投入総額 150 円と商品選択ボタン B」に「商品 B」が，「投入総額 200 円と商品選択ボタン C」に「商品 C」が，それぞれ対応付けられる．これらを，要素どうしの対応関係を表す記号 $\mapsto$ を用いると，次のように表すことができる．

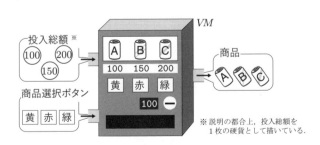

図 4.1 自動販売機 VM の関数によるモデル化例

(100 円, A) ↦ 商品 A, (150 円, B) ↦ 商品 B, (200 円, C) ↦ 商品 C

図 4.1 の場合,「投入総額と商品選択ボタン」の組合せは,これら以外にもある.たとえば,「投入総額 100 円と選択ボタン B」や「投入総額 150 円と選択ボタン A」の場合などがあるが,ここではこれらの対応付けは,「定義されない(未定義)」とする.このように未定義の場合も含む関数は,**部分関数** (partial function) とよばれる.これに対し,未定義をもたない関数は,**全域関数** (total function) という.この例から推測できるように,実世界のさまざまな現象を関数(要素と要素の対応関係)によってモデル化した場合,得られる関数は部分関数であることが多い.そのため,プログラムを作成するにあたっては,設計者が想定したデータ以外の入力に対する例外処理が重要である.

以下では,部分関数も含めた関数の数学的な取り扱いと,関数によって計算できる範囲について,自然数を計算の対象として述べる.

4.1.2 数学的な関数

まず,関数の数学的な性質について,簡単に触れておく(詳しくは付録 A.4 を参照).集合 A から集合 B への関数 f を図 4.2(a) と表したとき,$f(x)$ を f の x への**関数適用**,あるいは単に**適用**という.x は f の**引数**とよばれ,f は引数を一つもつので,**1 引数関数**または **1 変数関数**とよばれる.

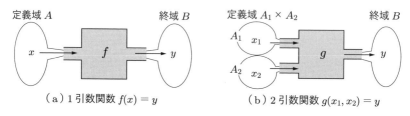

(a) 1 引数関数 $f(x) = y$ (b) 2 引数関数 $g(x_1, x_2) = y$

図 4.2 関数の入出力関係

1 引数関数 f が,図 (a) のように A から B への関数であるとき,「$A \to B$」を関数 f の**型** (type) とよび,「$f : A \to B$」と書く.

さらに,図 (b) のように,「集合 A_1 の要素 x_1 と集合 A_2 の要素 x_2 の組 (x_1, x_2)」に対して,「集合 B の要素 y」を対応付ける関数 g は「$g(x_1, x_2) = y$」と表され,g は「$A_1 \times A_2 \to B$」を型とする 2 引数関数である.

例 4.1　関数定義:後者関数(例 2.3, 2.6 参照)
自然数 x の後者を対応付ける関数 $succ : \mathbb{N} \to \mathbb{N}$ を**後者関数**とする.

$$succ(x) = x + 1$$

たとえば，2 に対する関数 $succ$ の値は $succ(2) = 2 + 1 = 3$ である．ここで，$succ(x)$ の x を**仮引数**，$succ(2)$ の 2 を**実引数**とよび区別する．また，右辺の「$x+1$」を関数の**本体**とよぶ．

例 4.2 関数定義：減算（例 1.1 参照）
例 1.1 の条件付き減算を，二つの自然数 x, y の差を求める関数 $sub : \mathbb{N} \times \mathbb{N} \to \mathbb{N}$ として定義すると，次式となる．

$$sub(x, y) = \begin{cases} x - y, & x \geq y \text{ のとき} \\ 0, & x < y \text{ のとき} \end{cases}$$

たとえば，$sub(3, 1) = 2$，$sub(1, 3) = 0$ である．

一般的には，図 4.3(a) に示すように，n 個（$n \geq 1$）の引数を必要とする関数 h を n 引数関数，または n 変数関数とよび，x_i を第 i 引数（$1 \leq i \leq n$）ともよぶ†．なお，n 個の引数 $(x_1, x_2, \ldots, x_n)$ を $\vec{x_n}$ と略記して，図 (b) のように表すことがある．

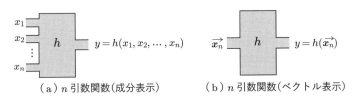

（a）n 引数関数（成分表示） （b）n 引数関数（ベクトル表示）
図 4.3　n 変数関数の表現例

とくに，自然数上の n 引数関数 h を次式のように書く．

$$h : \underbrace{\mathbb{N} \times \mathbb{N} \times \cdots \times \mathbb{N} \times \mathbb{N}}_{n \text{ 個}} \to \mathbb{N} \quad \text{または} \quad h : \mathbb{N}^n \to \mathbb{N} \tag{4.1}$$

4.1.3 関数の合成

$f : A \to B$ と $h : B \to C$ の合成による関数 $h \circ f : A \to C$ は，図 4.4 のように表される．

もし，f が部分関数であって，$f(x')$ が未定義である場合，$(h \circ f)(x')$ は未定義となり，合成関数 $h \circ f$ は部分関数となる．

---

† 引数の名前 $x_1, x_2, \ldots$ は，必要に応じてそれぞれ $z_1, z_2, \ldots$ や $a, b, \ldots$ としてもかまわない．

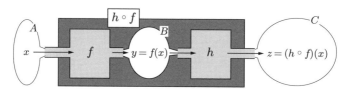

図 4.4　関数の合成の表現例

例 4.3　関数の合成

1引数関数 foo と bar を，自然数上の関数として，それぞれ次のように定める．

$$foo(x) = x + 2, \quad bar(x) = x^2$$

このとき，$bar \circ foo$ と $foo \circ bar$ の $x \in \mathbb{N}$ の値は，それぞれ次のとおり．

$$(bar \circ foo)(x) = bar(foo(x)) = bar(x+2) = (x+2)^2$$
$$(foo \circ bar)(x) = foo(bar(x)) = foo(x^2) = x^2 + 2$$

問 4.1

例 4.3 の関数 foo を，例 4.1 の関数 $succ$ の合成関数として定義せよ．

解答例　$succ, foo$ はともに自然数上の1引数関数であるので，次のようにして foo を $succ$ の合成関数によって定義できる：$foo(x) = succ(succ(x)) = (succ \circ succ)(x)$．

問 4.2

2引数関数 $baz : \mathbb{N} \times \mathbb{N} \to \mathbb{N}$ を $baz(x, y) = x + y$，1引数関数 bar を例 4.3 と同じく $bar(x) = x^2$ とする．このとき，合成関数 $bar \circ baz$ と $baz \circ bar$ が構成できるかどうか答えよ．

解答例　$bar \circ baz$ は，baz の終域が $\mathbb{N}$ で，bar の定義域が同じく $\mathbb{N}$ なので構成できる．すなわち，$(bar \circ baz)(x_1, x_2) = bar(x_1 + x_2) = (x_1 + x_2)^2$ である．

一方，$baz \circ bar$ は，bar の終域が $\mathbb{N}$ で，baz の定義域が $\mathbb{N} \times \mathbb{N}$ なので構成できない．

なお，各引数に bar を適用したのち，baz を適用するならば，$baz(bar(x_1), bar(x_2)) = (x_1)^2 + (x_2)^2$ が得られる．

4.1.4　関数の再帰的定義

例 1.2 では，自然数 $0 \sim n$ の総和を $n + (n-1) + \cdots + 1$ によって計算した．いま，総和を関数 $sum(n)$ と表した場合，この計算式は，次のように変形することができる（ただし，$sum(0) = 0$）．

$$sum(n) = n + ((n-1) + \cdots + 1)$$

$$= n + sum(n-1)$$

この例のように,左辺の関数 sum を右辺の中で呼び出すことを**再帰呼び出し** (recursive call) とよび,再帰呼び出しによって定義される関数を**再帰関数** (recursive function) とよぶ.

例 4.4　再帰呼び出しによる繰り返し処理（総和）
総和を計算する再帰関数は,次式で表される.
$$sum(n) = \begin{cases} 0, & n = 0 \text{ のとき} \\ n + sum(n-1), & n \geq 1 \text{ のとき} \end{cases}$$
この関数定義は,次のように if 文を用いても表される.
$$sum(n) = \textbf{if } (n=0) \quad \textbf{then } 0 \quad \textbf{else } n + sum(n-1) \tag{4.2}$$
たとえば,$n = 3$ の場合,再帰呼び出しによって,次のように加算が繰り返し行われる.
$$sum(3) = 3 + sum(2) = 3 + 2 + sum(1) = 3 + 2 + 1 + sum(0) = 3 + 2 + 1 + 0 = 6$$

4.2　Haskell によるプログラミング

4.2.1　処理系の起動の仕方

　この節では,関数型プログラミング言語 **Haskell** による関数モデルの実現例を述べ,関数による計算のモデル化と,プログラミングの関係性について考察する.Haskell は,$\overset{\text{ラムダ}}{\lambda}$ 計算（第 5 章参照）や ML (Meta Language) の系譜による言語の一つで,1987 年から開発が始められている.

　Haskell の処理系[1]は,ターミナルエミュレータ上で,次のようにコマンド「`ghci`」を入力することで起動される（1 行目）.ここで,`Prelude>` は Haskell のプロンプトである[2].なお,「`--`」から行末まではコメントとなる.

```
1: $ ghci
2: GHCi, version 8.0.2: http://www.haskell.org/ghc/  :? for help
3: Prelude> 1+2              -- 式 1+2 の入力
4: 3                         -- 計算（評価）結果
5: Prelude> even 4           -- 偶数の判定
6: True                      -- 真
```

---

[1] 本書では,Haskell の処理系として GHC version 8.6.3 を使用している.処理系の基礎事項については,補遺 (https://www.morikita.co.jp/books/mid/085471) の付録 E を参照.

[2] 4.2.5 項で述べるように,ファイルを読み込んだときに,プロンプトの表示は変更される.

```
7: Prelude> :quit          -- 処理系の終了
8: Leaving GHCi.
```

5行目の「even 4」のように，Haskell の関数適用は，関数名 $func$ と引数 arg_i ($1 \leq i \leq n$) を，1個以上の空白文字「␣」で区切って入力する．

7行目の「:quit」のように : で始まる文字列は，処理系に対するコマンドである．主なコマンドは次のとおり．

```
:help              コマンド一覧の表示
:load <file>       ファイル<file>の読み込み（:l <file>でもよい）
:type <expr>       <expr>の型の表示（:t <expr>でもよい）
```

4.2.2　Haskell の関数定義

Haskell の関数は，次の構文で定義できる．ここで，$func$ は関数名，$arg_i (1 \leq i \leq n)$ は仮引数，$body$ は本体（関数の処理が定義された部分）である．なお，関数名 $func$ は英小文字（「_」も可）で始まる英数字列である．

$$func \ \sqcup \ arg_1 \ \sqcup \ arg_2 \ \sqcup \ \cdots \ \sqcup \ arg_n \ \sqcup \ = \ \sqcup \ body$$

たとえば，例 4.1 の後者関数 $succ$ は，次のようにして定義できる．なお，$succ$ は Haskell の関数の一つであるため，ここでは区別するために関数名を succ' とした．2行目は succ' の 2 への適用である．

```
1: Prelude> succ' x = x + 1    -- 関数の定義
2: Prelude> succ' 2            -- 2 への適用例
3: 3
```

問 4.3

例 4.3 の関数 foo と bar を，Haskell の関数としてそれぞれ定義せよ．

解答例　foo x = x + 2, bar x = x * x

4.2.3　Haskell の関数合成

二つの1引数関数 foo と bar の合成は，「(.)」を使って (foo . bar) とすれば実現される[†]．問 4.3 の関数 foo, bar による合成関数の作成例を次に示す．

---

† 「(.)」は，二つの1引数関数を引数とする2項演算子である．

```
1: Prelude> foo x = x+2      -- 1引数関数 foo の定義
2: Prelude> bar x = x*x      -- 1引数関数 bar の定義
3: Prelude> (bar . foo) 1    -- bar と foo の合成. bar(foo(1))=(1+2)^2=9
4: 9
5: Prelude> (foo . bar) 1    -- foo と bar の合成. foo(bar(1))=1^2+2=3
6: 3
```

問 4.4

問 4.3 の関数 $foo(x) = x + 2$ を，`succ'` の合成関数として，Haskell 上で定義せよ．

解答例 `foo x = (succ' . succ') x`

問 4.5

関数 $bee(x) = (x^2 + 2)^2$ を，4.2.3 項の関数 `foo` と `bar` の合成によって，Haskell 上で定義せよ．

解答例 `bee x = (bar . foo . bar) x`

4.2.4 Haskell の条件分岐

例 4.2 の関数 sub のように，条件分岐（場合分け）が必要な関数では，**ガード**（条件）とよばれる次の構文を用いて定義される．ガードは列挙順に評価され，最初に真になったガードの本体が評価される．ガードがすべて偽の場合，`otherwise` に対応する本体が評価される．ここで，`otherwise` は常に真である．

```
関数名 引数1 引数2 | ガード1 = 本体1
                  | ガード2 = 本体2
                  | otherwise = 本体3
```

例 4.5 減算関数の Haskell での実行例

例 4.2 の減算関数 $sub(x,y)$ は，次のように定義される．

```
1: Prelude> sub x y | x>=y = x-y | otherwise = 0 -- 改行なしで入力できる
2: Prelude> sub 3 1                              -- 3-1=2
3: 2
4: Prelude> sub 1 3                              -- 1-3=0
5: 0
```

プロンプトのもとで複数個のガードを入力する場合には，1 行目のように改行をせずに入力することができる．

例 4.6　総和関数（再帰関数）の Haskell での実行例

例 4.4 の再帰関数 $sum()$ は，次のように定義される．

```
1: Prelude> sum n | n==0 = 0 | otherwise = n + sum (n - 1)
2: Prelude> sum 3
3: 6
4: Prelude> sum 5
5: 15
```

1 行目の関数 sum の定義におけるガードの本体で，sum が再帰呼び出しされている．

4.2.5　ファイルでの関数の定義

たとえば，次のプログラムをファイル pred.hs としてエディタで作成しておいて，コマンド :load で読み込むことでも前者関数 pred' が利用できる[†]．

```
pred.hs
pred' x | x==0   = 0         -- x=0 のとき
        | otherwise = x - 1  -- その他のとき
```

ファイルの読み込みと，読み込んだ関数での計算の実行例を以下に示す．

```
1: Prelude> :load ./pred.hs      -- pred.hs の読み込み（相対パス指定）
2: [1 of 1] Compiling Main       ( src/pred.hs, interpreted )
3: Ok, modules loaded: Main.
4: *Main> pred' 2                -- 関数の利用例 2-1=1
5: 1
6: *Main> pred' 0                -- 関数の利用例 0-1=0
7: 0
```

1 行目でファイル pred.hs を読み込むことで，4 行目のようにプロンプトが「*Main>」に変更される．この pred' は，引数 x の前者（x-1）を値とする関数である（3.2.2 項のレジスタ機械の命令 PRED 参照）．ただし，x が 0 ならば 0 を値とする．そのため，引数 x が 0 かどうかで場合分けしている．「引数がある定数と同じかどうか」の場合分けは，次の pred'.hs のようにも記述できる．

```
pred'.hs
pred' 0 = 0          -- x=0 のとき
pred' x = x - 1      -- その他のとき
```

[†] Haskell にはすでに pred が関数として含まれているため，区別のため名前を pred' とした．

4.2 Haskell によるプログラミング

以下，`:load` の操作は記載しないが，本書中で定義した関数を使用する場合は，あらかじめ読み込んでおく必要がある．

4.2.6 関数の型とカリー化

自然数上の 2 引数関数は，型 $\mathbb{N} \times \mathbb{N} \to \mathbb{N}$ をもつ（4.1.2 項参照）．Haskell において，たとえば，二つの自然数の和を求める関数 `add_i` を定義する際に，$\mathbb{N}$ を表す `Int` を次のように追記すれば，関数の型を指定することができる．

```
add_i.hs
add_i x 0 = x :: Int
add_i x y = x+y :: Int
```

この `add_i` の型は，以下のように「`:type add_i`」を入力することによって確かめることができる．

```
1: *Main> :type add_i
2: add_i :: Int -> Int -> Int
```

実行例より，`add_i` の型は，「Int → Int → Int」である．Int × Int → Int とはならなかったのは，Haskell では，すべての関数を 1 引数関数によって実現しているためである．そのため，「`add_i 1 2`」とその評価値「3」は，関数の型とは次のように対応付けられる．

$$\text{add\_i} : \underbrace{\text{Int}}_{1\,(=x)} \to \underbrace{\text{Int}}_{2\,(=y)} \to \underbrace{\text{Int}}_{3\,(=x+y)}$$

Haskell では，2 引数関数（たとえば，x, y が仮引数）に対して，1 個の実引数（たとえば，1）を与えると，次のように仮引数 x の値が定数 1 になった 1 引数関数（y が仮引数）が得られる．

$$\text{add\_i 1} : \underbrace{\text{Int}}_{y} \to \underbrace{\text{Int}}_{1+y}$$

一般的に，ある集合 A 上の n 引数関数を，次式のように 1 引数関数化することを，**カリー化** (currying) という[†]．

$$\underbrace{A \to (A \to (\cdots \to (A \to (A \to A))\cdots))}_{n\,\text{個をまとめる}} \tag{4.3}$$

[†] プログラミング言語 Haskell の名は，数学者ハスケル・カリー (Haskell Curry) に由来する．

カリー化された n 引数関数では，実引数が一つひとつ与えられるたびに，$n-1$ 引数関数，$n-2$ 引数関数，... が順々に得られ，n 個の実引数がすべて与えられたときに，n 引数関数の評価値が求められる．

カリー化は，すでに定義された関数に実引数を与えることで，別の機能をもつ新しい関数を作成することに利用できる．たとえば，上述した add_i 1 は，「引数に 1 を加える」新しい 1 引数関数 add_1 を定義していることにほかならない[†1]．

4.2.7　Haskell による自然数上の関数の定義

自然数上の加減算は，後者と前者を求める演算（SUCC や PRED）があれば計算できることは，第 3 章のレジスタ機械や流れ図で示された．以下の例と問で，Haskell においても，後者関数 succ'（4.2.2 項参照）と前者関数 pred'（4.2.5 項参照）によって，加減算が行えることを示す．

例 4.7　　加算関数の Haskell による定義

レジスタ機械（問 3.4 参照）や流れ図（例 3.5 参照）での計算方法と同様に，自然数 x と y の和を，「x に 1 を y 回加える」として計算する Haskell の関数が，次の add である．

```
add.hs
add x 0 = x
add x y = succ' (add x (pred' y))
```

$y = 0$ のときは x とし，それ以外では x に 1 を y 回加える．1 を過不足なく x に加えるために，x に 1 を加えるたびに y から 1 を減じ，y が 0 になったときに計算を終える．

問 4.6

レジスタ機械（問 3.5 参照）や流れ図（問 3.8 参照）での計算方法と同様に，自然数 x, y の差を，前者関数を用いて計算する Haskell の関数 sub' を定義せよ[†2]．

解答例　y が 0 のときには x とし，それ以外では x から 1 を y 回だけ減じればよい．
```
sub' x 0 = x
sub' x y = pred' (sub' x (pred' y))
```

例 4.7 と問 4.6 より，「1 を足す」と「1 を引く」の二つの関数（succ', pred'）があれば，再帰呼び出しを利用することによって，加算，減算が実現できることがわかった．ここで示した関数のほか，どのような関数が実現できて，どのような関数が実現

[†1] Haskell 処理系では，add_i 1 は関数適用されずに，エラーとなる．
[†2] 例 4.5 の sub と区別するために，ここでは sub' と名付ける．

4.3 関数の計算可能性と原始帰納的関数

4.3.1 計算できる関数の集合

本節では,「計算とは関数の (適用によって) 値を求めること」という観点から,関数の計算可能性を明らかにする.そのために,以下の (1)〜(4) に示すように議論を進めていきながら,関数によって計算できる範囲 (計算できる関数の集合) と,これまでにとりあげた計算モデル (チューリング機械,レジスタ機械など) で計算できる範囲との関係性について考察する.

(1) いくつかの関数 (基本関数) を用意する.
(2) 複数個の関数から一つの関数を構成する方法 (合成,原始帰納法) を定める.
(3) (1) と (2) だけでは計算できない関数の存在を示し,それに対する対応策 (最小化による関数定義) を述べる.
(4) ほかの計算モデルが計算できる範囲との関係性を考察する.

このうち,(1) と (2) を本節で,(3) と (4) は 4.4 節と 4.5 節でそれぞれ述べる.

4.3.2 原始帰納的関数の定義

新しい関数を定義するために必要とされる基本関数と関数の構成法として,この項では,3 種類の基本関数 (定数関数,後者関数,射影関数) と 2 種類の構成法 (合成,原始帰納法) をとりあげる.これらの基本関数と構成法によって定義される関数は,**原始帰納的関数** (primitive recursive function: **prf**) とよばれる.

定義 4.1 原始帰納的関数 : prf

以下では,m, n は 1 以上の自然数とする.

(1) **定数関数** $C_k^n(\overrightarrow{\boldsymbol{x}_n}) = k$ は原始帰納的関数である.ただし,$k \in \mathbb{N}$.
(2) **後者関数** $S(x) = (x \text{ の後者})$ は原始帰納的関数である.
(3) **射影関数** $U_i^n(\overrightarrow{\boldsymbol{x}_n}) = x_i \ (1 \leq i \leq n)$ は原始帰納的関数である.
(4) **合成** $h_1 : \mathbb{N}^n \to \mathbb{N}, h_2 : \mathbb{N}^n \to \mathbb{N}, \ldots, h_m : \mathbb{N}^n \to \mathbb{N}$ および $g : \mathbb{N}^m \to \mathbb{N}$ がすべて原始帰納的関数であるとき,これらの合成によって得られる次の関数 $f : \mathbb{N}^n \to \mathbb{N}$ は原始帰納的関数である.

$$f(\overrightarrow{\boldsymbol{x}_n}) = g(h_1(\overrightarrow{\boldsymbol{x}_n}),\ h_2(\overrightarrow{\boldsymbol{x}_n}),\ \ldots,\ h_m(\overrightarrow{\boldsymbol{x}_n}))$$

(5) **原始帰納法** $g:\mathbb{N}^{n-1}\to\mathbb{N}$ および $h:\mathbb{N}^{n+1}\to\mathbb{N}$ がともに原始帰納的関数であるとき，次のように定義される関数 $f:\mathbb{N}^n\to\mathbb{N}$ は原始帰納的関数である．

$$\begin{cases} f(\overrightarrow{\boldsymbol{x}_{n-1}}, 0) = g(\overrightarrow{\boldsymbol{x}_{n-1}}) \\ f(\overrightarrow{\boldsymbol{x}_{n-1}}, S(y)) = h(\overrightarrow{\boldsymbol{x}_{n-1}}, y, f(\overrightarrow{\boldsymbol{x}_{n-1}}, y)) \end{cases}$$

なお，$n=1$ のときには，g は定数を表す．

定義 4.1 からは n 引数関数（$n\geq 1$）が構成されるが，本書では，主に 1 引数関数あるいは 2 引数関数をとりあげる．また，関数の名前についても，$n=1$ の場合には，たとえば，h_1 を単に h と書く．以下，原始帰納的関数を **prf** と略記する．

以下，**prf** の定義について，それぞれ解説する．

基本関数

定数関数，後者関数，射影関数の図表示を図 4.5 に示す．

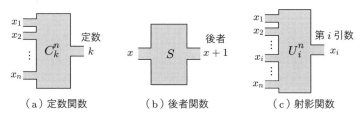

（a）定数関数　　　（b）後者関数　　　（c）射影関数

図 4.5 原始帰納的関数（基本関数）の図表示

図 (a) の定数関数 C_k^n において，$n=1$ と $n=2$ の場合，すなわち，1 引数関数と 2 引数関数は，それぞれ次式で表せる．いずれも，関数の値は $k\in\mathbb{N}$ である．

$$C_k^1(x) = k, \quad C_k^2(x_1, x_2) = k \tag{4.4}$$

図 (c) の射影関数 U_i^n は，n 個の引数のうちの i 番目の引数が関数の値となる．$n=1$ と $n=2$ の場合，すなわち，1 引数と 2 引数の射影関数は，次の 3 通りである．

$$U_1^1(x) = x, \quad U_1^2(x_1, x_2) = x_1, \quad U_2^2(x_1, x_2) = x_2 \tag{4.5}$$

問 4.7
3 引数の射影関数は 3 種類ある．すべてあげよ．

解答例 $n = 3, i = 1, 2, 3$ とした射影関数 U_i^n は次のとおり．
$$U_1^3(x_1, x_2, x_3) = x_1, \quad U_2^3(x_1, x_2, x_3) = x_2, \quad U_3^3(x_1, x_2, x_3) = x_3$$

関数の合成

合成の図表示を図 4.6 に示す．図 (a) の $h_1, h_2, \ldots, h_{m-1}, h_m, g$ のところに基本関数（定数関数，後者関数，射影関数），あるいはすでに **prf** であることが示されている関数をあてはめることで，新しい **prf** f が得られる．

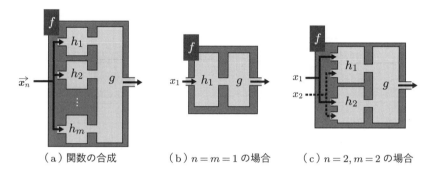

(a) 関数の合成　　(b) $n = m = 1$ の場合　　(c) $n = 2, m = 2$ の場合

図 4.6　原始帰納的関数（合成）の図表示

たとえば，$n = m = 1$ のとき，図 (b) のように次式の **prf** が構成される．

$$f(x_1) = g(h_1(x_1))$$

また，$n = 2, m = 2$ のときは，図 (c) のように次式の **prf** が構成される．

$$f(x_1, x_2) = g(h_1(x_1, x_2), h_2(x_1, x_2))$$

例 4.8　prf の合成

例 4.3 の $foo(x) = x + 2$ が **prf** であることは，次のように示される．

図 4.6(b) において，f を foo，h_1 と g をともに後者関数 S とすれば，$foo(x) = g(h_1(x)) = S(S(x)) = x + 2$ が構成される（図 4.7）．

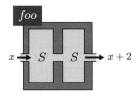

図 4.7　合成関数 $foo(x) = x+2$ の図表示

問 4.8

図 4.6(a) において，$n=2, m=1$ と，$n=1, m=2$ の場合に構成される関数をそれぞれ示せ．

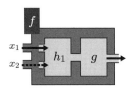

（a）$n=2, m=1$ の場合　　（b）$n=1, m=2$ の場合

図 4.8　合成関数の図表示

解答例　$f(x_1, x_2) = g(h_1(x_1, x_2))$,　　$f(x_1) = g(h_1(x_1), h_2(x_1))$．図表示は図 4.8．

問 4.9

次の関数を利用しながら，(1)〜(4) の各関数を，(関数の) 合成を用いて定義せよ．
$foo(x) = x+2$,　$bar(x) = x^2$,　$baz(x,y) = x+y$,　$U_1^2(x,y) = x$,　$U_2^2(x,y) = y$

(1) $bee(x) = x^2 + 4x + 4$　　(2) $fee(x) = x^4 + 2$
(3) $daz(x,y) = x^2 + 2xy + y^2 + 2$　　(4) $dee(x,y) = y^2 + 4y + 4$

解答例　(1) $bee(x) = (x+2)^2 = bar(foo(x))$
(2) $fee(x) = (x^2)^2 + 2 = foo(bar(bar(x)))$
(3) $daz(x,y) = (x+y)^2 + 2 = foo(bar(baz(x,y)))$
(4) $dee(x,y) = (y+2)^2 = bar(foo(U_2^2(x,y)))$

原始帰納法

原始帰納法の図表示を**図 4.9** に示す．図 (a) の h, g のところに基本関数 (定数関数, 後者関数, 射影関数)，あるいはすでに **prf** であることが示されている関数をあてはめることで，新しい **prf** f が得られる．

原始帰納法により関数を構成するときのポイントは，次のとおり．

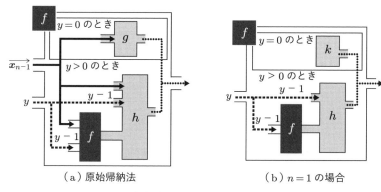

(a) 原始帰納法　　　　　(b) $n=1$ の場合

図 4.9　原始帰納的関数（原始帰納法）の図表示

- 実引数 y が「$y=0$ のときの計算」と「$y>0$ のときの計算」の場合分けによる条件分岐の実現.
- 実引数 $y>0$ の計算では，$y-1$ のときの計算結果の利用による繰り返しの実現.

$n=1$，すなわち，1 引数関数の場合の原始帰納法による **prf** は，図 (b) に示した次式となる．ここで，k は定数（自然数）である．

$$\begin{cases} f(0) = k \\ f(S(y)) = h(y, f(y)) \end{cases} \tag{4.6}$$

そして，$n=2$，すなわち，2 引数関数の場合には次式になる．

$$\begin{cases} f(x,0) = g(x) \\ f(x,S(y)) = h(x,y,f(x,y)) \end{cases} \tag{4.7}$$

ここで，g には 1 引数 ($n=1$) の **prf** を，h には 3 引数 ($n=3$) の **prf** をそれぞれあてはめれば，f は **prf** になる．

> **例 4.9**　1 引数の原始帰納的関数　前者関数 $P:\mathbb{N}\to\mathbb{N}$
>
> $g=0$ とし，h を射影関数 U_1^2 としたときの 1 引数の **prf** を，次の P とする．
>
> $$\begin{cases} P(0) = 0 \\ P(S(y)) = U_1^2(y, P(y)) = y \end{cases}$$
>
> この関数 P は，たとえば，$P(S(0)) = U_1^2(0, P(0)) = 0$，$P(S(S(S(0)))) = U_1^2(S(S(0)),$ $P(S(S(0)))) = S(S(0))$ であり，自然数 y の前者 $y-1$ を値とする前者関数（4.2.5 項参照）の，**prf** としての定義である．P を図表示すると，図 4.10 となる．

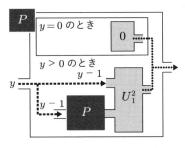

図 4.10　**prf** の例：前者関数

4.3.3　Haskell での自然数の定義

ここでは，本書で計算の対象としている自然数 $0, 1, 2, \ldots$ も関数によって表すことができ，また，その関数を Haskell で実現できることを示す．

ある自然数 n の後者は，**prf** では $S(n)$ で表される（定義 4.1 参照）．そのため，自然数の最小値 0 と後者関数とで，自然数 $0, 1, 2, \ldots, m, \ldots$ は，次のように表すことができる．

$$0, S(0), S(S(0)), \ldots, \underbrace{S(\cdots(S(0))\cdots)}_{m\,個}, \ldots \tag{4.8}$$

以下の議論では，自然数を主に後者関数により表記するが，可読性を優先して 10 進法表記 $(0, 1, 2, \ldots)$ を用いることもある．

自然数を式 (4.8) に従って Haskell で実現する方法はいくつか考えられるが，本書では，4.3 節以降での表記との整合性を考慮して，新しいデータ型 `Natnum` を導入する．`Natnum` では，Haskell の定数 `0` および後者関数 `succ` と区別するために，それぞれ，`Zero` と `S` と表記することにする．すなわち，以下のように定義する．

- 「`Zero`」は `Natnum`．
- n が `Natnum` であるならば，「`S n`」は `Natnum`．

このようなデータ型は，`data` 宣言を用いて，次のようにして定められる．

```
natnum.hs
data Natnum = Zero | S Natnum   deriving (Eq, Show)
```

ここで，`deriving` は，新しいデータ型のクラスを指定するためのもので，`Eq` と `Show` を指定することにより，それぞれ「値どうしの同値判定 $(=, \neq)$」と「評価結果

の出力」が可能になる[†].

これにより,自然数 $0, 1, 2, \ldots$ は,Natnum 型では,

```
Zero, S Zero, S(S Zero), S(S(S Zero)),...
```

と標記される.

例 4.10　Natnum 型の利用例

Haskell における Natnum 型の定義の入力と,利用例を示す.

```
1: Prelude> data Natnum = Zero | S Natnum   deriving (Eq, Show)
2: Prelude> :type S          -- S の型
3: S :: Natnum -> Natnum
4: Prelude> (S . S) Zero     -- S と S の合成による関数適用 (0+1+1)
5: S (S Zero)
```

S は(Haskell の)関数として定義はしていないが,3 行目からわかるように,S は関数としての型 Natnum → Natnum をもつ.そのため,4 行目のように二つの関数 S を用いて合成関数を作ることができる.

以後,自然数上の関数を Natnum 型の関数として,Haskell で実現する.

4.3.4　原始帰納関数の Haskell での実現

4.3.3 項で示した Natnum 型を用いて,**prf** を Haskell で実現してみよう.関数を定義するにあたっては,Natnum 型の関数であることを表すために,関数の型も明示する.

なお,Haskell では関数名の頭文字は英小文字に限られることから,たとえば,射影関数 U_i^n は u_n_i とする.ほかの関数も同じように小文字で表す.なお,後者関数 S は,4.3.3 項で示したように S と表す.

例 4.11　定数関数 C_k^n

式 (4.4) の定数関数 C_k^1 と C_k^2 の $k = 1$ の Haskell における定義は,次のとおり.

```
const.hs
c_1_1 :: Natnum -> Natnum
c_1_1 x1 = S Zero
```

[†] Haskell にはオブジェクト指向におけるクラスや継承の概念が取り入れられている.詳細は文献 [24] を参照のこと.

```
c_2_1 :: Natnum -> Natnum -> Natnum
c_2_1 x1 x2 = S Zero
```

例 4.12 射影関数 U_i^n

式 (4.5) の射影関数 U_1^1, U_1^2, U_2^2 の Haskell による定義は，次のとおり．

```
projection.hs
u_1_1 :: Natnum -> Natnum
u_1_1 x1 = x1
u_2_1 :: Natnum -> Natnum -> Natnum
u_2_1 x1 x2 = x1
u_2_2 :: Natnum -> Natnum -> Natnum
u_2_2 x1 x2 = x2
```

例 4.13 合成関数

1引数関数については，4.2.3 項の関数合成（.）を用いることができる．問 4.9 で構成した合成関数 bee, fee の Haskell による定義は，それぞれ次のとおり．

```
beefee.hs
bee :: Natnum -> Natnum
bee x = (bar . foo) x
fee :: Natnum -> Natnum
fee x = (foo . bar . bar) x
```

例 4.14 原始帰納法

次の関数 qux を考える．

$$qux(x,y) = \begin{cases} x, & y = 0 \text{ のとき} \\ y-1, & y \geq 1 \text{ のとき} \end{cases}$$

この関数は，次のように原始帰納法によって定義できるため，**prf** である．

$$\begin{cases} qux(x,0) = U_1^1(x) = x \\ qux(x,S(y)) = U_2^3(x,y,qux(x,y)) = y \end{cases}$$

qux の Haskell での定義は，以下のとおり．

```
qux.hs
qux :: Natnum -> Natnum -> Natnum
```

```
qux x Zero = u_1_1 x
qux x (S y) = u_3_2 x y (qux x y)
```

問 4.10
問 4.9 で構成した合成関数 daz と dee，および例 4.14 の qux を Haskell で実行せよ．

解答例　daz と dee の定義は次のとおり．

dazdee.hs
```
daz x y = (foo . bar)(baz x y)
dee x y = (bar . foo)(u_2_2 x y)
```

実行例：

```
1: *Main> daz 1 2
2: 11
3: *Main> dee 1 2
4: 6
5: *Main> qux (S(S Zero)) (S Zero)
6: Zero
7: *Main> qux (S(S(S(S(S Zero))))) (S(S(S Zero)))
8: S (S Zero)
```

4.3.5 さまざまな原始帰納的関数

自然数上の関数としてよく用いられているものに，二つの自然数の和・積などを求めるものがある．これらが **prf** であることを具体的に示していこう．

図 4.11 に示すように，最初に後者関数 S を用いて加算関数 $plus$ が **prf** として構成でき，その $plus$ を用いて，乗算関数 $multi$ が **prf** として構成できることを示す[†]．また，例 4.9 の **prf** としての前者関数 P を用いて，減算関数 $minus$ が **prf** として構成できることを示す．さらに，符号関数 $sign$, $nsign$, 相等関数 $equal$ のいずれも，**prf** として定義できることを示す（一部の関数は演習問題とする）．

$$S \longrightarrow plus \longrightarrow multi$$

$$P \longrightarrow minus \longrightarrow sign \longrightarrow nsign \longrightarrow equal$$

図 4.11　さまざまな原始帰納的関数

[†] 例 4.7 の add と問 4.6 の sub' と区別するために，ここでは plus と minus とそれぞれ名付ける．

例 4.15　加算関数 $plus : \mathbb{N}^2 \to \mathbb{N}$ の prf としての定義

例 4.7 で定義した Haskell の加算関数 add をもとにして，加算関数 $plus$ を定義する．式 (4.7) の原始帰納法（$n = 2$ の場合）における 1 引数関数 g を U_1^1，3 引数関数 h を $S \circ U_3^3$ として定義すれば[†1]，次式と図 4.12 の図表示が得られる．

$$plus(x, 0) = g(x) = U_1^1(x) = x$$
$$plus(x, S(y)) = h(x, y, plus(x, y)) = S(U_3^3(x, y, plus(x, y))) = S(plus(x, y))$$

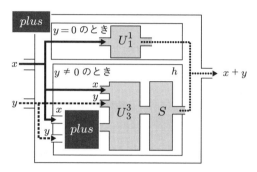

図 4.12　prf の例：加算関数

たとえば，$1 (= S(0))$ と $2 (= S(S(0)))$ の和は，次のようにして求められる．

$$plus(S(0), S(S(0))) = S(plus(S(0), S(0)))$$
$$= S(S(plus(S(0), 0)))$$
$$= S(S(S(0)))(= 3)$$

例 4.15 により，$plus$ が prf であることが示されたので，以下，本章では，$plus$ を + という文字で表すとともに，$plus(x, y)$ を $x + y$ と書き，$plus$ および + を prf として用いることにする．

例 4.16　乗算関数 $multi : \mathbb{N}^2 \to \mathbb{N}$ の prf としての定義

自然数 x と y の積は，たとえば，$2 \times 3 = 2 + 2 + 2$ であるように，「x の y 個の和」で計算される．そこで，乗算関数 $multi$ は，prf である + を用いて，g と h をそれぞれ $C_0^1(x)$ と $multi(x, y) + x$ とした原始帰納法により，prf として，次式で定義される[†2]．

$$\begin{cases} multi(x, 0) = g(x) = 0 \\ multi(x, S(y)) = h(x, y, multi(x, y)) = multi(x, y) + x \end{cases}$$

[†1]　h は，定義 4.1 (4) の合成において，$n = 3, m = 1$ の場合を考え，$g = U_1^1, h = S \circ U_3^3$ とする．
[†2]　h は $plus(U_3^3(x, y, multi(x, y)), U_1^3(x, y, multi(x, y)))$ としての合成関数にあたる．

例4.16の結果より，以下本章では，$multi$ を × という文字で表すとともに，$multi(x, y)$ を $x \times y$ と書き，$multi$ および × を **prf** として用いることにする．

例4.17 **prf** の Haskell による実現例：$plus, multi$

例4.15 の $plus$ と例4.16 の $multi$ の Haskell による実現例を示す．以後，**prf** として定義する Haskell の関数には，関数名の末尾に `_` を付ける．

```
plus_multi_.hs
plus_ :: Natnum -> Natnum -> Natnum
plus_ x Zero  = u_1_1 x
plus_ x (S y) = S (u_3_3 x y (plus_ x y))
multi_ :: Natnum -> Natnum -> Natnum
multi_ x Zero = Zero
multi_ x (S y) = plus_ (u_3_3 x y (multi_ x y))
                       (u_3_1 x y (multi_ x y))
```

このプログラムを実行するには，4.3.4項の `natnum.hs` と，例4.12 の `projection.hs` の射影関数 `u_n_i` がすべて必要である（以下の例についても同様）．

```
1: *Main> plus_ (S (S Zero)) (S Zero)        -- 2+1
2: S (S (S Zero))
3: *Main> multi_ (S (S Zero)) (S (S (S Zero)))  -- 2×3
4: S (S (S (S (S (S Zero)))))
```

1行目では「2と1の和」を，3行目では「2と3の積」をそれぞれ計算している．

例4.18 減算関数 $minus : \mathbb{N}^2 \to \mathbb{N}$ の **prf** としての定義

問4.6 で定義した `sub'` をもとにした減算関数を **prf** として構成するには，式 (4.7) の原始帰納法の g と h, f を，それぞれ U_1^1 と $P \circ U_3^3$, $plus$ とすればよい．

$$\begin{cases} minus(x, 0) = g(x) = x \\ minus(x, S(y)) = h(x, y, minus(x, y)) = P(minus(x, y)) \end{cases}$$

例4.18 の結果より，以下，本章では，演算子 $\ominus$ を用いて，$minus(x, y)$ を $x \ominus y$ と書くとともに，**prf** として用いることにする．

例4.19 **prf** の Haskell による実現例：$P, minus$

Haskell において，例4.9 の P と例4.18 の $minus$ を，それぞれ，`pred_` と `minus_` とした実現例は，次のとおり．

```
pred_minus_.hs
```
```
pred_ :: Natnum -> Natnum
pred_ Zero = Zero
pred_ (S x) = x
minus_ :: Natnum -> Natnum -> Natnum
minus_ x Zero = x
minus_ x (S y) = pred_ (minus_ x y)
```

このプログラムの実行例を次に示す.

```
1: *Main> pred_ (S Zero)                          -- (0+1)⊖1
2: Zero
3: *Main> minus_ (S (S (S (S Zero)))) (S (S Zero)) -- 4⊖2
4: S (S Zero)
```

1 行目は「0 の後者の前者」, 3 行目は「4 と 2 の差」を計算している.

例 4.20　符号関数 $sign : \mathbb{N} \to \mathbb{N}$ の **prf** としての定義

一つの自然数 x に対して「x が 0 のとき 0, x が 1 以上のとき 1」を値とする関数を, 符号関数 $sign : \mathbb{N} \to \mathbb{N}$ とする. すなわち,

$$sign(x) = \begin{cases} 0, & x = 0 \text{ のとき} \\ 1, & x \geq 1 \text{ のとき} \end{cases}$$

この関数 $sign$ は, $sign(x) = 1 \ominus (1 \ominus x)$ なので, **prf** となることがわかる.

例 4.20 の結果より, 以下, 本章では, $sign$ を **prf** として用いることにする.

問 4.11

符号関数 $sign$ を, 定義 4.1 (5) の原始帰納法を用いて, 直接 **prf** として定義せよ.

解答例　2 引数関数 f を, 式 (4.7) の原始帰納法を用いて, $g = C_0^1, h = U_1^3$ として定義する. すなわち,

$$\begin{cases} f(x,0) = C_0^1(x) = 0 \\ f(x, S(y)) = U_1^3(x, y, f(x,y)) = x \end{cases}$$

そして, この関数 f を用いて, $sign(x) = f(1,x)$ とする. したがって, $sign = f(C_1^1, U_1^1)$.

問 4.12

次の関数 $nsign$ を, **prf** として定義せよ.

$$nsign(x) = \begin{cases} 1, & x = 0 \text{ のとき} \\ 0, & x \geq 1 \text{ のとき} \end{cases}$$

解答例 この $nsign$ は,「$sign$ が 0 ならば 1, $sign$ が 1 ならば 0」と同じなので, $nsign(x) = 1 \ominus sign(x)$ として, **prf** で表すことができる.

$sign(x)$ と $nsign(x)$ はいずれも,実引数が 0 かどうかを判定し,評価値を定めている.「$sign(x)$ は x が 0 のときに 0」,「$nsign(x)$ は x が 0 以外のときに 0」である.

問 4.13

例 4.20 と問 4.12 の $sign$ と $nsign$ を,それぞれ Haskell で定義して実行せよ.

解答例

```
sign_nsign_.hs
sign_ :: Natnum -> Natnum
sign_ Zero = Zero
sign_ (S x) = S Zero
nsign_ :: Natnum -> Natnum
nsign_ x = minus_ (S Zero) (sign_ x)
```

```
1: *Main> sign_ (Zero)
2: Zero
3: *Main> sign_ (S(S(S(Zero))))
4: S Zero
5: *Main> nsign_ (Zero)
6: S Zero
7: *Main> nsign_ (S(S(S(Zero))))
8: Zero
```

4.3.6 原始帰納的述語と if 文

これまでは,自然数上の計算を中心に述べてきたが,「0 を T (真)」に,「1 を F (偽)」にそれぞれ対応させた述語 $p(\vec{x_n})$ を,終域を $\{0,1\}$ とする関数 $g(\vec{x_n})$ として次のように定義すれば,論理和,論理積の計算も行えるようになる.

$$p(\vec{x_n}) \text{ が真 (T)} \iff g(\vec{x_n}) = 0$$
$$p(\vec{x_n}) \text{ が偽 (F)} \iff g(\vec{x_n}) = 1$$

このように定義された関数 g は,述語 p の**表現関数**,あるいは**特性関数**とよばれる.とくに,表現関数が **prf** であるとき,述語 p を**原始帰納的述語**という.以降では,述語とその表現関数を,とくに区別なく用いる.

たとえば，例 4.20 の $sign$，問 4.12 の $nsign$ は，いずれも原始帰納的述語である．$c(x), t(x), e(x)$ が **prf** であるとき，if 文 (1.4.4 項参照) を使って，

$$f(x) = \text{if } c(x) > 0 \quad \text{then } t(x) \quad \text{else } e(x) \tag{4.9}$$

と記述される関数は，以下のように，$sign(x)$ と $nsign(x)$ を使って，**prf** として定義できる．

$$f(x) = t(x) \times sign(c(x)) + e(x) \times nsign(c(x)) \tag{4.10}$$

例 4.21 論理関数（否定）¬ : $\mathbb{N} \to \mathbb{N}$ の原始帰納的述語としての定義

否定 (¬) は，次の原始帰納的述語 $not(x)$ として定義できる．

$$not(x) = 1 \ominus x, \quad \text{あるいは，} \quad not(x) = nsign(x)$$

問 4.14

論理和 (∨) と論理積 (∧) を，それぞれ，原始帰納的述語 $or(x, y)$ と $and(x, y)$ として定義せよ．

解答例 論理和 $or(x, y) = sign(x \times y)$ 　　論理積 $and(x, y) = sign(x + y)$

4.3.7 原始帰納的関数の限界

これまでに，自然数上の加算，減算，乗算などが **prf** によって計算できることが示された．定義 4.1 により定義される **prf** は，基本関数を合成もしくは原始帰納法によって組み合わせてできた関数であり，<u>実引数（自然数）が与えられると，有限回の「計算」によって，関数の値が求められる</u>．このため，**prf** はすべて全域関数である．以下，**prf** だけからなる関数の集合を **prf** のクラス（集合）とよび，PRF と表すことにする．

ところで，自然数上の関数の中には，ある実引数に対して未定義となる関数，すなわち，部分関数が存在する．部分関数において，関数の値が未定義の場合には，その関数の計算がいつまでも終わらない（停止しない）．つまり，このような部分関数は **prf** として定義できない．また，与えられた自然数に対して具体的な計算が行えるものの，PRF に属さない関数が存在する．たとえば，次の Ackermann 関数 $Ack : \mathbb{N}^2 \to \mathbb{N}$ である．

$$\begin{aligned} Ack(0, n) &= n + 1 \\ Ack(m, 0) &= Ack(m - 1, 1) \end{aligned} \tag{4.11}$$

$$Ack(m, n) = Ack(m - 1, Ack(m, n - 1))$$

Ackermann 関数は，定義 4.1 から導くことができないため，**prf** ではない [4, 22]．このように，自然数上の関数の中には，PRF に属さないものが存在する．

問 4.15
式 (4.11) の Ackermann 関数を Haskell で定義し，実行せよ．

解答例

```
ackermann.hs
ackermann :: Int -> Int -> Int
ackermann 0 n = n + 1
ackermann m 0 = ackermann (m - 1) 1
ackermann m n = ackermann (m - 1) (ackermann m (n - 1))
```

```
1: *Main> ackermann 1 1
2: 3
3: *Main> ackermann 2 2
4: 7
5: *Main> ackermann 3 3
6: 61
```

4.4 帰納的関数

4.4.1 最小化による関数定義

新たな関数の構成法として，**最小化**とよばれる方法を導入する．定義 4.1 の **prf** の定義に，この最小化を加えることで構成される関数を，**帰納的関数** (recursive function: **rf**) とよぶ．以下，帰納的関数を **rf** と略記する．

最小化とは，関数 $g(x, y)$ と自然数 x が与えられたとき，$g(x, y) = 0$ を満たす自然数 y のうち，最小の自然数を求める操作である．たとえば，$g(x, y) = x \ominus y$ であるとき，$x \leq y$ となる任意の y が $x \ominus y = 0$ を満たす．その中でも最小の y を $\min\{y \mid x \ominus y = 0\}$ と表す．もし，$x = 3$ の場合，$\min\{y \mid 3 \ominus y = 0\} = \min\{3, 4, 5, \ldots\} = 3$ である．これに対し，たとえば，$g(x, y) = S(x) + y$ であるとき，$S(x) + y = 0$ を満たす最小の y，すなわち，$\min\{S(x) + y = 0\}$ は存在しない．

一般に，$n + 1$ 引数関数 $g : \mathbb{N}^{n+1} \to \mathbb{N}$ が与えられたとき，次のようにして n 引数関数 $\mathbb{N}^n \to \mathbb{N}$ を構成する方法を，最小化という．この n 引数関数を，g から最小化

により構成された関数といい，$\mu y(g(\vec{x_n}, y))$ と書く．

$$\mu y(g(\vec{x_n}, y)) = \begin{cases} \min\{y \mid g(\vec{x_n}, y) = 0\}, & g(\vec{x_n}, y) = 0 \text{ を満たす } y \text{ が存在する} \\ \text{未定義} & , \text{ その他のとき} \end{cases}$$

例 4.22　最小化により構成された関数

$g(x_1, x_2, y) = (x_1 + y) \ominus x_2$ のとき，$\mu y(g(x_1, x_2, y))$ は次のように定義される．

$$\mu y(g(x_1, x_2, y)) = \begin{cases} \min\{y \mid (x_1 + y) \ominus x_2 = 0\}, & x_2 \geq x_1 \text{ のとき} \\ \text{未定義} & , x_2 < x_1 \text{ のとき} \end{cases}$$

たとえば，$x_1 = 2$, $x_2 = 5$ の場合，次式となる．

$$\mu y(g(2, 5, y)) = \min\{y \mid (2 + y) \ominus 5 = 0\} = \min\{0, 1, 2, 3\} = 0$$

4.4.2　帰納的関数

定義 4.1 の基本関数，合成，原始帰納法に加え，最小化による関数の構成法を加えることによって，帰納的関数の定義ができあがる．

定義 4.2　帰納的関数：rf

以下では，m, n は 1 以上の自然数とする．

(1) **定数関数**　$C_k^n(\vec{x_n}) = k$ は帰納的関数である．ただし，$k \in \mathbb{N}$.
(2) **後者関数**　$S(x) = (x \text{ の後者})$ は帰納的関数である．
(3) **射影関数**　$U_i^n(\vec{x_n}) = x_i$ $(1 \leq i \leq n)$ は帰納的関数である．
(4) **合成**　$h_1 : \mathbb{N}^n \to \mathbb{N}, h_2 : \mathbb{N}^n \to \mathbb{N}, \ldots, h_m : \mathbb{N}^n \to \mathbb{N}$ および $g : \mathbb{N}^m \to \mathbb{N}$ がすべて帰納的関数であるとき，これらの合成によって得られる関数 $f : \mathbb{N}^n \to \mathbb{N}$ は帰納的関数である．

$$f(\vec{x_n}) = g(h_1(\vec{x_n}), h_2(\vec{x_n}), \ldots, h_m(\vec{x_n})) \tag{4.12}$$

(5) **原始帰納法**　$g : \mathbb{N}^{n-1} \to \mathbb{N}$ および $h : \mathbb{N}^{n+1} \to \mathbb{N}$ がともに帰納的関数であるとき，次のように定義される関数 $f : \mathbb{N}^n \to \mathbb{N}$ は，帰納的関数である．

$$\begin{cases} f(\vec{x_{n-1}}, 0) = g(\vec{x_{n-1}}) \\ f(\vec{x_{n-1}}, S(y)) = h(\vec{x_{n-1}}, y, f(\vec{x_{n-1}}, y)) \end{cases} \tag{4.13}$$

なお，$n = 1$ のときには，g は定数を表す．

(6) **最小化**　$g(\vec{x_n}, y) : \mathbb{N}^{n+1} \to \mathbb{N}$ が原始帰納的関数であるとき，g から最小化によって構成される関数

$$f(\overrightarrow{\boldsymbol{x}_n}) = \mu y(g(\overrightarrow{\boldsymbol{x}_n}, y)) : \mathbb{N}^n \to \mathbb{N} \tag{4.14}$$

は，帰納的関数である．すなわち，以下のように表せる．

$$f(\overrightarrow{\boldsymbol{x}_n}) = \begin{cases} \min\{y \mid g(\overrightarrow{\boldsymbol{x}_n}, y) = 0\}, & g(\overrightarrow{\boldsymbol{x}_n}, y) = 0 \text{ を満たす } y \text{ が存在する} \\ \text{未定義} & , \quad \text{その他のとき} \end{cases}$$

定義 4.2 は，**prf** の定義 4.1 に最小化を追加したものである．したがって，ある関数が **prf** であるならば，**rf** であることは明らかである．いま，**rf** だけからなる関数の集合を **rf** のクラスとよび，RF と表すと，「$PRF \subset RF$」が成り立つ．

一般的には，最小化では値が定義されないときもある．その場合，**rf** は**帰納的部分関数**とよばれる．以下，**rf** の構成法と，帰納的部分関数について解説する．

合成と原始帰納法

合成における $h_1, \ldots, h_m, g$ のいずれか一つでも部分関数であれば，合成によって構成される関数 f は帰納的部分関数である．また，原始帰納法において g, h のいずれか一つが部分関数であれば，原始帰納法によって構成される関数 f は帰納的部分関数である．

最小化

1 引数関数 f を最小化によって定義する場合には，g に 2 引数の **prf** をあてはめる．

$$f(x) = \mu y(g(x, y))$$

次に，2 引数関数 f を最小化によって定義する場合には，g に 3 引数の **prf** をあてはめる．

$$f(x_1, x_2) = \mu y(g(x_1, x_2, y))$$

g は **prf** であることから，$g(x, y)$ や $g(x_1, x_2, y)$ が未定義になることはないが，その値が 0 にならない場合は，f は帰納的部分関数となる．

4.4.3　Haskell による最小化の実現

与えられた $g(\overrightarrow{\boldsymbol{x}_n}, y)$ をもとに最小化によって構成される関数 $f(\overrightarrow{\boldsymbol{x}_n})$ を，Haskell で実現するために，y の値を $0, 1, 2, \ldots$ と順に大きくしていきながら，$g(\overrightarrow{\boldsymbol{x}_n}, y) = 0$ を満たす最小の y を求めることにする．そのために必要な処理を，$n = 1$ の場合を例と

して，以下に示す[†1]．

(1) 自然数の列 $0, 1, 2, \ldots$ をリストで表現

次の関数 genNatnum を，「genNatnum Zero」で呼び出すことで，リスト [Zero, (S Zero), (S(S Zero)), ...] が生成される．

```
genNatnum n = n : genNatnum (S n)
```

ここで，「:」はリストを構成するための演算子である．

(2) リスト lst の要素 y のうち，$g(x,y) = 0$ を満たす y からなるリスト lst_g を生成

関数 filter を用いれば，次のようにして，lst の要素 y の中から，$g(x,y) = 0$ を満たす y のみからなるリスト lst_g が得られる．なお，lst は (1) の「genNatnum Zero」とする．

```
filter (\y -> (g x y)==Zero) (genNatnum Zero)
```

ここで，「(\y -> (g x y)==Zero)」は，$g(x,y) = 0$ の y を引数とする関数を表す[†2]．

(3) リスト lst_g の先頭要素を取得

リスト lst_g の要素は昇順に並んでおり，先頭要素が最小の y である．その要素は関数 head を用いて取得できる．lst_g を (2) で得られるリストとすれば，次のとおり．

```
head (filter (\y -> (g x y)==Zero) (genNatnum Zero))
```

(4) $g(x,y)$ が与えられたとき，最小化による関数 $f(x)$ を定義する．

```
f x = head (filter (\y -> (g x y)==Zero) (genNatnum Zero))
```

(4) の関数 g に，与えられた関数 $g(\overrightarrow{x_n}, y)$ をあてはめることで，最小化によって構成される関数 $f(\overrightarrow{x_n})$ が求められる．

例 4.23　Haskell による最小化の実現

$g(x, y) = x \ominus y$ とする．g の最小化による関数 tee を考える．

$$tee(x) = \mu y(g(x, y)) = \mu y(x \ominus y)$$

この関数の $tee(5)$ は，次の計算で求められる．

$$tee(5) = \mu y(5 \ominus y) = \min\{y \mid 5 \ominus y = 0\} = \min\{5, 6, 7, \ldots\} = 5$$

[†1] Haskell のリスト処理については，補遺の付録 E.3 を参照．
[†2] 「\」は λ を表す記号で，5.1.1 項で述べる，ラムダ記法による関数記述にあたる．

この tee は，Haskell では次のように定義される．

```
tee.hs
genNatnum :: Natnum -> [Natnum]
genNatnum n = n : genNatnum (S n)
tee x =  head (filter (\y -> (minus_ x y) == Zero) (genNatnum Zero))
```

この関数による $tee(5)$, $tee(10)$ の実行例は，次のとおり．

```
1: *Main> tee (S(S(S(S((S Zero))))))
2: S (S (S (S (S Zero))))
```

問 4.16
$g(x_1, x_2, y) = (x_1 + y) \ominus x_2$ とする．次の関数の $fee(3,5)$, $fee(5,3)$ をそれぞれ答えよ．
$$fee(x, y) = \mu y(g(x_1, x_2, y))$$
さらに，Haskell での実行例を示せ．

解答例 $fee(3,5) = \min\{y \mid (3+y) \ominus 5 = 0\} = \min\{0,1,2\} = 0$, $fee(5,3) = \mu y((5+y) \ominus 3) = \min\{y \mid (5+y) \ominus 3 = 0\} = \min\{\}$ より，未定義．
Haskell での定義および実行例は，次のとおり．

```
fee.hs
fee x1 x2 = head (filter (\y -> (minus_ (plus_ x1 y) x2)==Zero)
                         (genNatnum Zero))
```

```
1: *Main> fee (S Zero) (S(S(S Zero)))
2: Zero
```

4.4.4 さまざまな帰納的関数
いくつかの部分関数が **rf** であることの例を以下に示す．

例 4.24　除算関数 $div : \mathbb{N}^2 \to \mathbb{N}$ の **rf** としての定義
次のように定義される除算関数 $div : \mathbb{N}^2 \to \mathbb{N}$ を考える．
$$div(x_1, x_2) = \begin{cases} y, & x_1 = x_2 \times y \text{ となる } y \in \mathbb{N} \text{ が存在するとき} \\ 未定義, & その他のとき \end{cases}$$
$equal$（演習問題 4.1）および $\times$（例 4.16）は **prf** であり，$g(x_1, x_2, y) = equal(x_1,$

$x_2 \times y)$ と定義される g は **prf** である．よって，除算関数 div は，定義 4.2 (6) の最小化の $n = 2$ の場合において，$f = div$ としたときに **rf** として構成される．

$$div(x_1, x_2) = \mu y(equal(x_1, x_2 \times y))$$

例 4.25　平方根関数 $root : \mathbb{N} \to \mathbb{N}$ の **rf** としての定義

次のように定義される平方根関数 $root : \mathbb{N} \to \mathbb{N}$ を考える．

$$root(x) = \begin{cases} y, & x = y^2 \text{ となる } y \in \mathbb{N} \text{ が存在するとき} \\ 未定義, & その他のとき \end{cases}$$

平方根関数 $root$ は，定義 4.2 (6) の最小化の $n = 1$ の場合について考え，$f = root$, $g(x, y) = equal(x, y \times y)$ とすると，

$$root(x) = \mu y(equal(x, y \times y))$$

と定義されるため，**rf** である．

例 4.26　Haskell による実現例：$div, root$

除算関数 `div_` と平方根関数 `root_` の Haskell での定義は，それぞれ次のとおり．

```
div_root_.hs
div_ x1 x2 = head (filter (\y -> (equal_ x1 (multi_ x2 y))==Zero)
                          (genNatnum Zero))
root_ x = head (filter (\y -> (equal_ x (multi_ y y))==Zero)
                       (genNatnum Zero))
```

`div_` と `root_` の実行例は，次のとおり．

```
1: *Main> div_ (S(S(S(S(S(S Zero)))))) (S(S Zero))
2: S (S (S Zero))
3: *Main> root_ (S(S(S(S Zero))))
4: S (S Zero)
```

なお，式 (4.11) の Ackermann 関数が **rf** として構成可能であることは，たとえば，文献 [16] を参照のこと．

4.5 帰納的関数の計算可能性

4.5.1 標準形定理

定義 4.2 に従って，基本関数（帰納的関数も含めてよい）による合成・原始帰納法・最小化によって構成された帰納的関数は，原始帰納的関数と最小化の合成によって定義できることが，クリーネによって示されている[4, 21].

定理 4.3 クリーネの標準形定理

任意の帰納的関数 f について，原始帰納的関数 g と h が存在して，f を次式で表すことができる．

$$f(x_1,\ldots,x_n) = h(x_1,\ldots,x_n,\mu y(g(x_1,\ldots,x_n),y)) \tag{4.15}$$

式 (4.15) の右辺は，クリーネの T 述語とよばれる $T(x_1,\ldots,x_n,y)$ を用いて，$h(\mu y T(x_1,\ldots,x_n,y))$ と表されることもある[23].

この定理によれば，帰納的関数による計算は，「ある条件①を満たす最小値②を求め，その値をもとにした計算③によって実現できる」ことになる．このときの①と③はいずれも原始帰納的関数によって，②は繰り返し（ループ）によって，それぞれ実現される．なお，繰り返しは多重ループにする必要はなく，たかだか1回で済む．このことから，帰納的関数は，原始帰納的関数の合成と最小化によって定義できることがわかる†．つまり，原始帰納法は，原始帰納的関数（全域関数）を定義するために用いられるが，帰納的関数（部分関数の場合も含む）の定義としては必要はない．それは，原始帰納法は有限回（$f(\overrightarrow{x_{n-1}},y)$ の場合は y 回）の繰り返しであるのに対して，最小化は繰り返し回数の上限があらかじめわかっていない場合に，$g(\overrightarrow{x_n},y)=0$ を満たす y が見つかるまでの計算にも対応しているためである．

なお，この定理は，帰納的関数と，ほかの計算モデルとの関係を考察するときに参照される（4.5.2 項参照）．

4.5.2 帰納的関数と各種計算モデル

帰納的関数とほかの計算モデルの関係については，次のことが明らかにされている．

---

† たとえば，文献 [22, 26] では，帰納的関数の定義に，定義 4.2 (5) の原始帰納法を含めていない．

定理 4.4　チューリング機械と帰納的関数の等価性

自然数上の関数 $f : \mathbb{N}^n \to \mathbb{N}$ について，次の (i) と (ii) は同値である．

(i) f はチューリング機械で計算可能である．
(ii) f は帰納的関数である．

◆ **証明**　詳細は文献 [10, 13] を参照のこと．

・「(i) ならば (ii)」について（概要）

チューリング機械 M が計算する関数 f_M が帰納的関数であることを示すために，次の関数 $step, conf, haltp, getT$ を導入する．ここで，計算状況 C は「コントローラの状態，テープ上の記号列，ヘッド位置」の三つ組である．なお，説明の都合上，f_M は1引数関数とする．

- $step(\widehat{M}, C)$　　　M が計算状況 C のもとでの1ステップ実行後の計算状況
- $init(\widehat{M}, \widehat{x})$　　　M の入力が x であるときの初期計算状態
- $getT(C)$　　　計算状況 C の中のテープ上の記号列（空白文字を除いた記号列）
- $conf(\widehat{M}, \widehat{x}, t)$　　　M が入力 x で t ステップ実行後の計算状況
- $haltp(\widehat{M}, \widehat{x}, t)$　　　M が入力 x で動作して，t ステップ目で停止するときに 0

詳細は省略するが，$step, init, getT$ は帰納的関数として定義できる．また，$conf$ は次のように原始帰納法で定義される．

$$\begin{cases} conf(\widehat{M}, \widehat{x}, 0) = init(\widehat{M}, \widehat{x}) \\ conf(\widehat{M}, \widehat{x}, t+1) = step(\widehat{M}, conf(\widehat{M}, \widehat{x}, t)) \end{cases}$$

また，$haltp$ は，$conf(\widehat{M}, \widehat{x}, t)$ から得られる計算状況をもとに判定すればよく，帰納的関数である．そして，この $haltp$ を用いた最小化 $\mu t(haltp(\widehat{M}, \widehat{x}, t))$ によって，入力 x について初期状態から動作を始めて，停止状態になるまでの最小のステップ数 t' が求められる．このときの計算状況 $conf(\widehat{M}, \widehat{x}, t')$ から，M の入力 x に対する計算結果を取り出す関数を U としたとき，M が計算する f_M の値は次式となる．これは，クリーネの標準形定理の式 (4.15) のチューリング機械での模倣にも相当する．

$$f_M(x) = U(conf(\widehat{M}, \widehat{x}, \mu t(haltp(\widehat{M}, \widehat{x}, t))))$$

U もまた帰納的関数として定義できることから，f_M は帰納的関数である．

・「(ii) ならば (i)」について（概要）

関数 f が基本関数 $C^n(\overrightarrow{\boldsymbol{x_n}})$, $S(x)$, $U_i^n(\overrightarrow{\boldsymbol{x_n}})$ の場合，例 2.6 などの構成法を参考にすることで，チューリング機械で計算可能である．

f が式 (4.12) の合成で定義され，TM_g, TM_{h_i} $(i = 1, \ldots, m)$ がそれぞれ関数 g, h_i を計算するとき，これらのチューリング機械の合成によって f を計算する TM_f を構成できる．

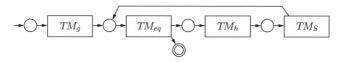

図 4.13　TM の合成による原始帰納法の実現

f が式 (4.13) の原始帰納法で定義され，$TM_g, TM_h, TM_S, TM_{eq}$ がそれぞれ g, h，後者関数 S，等価判定 eq を計算するとき，図 4.13 のようにこれらのチューリング機械を合成することによって，f を計算する TM_f を構成できる．

f が式 (4.14) の最小化で定義され，TM_g, TM_S, TM_{eq} がそれぞれ g，後者関数 S，等価判定 eq を計算するとき，図 4.14 のようにこれらのチューリング機械を合成することによって，f を計算する TM_f を構成できる．

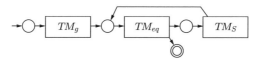

図 4.14　TM の合成による最小化の実現

TM_f の初期状態でのテープ上へは一時変数 z の値を 0 として書き込み，動作を開始し，z の値を 1 ずつ増やしながら g の引数 y になるまで繰り返す． □

チューリング機械以外の計算モデルについて，帰納的関数との関係が明らかにされているものには，流れ図 [4, 18]，レジスタ機械 [16]，N プログラム [21]，S プログラム [13] などがある．これらのモデルでは，帰納的関数は，主にクリーネの標準形定理の式 (4.15) をもとに，繰り返し（ループ）によって実現される．

4.5.3　チャーチの提唱

第 2 章では，「計算するアルゴリズム（実際に計算する手順）が存在する関数」（以下，計算可能な関数ともよぶ）をチューリング機械の動きに対応して定めた（定義 2.4）．そして，第 3 章では，そのような関数の集合は，レジスタ機械と流れ図，それぞれが計算可能な関数の集合と同じであることを示した．（定理 3.2, 3.6）．さらに，本章では，チューリング機械やレジスタ機械らが計算可能な関数の集合と，帰納的関数の集合は同じであることがわかった．

これまでの議論は，特定の計算モデルのもとで計算可能な関数を明らかにしてきたものであって，計算可能な関数の厳密な定義を与えたわけではない．「計算可能な関数」をどのように定めるかについては，1930 年代にチャーチにより提案された，次の

提唱 (thesis)[†] が受け入れられている．

--- チャーチの提唱 ---
すべての計算可能な関数は帰納的関数である．

この提唱は，ある関数が計算可能である（アルゴリズムが存在する）とは，その関数が帰納的関数であること，いいかえると，帰納的関数である関数が計算可能であることを述べている．これまでに，何人かの研究者によって，計算可能であることを明らかにするために各種計算モデルが考案され，それらの計算能力はすべて等価であることがわかった．このことから，「計算可能な関数は帰納的関数である」とするチャーチの提唱は，妥当なものとして受け入れられている．

なお，この提唱は，チューリング機械が帰納的関数と同じ計算能力をもち，計算可能性の理論では中心的な役割を果たしていることから，次の「チャーチ＝チューリングの提唱」として参照されることもある[11]．

--- チャーチ＝チューリングの提唱 ---
計算可能な関数は，すべてチューリング機械で計算できる．

4.6 関数型プログラミング

本章でとりあげた Haskell に代表される関数型計算モデルに基づいた言語によるプログラミングは，一般に**関数型プログラミング** (functional programming)，あるいは作用型プログラミング (applicative programming) とよばれる．本節では，関数型プログラミングの特徴について，ほかのプログラミングスタイルとの比較を交えながら述べる．

4.6.1 参照の透明性

関数型プログラミングの特徴の一つに，「参照の透明性」がある．**参照の透明性** (referential transparency) とは，プログラム中の式や変数をそれと等価なものに置き換えても，全体の評価値や意味が変わらない性質をいう．この性質をもつ関数型プログラミング言語では，プログラム中の式や変数のもつ値が一意であり，式や変数が複数箇所で現れている同一の式や変数は，いずれも同じ値をもつ．そのため，同じ実引数で関数呼び出しすれば，毎回，同じ計算結果となる．

[†] 証明はされていないが，受け入れられている主張．

一方，たとえば，第3章の命令型計算モデルに基づいたプログラムでは，同じ入力を与えたとしても，ある命令を実行するたびに，変数の値にも影響を与える（**副作用**という）ことがあり，毎回同じ計算結果になるとは限らない．そのため，プログラムのデバッグや検証は困難となる．

これに対して，関数型プログラミングでは，参照の透明性によって副作用は生じない．すなわち，プログラムの一部の実行が，ほかの箇所に影響を及ぼすことはなく，プログラムの解析や検証は容易である．

4.6.2 高階関数

例 4.7 の加算関数と例 4.18 の減算関数の名前をそれぞれ g, h とし，if 文（1.4.4 項参照）を用いて表すと，それぞれ次のようになる．

$$g(x, y) = \textbf{if } (y = 0) \quad \textbf{then } x \quad \textbf{else } \underline{succ}(g(x, pred(y)))$$
$$h(x, y) = \textbf{if } (y = 0) \quad \textbf{then } x \quad \textbf{else } \underline{pred}(h(x, pred(y)))$$

両者の違いは，再帰呼び出し後（下線部）に，後者関数 $succ$ と前者関数 $pred$ のどちらを呼び出すかにある．そこで，これらの関数を引数 f として与える[†]ことにすれば，一つの関数 hf で加減算が行えるようになる．

$$hf(f, x, y) = \textbf{if } (y = 0) \quad \textbf{then } x \quad \textbf{else } f(hf(f, x, pred(y)))$$

この hf を用いれば，$hf(succ, x, y)$ によって加算 $x + y$ が，$hf(pred, x, y)$ によって減算 $x \ominus y$ が，それぞれ行える．このように，実引数として関数が与えられる関数を，**高階関数** (higher order function) とよぶ（5.7.2 項参照）．

例 4.27　Haskell による高階関数の実現

1引数関数を引数 f とする高階関数 hf の Haskell での定義は，次のとおり．

```
hf.hs
hf :: (Int -> Int) -> Int -> Int -> Int
hf f x 0 = x
hf f x y = f (hf f x (pred y))
```

この hf を利用すれば，加算と減算は次のようにして行える．ここで，succ と pred は，ともに Haskell に組み込まれている 1 引数関数である．

[†] 第5章では，このような操作を「ラムダ抽象」（定義 5.1）とよぶ．

```
1: *Main> hf succ 3 2    -- 3+2
2: 5
3: *Main> hf pred 3 2    -- 3⊖2
4: 1
```

問 4.17

自然数 $n > 0$ についての総和（例 1.2 参照）と階乗（問 1.1 参照）を，2 引数関数を引数とする高階関数 hf2 として実現せよ．

総和　$n + (n-1) + \cdots + 2 + 1$ （4.16）

階乗　$n \times (n-1) \times \cdots \times 2 \times 1$ （4.17）

解答例

hf2.hs

```
hf2 :: (Int -> Int -> Int) -> Int -> Int
hf2 f 1 = 1
hf2 f x = f x (hf2 f (x-1))
```

```
1: *Main> hf2 plus 5     -- 5+4+3+2+1
2: 15
3: *Main> hf2 multi 5    -- 5×4×3×2×1
4: 120
```

4.6.3　末尾再帰呼び出し

例 4.7 で，後者関数を用いた加算関数を，Haskell 上で次のように定義した．

```
add x 0 = x
add x y = succ' (add  x  (pred' y))
```
(4.18)

たとえば，この関数による $3+2$ の計算は，次のようにして行われる．

```
add 3 2 = succ' (add 3 (pred' 2))
        = succ' (add 3  1)
        = succ' (succ' (add 3 (pred' 1)))
        = succ' (succ' (add 3  0))
        = succ' (succ' 3)
        = 5
```

式 (4.18) による計算法では，再帰呼び出し後に succ' を呼び出すため，2 回の再帰

呼び出し（下線部）を終えてから，3 に 1 が 2 回加えられる．このように，再帰呼び出し後の計算内容（succ' の呼び出し）を，記憶しておく必要がある．

これに対して，次の add_tail の下線部のように，再帰呼び出しするたびに第 1 引数 x に 1 を加える計算法でも，加算は行える．

```
add_tail x 0 = x
add_tail x y = add_tail (succ' x) (pred' y)          (4.19)
```

この場合，次のように再帰呼び出しを終えたときに，計算結果 5 が得られる．

```
add_tail 3 2 = add_tail (succ' 3) (pred' 2)
             = add_tail 4 1
             = add_tail (succ' 4) (pred' 1)
             = add_tail 5 0
             = 5
```

式 (4.19) の add_tail では計算内容を記憶しておく必要はなく，繰り返しによる計算，たとえば，例 3.2 の流れ図による和の計算と同じだけの手間で済む†．

一般的には，再帰呼び出しが次の構文のように行われ，$cond, exp, z_1, z_2, \ldots, z_n$ に f が現れないとき，**末尾再帰呼び出し** (tail recursion) という．

$$f(x_1, x_2, \ldots, x_n) = \mathbf{if}\ cond\ \ \mathbf{then}\ exp\ \ \mathbf{else}\ f(z_1, z_2, \ldots, z_n) \qquad (4.20)$$

問 4.18
例 4.2 の減算関数を，末尾再帰呼び出しで Haskell 上で定義せよ．

解答例 次のように，再帰呼び出し時の第 1 引数の値を減じることにすれば，末尾再帰呼び出しの構文に合致する．
```
sub'_tail x 0 = x
sub'_tail x y = sub'_tail (pred' x) (pred' y)
```

4.7 まとめ

前章までのチューリング機械，レジスタ機械，流れ図と，本章の帰納的関数の間の計算可能性に関する関係は，図 4.15 に示すとおりである．定理 4.4 より，チューリ

---

† 例 3.2 の補助変数 w_1, w_2 が，add_tail の仮引数 x, y にそれぞれ相当する．

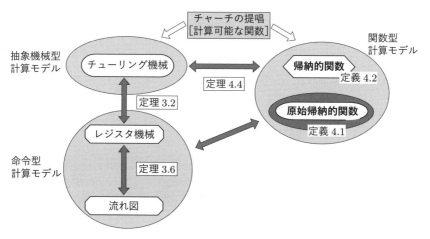

図 4.15　計算モデルどうしの計算可能性の関係

機械と帰納的関数が計算能力として同等であることがわかった．チューリング機械はレジスタ機械や流れ図とも計算能力で同等であることから，帰納的関数はレジスタ機械や流れ図とも同等である．すなわち，四つの計算モデルの計算能力はすべて等しい．

これらの事実から，チャーチの提唱にあるように，計算可能な関数は，帰納的関数であり，それらはチューリング機械でも計算できるといえる．

帰納的関数と命令型計算モデルとの共通点は，基本操作として後者関数やゼロ判定の仕組みを備えていることである．これに対して，相違点は，データの扱い方にある．命令型計算モデルがもつデータを記憶するレジスタ群を，帰納的関数は有していない．それでも，ほかのモデルと同等の計算能力があるのは，計算に必要とされるデータを関数の引数として受け渡しているからである．関数呼び出し（再帰も含む）が行われるたびに，引数は更新・削除され†，最終的な計算結果（一つの自然数）が求められる．関数型計算モデルのもついくつかの特徴（参照の透明性など）はこの機構による．そのため，命令型計算モデルでは計算が終わったときに中間結果は保存されているが，関数型計算モデルでは中間結果は保存されない．なお，記憶装置をもたず，引数によってデータを管理する機構は，次章以降で解説するラムダ計算や論理型プログラミングにおいても同じである．

---

† 定数関数や射影関数によって，引数の個数は削減される．

演習問題

4.1 二つの自然数 x と y に対して，x と y が等しいとき 0，異なるとき 1 の値をとる関数を，相等関数 $equal : \mathbb{N}^2 \to \mathbb{N}$ という．すなわち，

$$equal(x, y) = \begin{cases} 0, & x = y \text{ のとき} \\ 1, & x \neq y \text{ のとき} \end{cases}$$

である．この関数 $equal$ が **prf** であることを示せ．

4.2 **prf** の基本関数の定数関数を，1 引数関数で，常に 0 を関数の値とする

$$C(x) = 0$$

とする文献もある．この定数関数 $C(x)$ から，本書の定義 4.1 の $C_k^n(\overrightarrow{\boldsymbol{x}_n})$ が **prf** として構成されることを示せ．

4.3 例 4.24 の除算関数 $div(x_1, x_2)$ は，x_1 を x_2 で割り切れない場合には「定義されない」が，そのような場合は「$x_1 > x_2 \times z$ を満たす最大の整数 z」を値とする $div'(x_1, x_2)$ を **rf** として定義せよ．なお，y が 0 であるときには「定義されない」とする．

〔ヒント〕x_1 を x_2 で割った商は，最小化によると「$x_1 < x_2 \times (y+1)$ を満たす最小の y」である．また，$a < b$ は「$nsign(b \ominus a) = 0$」によって計算できる（a, b は自然数）．

4.4 再帰呼び出しをコンピュータで実現する場合，スタックなどの記憶領域が必要となる．そのため，再帰呼び出しを含まない処理での実現が望まれることもある．一般に，末尾再帰呼び出しによる計算は繰り返し処理でも実現できる．次の末尾再帰呼び出しの関数 f_{tr} を，while 文 (1.4.5 項参照) を用いた AL プログラムに変換せよ．ここで，g は 1 引数関数である．

$$f_{tr}(x, y) = \textbf{if } (y = 0) \quad \textbf{then } x \quad \textbf{else } f_{tr}(g(x), y - 1)$$

4.5 図 4.1 の自動販売機 VM を，次のような応答で実現するための Haskell の関数 `vm_1` を作成せよ．ここで，「'Y', 'R', 'G'」は，商品選択ボタン「黄，赤，緑」をそれぞれ表す．

```
*Main> vm_1 100 'Y'
"JuiceA"
*Main> vm_1 200 'G'
"JuiceC"
```

次に，この関数を拡張して，硬貨の種類を「10 円，50 円，100 円」とし，入力された硬貨をリストで与えたときに，その投入総額に応じて次のように応答し，商品を販売する関数 `vm_2` を作成せよ．

```
*Main> vm_2 [10,50,10,10,10,10] 'Y'
"JuiceA"
*Main> vm_2 [100,50] 'R'
"JuiceB"
```

第5章 関数型計算モデル －ラムダ計算－

5.1 ラムダ記法による計算のモデル化

　関数型計算モデルの中でも，計算の対象のデータと，データに対する基本操作を，ともに同一の構文からなる記号列として表し，計算をこれらの記号列の書き換え（変換）ととらえたモデルが「ラムダ計算」である．ラムダ計算と同様に，データとプログラムをともに同じ構文で表すプログラミング言語の一つである，Schemeによるプログラミング例を交えながら，ラムダ計算について述べる．

5.1.1 ラムダ記法

　この章では，関数の本体と引数はもとより，計算過程もまた統一された記法で表す関数型計算モデルについて述べる．第4章までの記法によれば，たとえば，「自然数 x に $2 \times x$ を対応付ける」関数 $double$ は，「$double(x) = 2 \times x$」と表される．計算の本質を議論する際，引数「x」と本体（関数の値を求める式）「$2 \times x$」との対応関係を重要視したいことがある．そのための記法の一つが，図5.1に示す**ラムダ記法** (lambda notation) である．

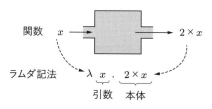

図 5.1　ラムダ記法による関数の表現例

　ラムダ記法では，ギリシャ文字 $\overset{\text{ラムダ}}{\lambda}$ のあとに引数 x を書き，本体 $2 \times x$ の前にピリオドを書いた「$\lambda x.2 \times x$」によって，「x と $2 \times x$ の対応関係」を表す．議論の過程において，一つひとつの関数（対応関係）を区別する場合には，次のようにして名前を付ける．ここで，$\equiv$ は，両辺を記号列として同一視するときに用いる．

$$double \equiv \lambda x.2 \times x \tag{5.1}$$

5.1.2 ラムダ式のもとでの計算

　一般的に，計算が進む過程は，たとえば，算術式 $2+3=5$ のように，式の簡単化（式を構成する数や演算子などが減少）として表され，これ以上簡単化できない式になれば計算が終了する．この簡単化は**簡約** (reduction) ともよばれる．自然数を対象とした計算（簡約）を**図 5.2** に示す．図では，簡約前と簡約後の式を「$3+1+1 \to 4+1$」のように $\to$ で結んでいる．なお，式の簡約は常に 1 通りとは限らず，たとえば，$3+1+1$ の場合，$3+1+1 \to 4+1$ と $3+1+1 \to 3+2$ の 2 通りがある．

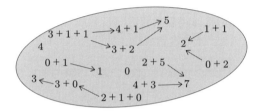

図 5.2　自然数のもとでの計算（簡約）例

　計算を簡約とする見方は，式 (5.1) のラムダ記法のもとでの計算にもあてはめることができる．たとえば，関数 $double$ への実引数 4 の適用は，次のようになる．

$$\underbrace{double\ \underbrace{4}_{\text{実引数}}}_{\text{関数適用}} = (\lambda\ \underbrace{\boxed{x}}_{\text{仮引数}}.\underbrace{2 \times \boxed{x}}_{\text{本体}})\underbrace{4}_{\text{実引数}} = \underbrace{2 \times \boxed{4}}_{x \text{に } 4 \text{ が置き換わる}} = 8 \tag{5.2}$$

　式 (5.2) では，$(\lambda x.2 \times x)4$ が 8 へ簡約されている．式 (5.2) における実引数 4 や，本体の演算子 $\times$ なども，ラムダ記法と同様な構文で表せるように考案されたのが，**ラムダ式** (lambda expression) である．本章で述べる**ラムダ計算** (lambda calculus) は，計算の対象（関数の引数と本体）と計算過程を，ラムダ式によって表す計算モデルである．詳しくはあとで述べるが，ラムダ計算では，あるラムダ式が，ほかのラムダ式

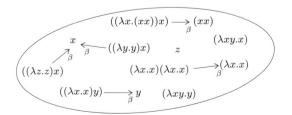

図 5.3　ラムダ式のもとでの計算（簡約）例

へ簡約されることで計算が進められる．このときの簡約前と簡約後のラムダ式を $\to_\beta$ で結ぶことで，計算過程を表したのが図 5.3 である．

5.2 Scheme によるプログラミング

5.2.1 Scheme のプログラム

この章では，ラムダ式による計算を，**Scheme** による実装をしながら解説する．それにあたり，まず Scheme の基本事項について簡単に触れておく．Scheme は，1950年代からマッカーシー (J. McCarthy) によって開発が始められた，Lisp の系譜にあたる言語の一つで，1970 年代にガイ・スティール・ジュニア (Guy L. Steele, Jr.) やサスマン (G. J. Sussman) によって開発された．

Scheme のプログラムは，次の S 式 (symbolic expression) からなる．

- **アトム**（変数名，関数名，演算子，数）と**空リスト** () は S 式
- S 式 $s_1, s_2, \ldots, s_n$ を空白文字 ␣ で区切った**リスト** (s_1 ␣ s_2 ␣ $\cdots$ ␣ s_n) は S 式

リストは前置記法に従う．すなわち，リストの先頭要素 s_1 には「関数名や演算子」，$s_2, \ldots, s_n$ には「引数」を，それぞれあてはめる．「関数名や演算子」には，+,-,*,=,>,< などがある．たとえば，加算 $1+2$ は (+ 1 2) と表す．S 式の実行は**評価**とよばれ，次のようにして行われる[†1]．

- アトム：数と空リストの評価値はそれ自身．その他は束縛された値が評価値
- リスト：先頭要素を関数（演算子）とし，各引数の評価値を求めてから，それらを実引数として関数を適用した結果が評価値

たとえば，(+ (* 3 2) 2) の評価値は 8 であり，また，(= (+ 1 2) 3) は#t（真を表す），(< 4 2) は#f（偽を表す）である．

5.2.2 処理系の起動の仕方

以下では，Scheme 処理系 Gauche version 0.9.5 での実行例を示す[†2]．起動コマンドは「gosh」，プロンプトは「gosh>」，「;」はコメントの始まりを表す．

[†1] 評価の詳細は 5.8.1 項を参照．
[†2] Gauche の基礎事項については，補遺 (https://www.morikita.co.jp/books/mid/085471) の付録 F を参照．

```
1: $ gosh
2: gosh> (+ (* 3 2) 2)    ; (3×2)+2=8 の計算
3: 8
4: gosh> (= (+ 1 2) 3)    ; (1+2)=3 の判定
5: #t                     ; 真 (true)
6: gosh> (< 4 2)          ; 4<2 の判定
7: #f
8: gosh> (exit)           ; 処理系終了
```

2 行目は $(3\times 2)+2$ の入力, 3 行目はその計算結果である. 5 行目の「#t」は, $(1+2)=3$ が真である (等しい) ことを表す. 7 行目の「#f」は $4<3$ が偽であることを表す. 8 行目の「(exit)」の入力により, 処理系は終了する.

5.2.3 関数の定義と利用

識別子 (変数や関数の名前) $name$ には, 次の構文によって関数の本体 exp を対応付けることができる. これを, $name$ への exp の**束縛**という.

　　(define $name$ exp)

関数を定義するときは, `define` を用いる.

　　(define ($name$ $args$) exp)

$args$ は引数 (複数個の場合, 空白 ␣ で区切る) である. 本体において, 場合分けをする際には次の構文を用いる.

　　(if $cond$ exp_T exp_F)

$cond$ の評価値が真であれば, exp_T が評価され, そうでなければ exp_F が評価される.

例 5.1　Scheme における関数の定義と評価

後者関数 $succ(x)$ (例 4.1) と, 減算関数 $sub(x, y)$ (例 4.2) の定義と評価例を次に示す.

```
 1: gosh> (define one 1)   ; 変数 one への 1 の束縛
 2: one
 3: gosh> (define (succ x) (+ x 1))  ; 関数 succ への (x + 1) の束縛
 4: succ
 5: gosh> (succ one)                 ; 1+1
 6: 2
 7: gosh> (define (sub x y) (if (> x y) (- x y) 0))
 8: sub
 9: gosh> (sub 5 2)                  ; 5-2
10: 3
```

```
11: gosh> (sub 4 (succ 4))           ; 4-(4+1)
12: 0
```

1行目で変数 one へ 1 を束縛し，3行目で 1 引数関数 succ を定義している．5 行目は succ への実引数 one の適用である．7行目は，2引数関数 sub を，x > y であれば x - y，それ以外は 0 とする関数として定義しており，9 行目と 11 行目は sub の実行例である．

問 5.1

次の (1)～(3) の関数を，Scheme の関数としてそれぞれ定義せよ（第 4 章の例より）．

(1) $foo(x) = x + 2$ (2) $bar(x) = x^2$ (3) $bee(x) = (x^2 + 2)^2$

解答例 (1) `(define (foo x) (+ x 2))`   (2) `(define (bar x) (* x x))`
         (3) `(define (bee x) (bar (foo (bar x))))`

5.3 ラムダ式による計算対象の表現

5.3.1 ラムダ式

ラムダ計算において計算の対象となる**ラムダ式**は，次のように定義される．

定義 5.1 ラムダ式

(1) **変数**はラムダ式である（必要に応じて変数の集合はあらかじめ定めておく）．
(2) M がラムダ式で x が変数ならば，$(\lambda x.M)$ はラムダ式である（**ラムダ抽象**）．
(3) M と N がラムダ式ならば，$(M\ N)$ はラムダ式である（**関数適用**）．

定義 5.1 の変数，ラムダ抽象，関数適用を図示したのが，**図 5.4**(a)～(c) である．

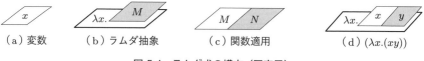

(a) 変数   (b) ラムダ抽象   (c) 関数適用   (d) $(\lambda x.(xy))$

図 5.4 ラムダ式の構文（図表示）

変数，たとえば $x, y, \ldots$ は単独でラムダ式である（図 (a)）．**ラムダ抽象** (lambda abstraction) $(\lambda x.M)$ は，「x に関する M のラムダ抽象」とよばれ，x が引数，ラムダ式 M が本体の関数にあたる（図 (b)）．このときの x を**ラムダ変数** (lambda variable) とよぶ．そして，**関数適用** (functional application) $(M\ N)$ は，二つのラムダ式の組であり，「M の N に対する関数適用」とよぶ（図 (c)）．そして，図 (d) は，関数適

用 (xy) が本体,x がラムダ変数であるラムダ抽象である.また,ラムダ抽象や関数適用は,外側を括弧でくくって表す.

> **例 5.2 ラムダ式**
>
> x, y, z を変数としたとき,次の①〜⑤はすべてラムダ式である.
>
> ① x ② y ③ (xy) ④ $(\lambda x.(xy))$ ⑤ $((\lambda x.(xy))z)$
>
> ①,② はそれぞれ変数 x, y としてのラムダ式であり,③ は,① の x と② の y による関数適用である.④ は,③ の x に関してラムダ抽象したラムダ式である.さらに,⑤ は,④ の変数 z に対する関数適用である.

以下,断りのない限り,変数を x, y, z や $x_1, x_2, \ldots$ などの英小文字で表記し,ラムダ式を M, N や $M_1, M_2, \ldots$ などの英大文字で表す.

> **問 5.2**
>
> x, y, z を変数としたとき,以下の中からラムダ式であるものをすべて選べ.
>
> a (xy) $\lambda z.z$ $(\lambda x.y)$ $(\lambda x.xy)$ $(\lambda x.(\lambda y.y))$ $(x(\lambda x.w))$ $(xy)z$
>
> **解答例** $(xy), (\lambda x.y), (\lambda x.(\lambda y.y))$. 理由:$a$ と $(x(\lambda x.w))$ の w は変数ではない.$\lambda z.z$ と $(xy)z$ は外側に括弧が必要.$(\lambda x.xy)$ は,正しくは $(\lambda x.(xy))$.

5.3.2 部分式

あるラムダ式 M を構成していく過程で用いられるラムダ式,および M 自身を,M の**部分式**とよぶ.たとえば,(xy) は x と y から構成されており,「x, y」とそれ自身「(xy)」が部分式である.このような部分式の定義を次に示す.

> **定義 5.2 部分式**
>
> ラムダ式 M に対し,M の部分式 $SUB(M)$ を,以下のように定める.
>
> (1) M が変数 x ならば,部分式は「x」である.すなわち,$SUB(x) = \{x\}$.
> (2) M が $(\lambda x.N)$ ならば,部分式は,「N の部分式」および「M」である.すなわち,$SUB(M) = SUB(N) \cup \{M\}$.
> (3) M が $(N_1 \ N_2)$ ならば,部分式は,「N_1 の部分式」,「N_2 の部分式」および「M」である.すなわち,$SUB(M) = SUB(N_1) \cup SUB(N_2) \cup \{M\}$.

例 5.3　部分式の例

たとえば，$(\lambda x.(xy))$ の部分式は，

$$SUB((\lambda x.(xy))) = SUB((xy)) \cup \{(\lambda x.(xy))\}$$
$$= SUB(x) \cup SUB(y) \cup \{(xy)\} \cup \{(\lambda x.(xy))\}$$
$$= \{x,\ y,\ (xy),\ (\lambda x.(xy))\}$$

また，$(\lambda x.(\lambda y.x))$ の部分式は，次のとおり．

$$SUB((\lambda x.(\lambda y.x))) = SUB((\lambda y.x)) \cup \{(\lambda x.(\lambda y.x))\}$$
$$= SUB(x) \cup \{(\lambda y.x)\} \cup \{(\lambda x.(\lambda y.x))\}$$
$$= \{x, (\lambda y.x), (\lambda x.(\lambda y.x))\}$$

なお，$(\lambda \overset{①}{x}.(\lambda \overset{②}{y}.x))$ の ① と ② の変数 x と y は，部分式ではないことに注意．

問 5.3

x, y を変数としたとき，ラムダ式 $(\lambda x.(y(\lambda y.x)))$ のすべての部分式を求めよ．

解答例　$y, x, (\lambda y.x), (y(\lambda y.x)), (\lambda x.(y(\lambda y.x)))$

5.3.3　Scheme によるラムダ式の記述

定義 5.1 のラムダ式を Scheme で記述すると，以下のようになる．

(1) 変数は英数字 (頭文字は英字)．
    例: x, y, foo, bar, x1
(2) M がラムダ式で x が変数ならば，ラムダ抽象 $(\lambda x.M)$ は，(lambda (x) M)．
    例: (lambda (x) x), (lambda (x) (lambda (y) (x y)))
(3) M と N がラムダ式ならば，関数適用 $(M\ N)$ は，(M N)．
    例: (x y), ((lambda (x) x) y), ((lambda (x) x) (lambda (y) y))

これらのラムダ式を Scheme で評価すると，次のようになる．

```
gosh>'x                           ; 変数 x（Scheme で評価するためにクォート ' が必要）
x
gosh> (lambda (x) x)              ; ラムダ抽象　(λx.x)
#<closure #f>                     ; Scheme の評価値
gosh> ((lambda (x) x) 'y)         ; 関数適用　((λx.x)y)
y                                 ; 後述の β 変換の結果
gosh> ((lambda (x) x) (lambda (y) y))   ; 関数適用 ((λx.x)(λy.y))
#<closure #f>                     ; β 変換の結果が λ 抽象 (λy.y)
```

ラムダ抽象の評価値は，#<closure #f> になる（closure は 5.8.4 項参照）．

5.3.4 束縛変数と自由変数

あるラムダ式 M において，変数 x が M の部分式であるとき，x は M に**出現し**ているという．出現には，「束縛されている出現」と「自由な出現」の 2 通りがある．x が，M の中の $(\lambda x.N)$ という形の部分式 N に出現しているとき，x の出現は**束縛されている**といい，そうでないときには**自由である**という．

束縛されている変数は**束縛変数** (bound variable) とよばれ，自由な出現の変数は**自由変数** (free variable) とよばれる．

例 5.4　束縛変数と自由変数

$(\lambda x.(\overset{①}{x}\overset{②}{y}))$ における①の x は束縛されており，②の y は自由である．このことは，図 5.5 (a) において，①の変数 x から下を覗いたときにラムダ変数 x が見えるが，②の変数 y の場合にはラムダ変数 y が見えないことに相当する．このように見えている範囲を，変数の有効範囲（スコープ）という．

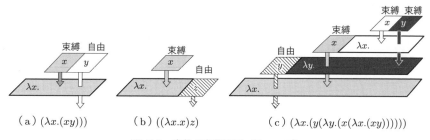

(a) $(\lambda x.(xy))$ 　　(b) $((\lambda x.x)z)$ 　　(c) $(\lambda x.(y(\lambda y.(x(\lambda x.(xy))))))$

図 5.5　変数の有効範囲（スコープ）

同様に，図 (b) の $((\lambda x.\overset{①}{x})\overset{②}{z})$ の場合，①の x は束縛されている．一方，②の z はそうではない．図 (c) の $(\lambda x.(\overset{①}{y}(\lambda y.(\overset{②}{x}(\lambda x.(\overset{③}{x}\overset{④}{y}))))))$ では，① の y は自由であり，② の x と ③ の x はともに束縛されている（束縛しているラムダ変数は異なる）．④ の y は束縛されている．この例では，y は自由変数でも束縛変数でもある．

問 5.4

x, y, z を変数，M を $(y(\lambda x.(xz)))$ としたときの，束縛変数と自由変数をそれぞれ答えよ．

解答例　$(\overset{①}{y}(\lambda x.(\overset{②}{x}\overset{③}{z})))$ における②は束縛変数，①の y と③の z は自由変数．

5.3.5 閉じたラムダ式

自由変数を含まないラムダ式を，**閉じたラムダ式**，あるいは**コンビネータ** (combinator)

という.あるラムダ式がコンビネータであれば,5.4 節で述べる β 変換の際に,変数条件(5.3.7 項参照)を考慮する必要がないなど利点がある.

例 5.5 閉じたラムダ式

図 5.6 に示した $(\lambda x.(\lambda y.((\lambda x.(xy))x)))$ には,自由変数が含まれておらず,閉じたラムダ式である.

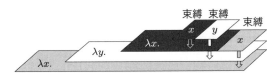

図 5.6 閉じたラムダ式 $(\lambda x.(\lambda y.((\lambda x.(xy))x)))$

問 5.5

x, y, z を変数としたとき,以下の中から閉じたラムダ式をすべて選べ.

(xy) $(\lambda x.x)$ $(\lambda x.y)$ $(\lambda x.(xy))$ $(\lambda x.(\lambda y.(xy)))$ $(y(\lambda x.x))$ $((\lambda x.x)z)$

解答例 $(\lambda x.x)$ と $(\lambda x.(\lambda y.(xy)))$.

5.3.6 α 変換

一般的に,$f(x) = x+1$ は,$f(z) = z+1$ としても同じ関数を表す.同様のことはラムダ式でも成り立つ.たとえば,x, z が変数であるとき,$(\lambda x.x)$ の x を z に置き換えることで得られる $(\lambda z.z)$ と,$(\lambda x.x)$ を同一視する.これに対し,$(\lambda x.(xz))$ における x を z に置き換えて得られる $(\lambda z.(zz))$ は,元の $(\lambda x.(xz))$ と同じラムダ式ではない.$(\lambda x.(x\overset{①}{z}))$ の①z は自由変数であるが,置き換え後の $(\lambda z.(z\overset{①}{z}))$ の①z は束縛変数になるためである.そこで,同一視できる変数に置き換える操作を次のように定め,$\overset{アルファ}{\alpha}$ 変換 (alpha-conversion) とよぶ.

定義 5.3 α 変換

ラムダ式 $(\lambda x.N)$ について,部分式 N の自由変数 x を,「N の中に部分式としてもラムダ変数としても現れていない変数 y」に置き換えて N' が得られたとき,$(\lambda y.N')$ を $(\lambda x.N)$ と同一視し,$(\lambda x.N) \equiv_\alpha (\lambda y.N')$,あるいは単に $(\lambda x.N) \equiv (\lambda y.N')$ と書く.

例 5.6 α 変換

上述の例 $(\lambda x.(xz))$ の場合,図 5.7 に描いたように,変数 z は部分式 (xz) に現れてい

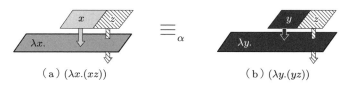

図 5.7 α 変換の例

るため，ラムダ変数 x を z に置き換えて，$(\lambda z.(zz))$ としてはいけない．

これに対し，部分式 (xz) に現れていない変数（たとえば y）を新しい変数として，図 (b) のようにすれば，次式が成り立つ．

$$(\lambda x.(xz)) \equiv_\alpha (\lambda y.(yz))$$

また，$(\lambda x.(\overset{①}{y}(\lambda y.\overset{②}{x})))$ の場合，部分式 $(y(\lambda y.x))$ の自由変数である②の x を y に置き換えてしまうと，$(y(\lambda y.y))$ が得られ，元の式とは異なるものとなる．そのため，「ラムダ変数として現れていない変数」に置き換えることが重要である．なお，自由変数である①の y は置き換えてはいけない．

問 5.6
変数を x, y, z, w, u, v としたときに，$(\lambda x.(\lambda y.(xy)))$ に対して α 変換を行った例をあげよ．

解答例 $(\lambda z.(\lambda w.(zw)))$, $(\lambda w.(\lambda u.(wu)))$, $(\lambda u.(\lambda v.(uv)))$ など．

5.3.7 変数条件

たとえば，$(\lambda x.(\overset{①}{y}(\lambda y.(\overset{②③}{y}\overset{}{x}))))$ では，①の y は自由変数として，②の y は束縛変数として現れている．このように，一つのラムダ式（あるいは複数個のラムダ式の間）において，同じ変数名が束縛かつ自由であることがある（このことを**名前の衝突**とよぶ）．このような場合，混乱を避けるために，α 変換を何度かほどこすことで，束縛変数と自由変数をすべて異なる変数名にすることができる．

例 5.7 名前が衝突している場合の α 変換
ラムダ式 $(\lambda x.(y(\lambda y.(yx))))$ における，部分式 $(\lambda y.(yx))$ に α 変換をほどこし，$(\lambda y.(yx)) \equiv_\alpha (\lambda z.(zx))$ とすれば，元のラムダ式は，$(\lambda x.(y(\lambda y.(yx)))) \equiv_\alpha (\lambda x.(y(\lambda z.(zx))))$ となる．これにより，束縛変数と自由変数をすべて異なる名前の変数にできる．

このように，「あるラムダ式の同じ名前の束縛変数と自由変数がない（名前が衝突していない）」とき，**変数条件**を満たすとよぶ．このことを複数個のラムダ式 $M_1, M_2, \ldots, M_n$ の間にもあてはめ，これらの束縛変数と自由変数の名前が重ならないとき，これらの

ラムダ式は変数条件を満たすという．ここで注意しなければならないのは，変数条件を満たすために α 変換を行うのは，自由変数の置き換えではなく，α 変換による<u>束縛変数の置き換え</u>であることである．

問 5.7

変数を x, y, w, u としたとき，「$(\lambda x.(\lambda y.(xy))), y, x$」の間で変数条件を満たせ．

解答例 たとえば，「$(\lambda w.(\lambda u.(wu))), y, x$」．ここで，自由変数 y, x は変更しない．

5.4 β 変換による計算

5.4.1 β 変換

ラムダ計算における「計算」とは，ラムダ式に対して，これから述べる **β 変換** (beta-conversion) とよばれる置き換え規則を適用することである．そのために，まず，$M[x := N]$ という表記法を導入する．

定義 5.4 自由変数の置き換え

ラムダ式 M の中のすべての<u>自由変数 x</u> をほかのラムダ式 N で置き換えることを，次式で表す．

$$M[x := N] \tag{5.3}$$

例 5.8 自由変数の置き換え

M を $(x(\lambda x.(xy)))$，N を z としたとき，次式となる．

$$M[x := N] \equiv (x(\lambda x.(xy)))[x := z] \equiv (z(\lambda x.(xy)))$$

ここで，$(x(\lambda x.(xy)))$ の中の自由変数 x は最左の x のみであることに注意．

問 5.8

以下の (1)〜(4) の各式を置き換えよ．
(1) $x[x := y]$ (2) $x[y := z]$ (3) $(xx)[x := z]$ (4) $(x(\lambda x.x))[x := (\lambda z.z)]$

解答例 (1) y (2) x (3) (zz) (4) $((\lambda z.z)(\lambda x.x))$

なお，記号 $\equiv$ は α 変換のときに導入したものであるが，記号列として等価な二つのラムダ式を表すことにも兼用する．すなわち，$M \equiv N$ の場合，M と N は等価な

ラムダ式か，あるいは α 変換により等価になるラムダ式どうしであることを表す．
この記法 $M[x := N]$ を用いて，β 変換は次のように定義される．

定義 5.5 β 変換

変数条件を満たすラムダ式 M, x, N に対し，**β 変換** $\to_\beta$ を次のように定める．

(1) $((\lambda x.M)N) \to_\beta M[x := N]$

 このとき，$((\lambda x.M)N)$ を **β 基** (beta redex) とよぶ．

(2) $M \to_\beta N$ ならば，$(\lambda x.M) \to_\beta (\lambda x.N)$，$(M\ P) \to_\beta (N\ P)$，および $(P\ M) \to_\beta (P\ N)$．

例 5.9　β 変換 ―その 1―

定義 5.5 の (1) の例は次のように変換される．

$$((\lambda x.(xy))z) \to_\beta (xy)[x := z] \equiv (zy) \tag{5.4}$$

$$((\lambda x.(xy))(\lambda z.z)) \to_\beta (xy)[x := (\lambda z.z)] \equiv ((\lambda z.z)y) \tag{5.5}$$

このうち，式 (5.4) は**図 5.8** のように描かれる．β 基 $((\lambda x.(xy))z)$ より，ラムダ変数 x に z が束縛されて，(xy) の自由変数 x が z に置き換わる．

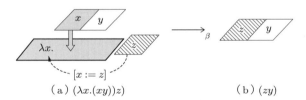

（a）$(\lambda x.(xy))z$　　　　　　（b）(zy)

図 5.8　β 変換の例

また，式 (5.5) の $((\lambda z.z)y)$ は β 基であり，さらに次式のように β 変換が行える．

$$((\lambda z.z)y) \to_\beta z[z := y] \equiv y \tag{5.6}$$

例 5.10　β 変換 ―その 2―

定義 5.5 の (2) の例には，次のものがある．
たとえば，$((\lambda y.y)z) \to_\beta y[y := z] \equiv z$ なので，

$(\lambda x.((\lambda y.y)z)) \to_\beta (\lambda x.y[y := z]) \equiv (\lambda x.z)$

$(((\lambda y.y)z)(xy)) \to_\beta (y[y := z](xy)) \equiv (z(xy))$

$((xy)((\lambda y.y)z)) \to_\beta ((xy)y[y := z]) \equiv ((xy)z)$

例 5.11　変数条件が満たされていない場合の β 変換

$((\lambda y.(\lambda x.(xy)))x)$ の場合, $(\lambda x.(xy)), y, x$ の間で変数条件が満たされていない[†]. そこで, 変数条件を満たすべく, α 変換を行ってから β 変換する.

$$((\lambda y.(\lambda x.(xy)))x) \equiv_\alpha ((\lambda y.(\lambda w.(wy)))x)$$
$$\to_\beta (\lambda w.(wy))[y := x]$$
$$\equiv (\lambda w.(wx))$$

例 5.9 の式 (5.4) では, β 基が含まれていない (zy) が得られた. 一方, 式 (5.5) には β 基が含まれており, さらに β 変換が行えて, 式 (5.6) が得られる. ラムダ式のうち, β 基が含まれておらず, β 変換が行えないものには, 次の名前が付けられている.

定義 5.6　ラムダ式の正規形

ラムダ式 N に β 基が含まれていないとき, N を **β 正規形** (beta normal form) あるいは単に**正規形**という. また, ラムダ式 M, N について, M に β 変換を有限回適用することによって正規形 N が得られる, すなわち, $M \to_\beta \cdots \to_\beta N$ を満たす正規形 N が存在するとき, M は正規形をもつという.

例 5.9 では, 式 (5.4) の (zy) および式 (5.6) の y は, ともに正規形である.

問 5.9

以下の (1)～(5) の各式を, 正規形が得られるまで β 変換せよ.
(1) $((\lambda x.(xx))z)$　(2) $((\lambda x.((\lambda y.y)x))z)$　(3) $((\lambda x.(x(\lambda y.y)))(\lambda z.z))$
(4) $(((\lambda x.(\lambda y.(yx)))y)z)$　(5) $(((\lambda x.(\lambda y.(xy)))(\lambda z.z))w)$

解答例　(1) $((\lambda x.(xx))z) \to_\beta (xx)[x := z] \equiv (zz)$
(2) $((\lambda x.((\lambda y.y)x))z) \to_\beta ((\lambda y.y)x)[x := z] \equiv ((\lambda y.y)z) \to_\beta y[y := z] \equiv z$, または, $((\lambda x.((\lambda y.y)x))z) \to_\beta ((\lambda x.y[y := x])z) \equiv ((\lambda x.x)z) \to_\beta x[x := z] \equiv z$
(3) $((\lambda x.(x(\lambda y.y)))(\lambda z.z)) \to_\beta (x(\lambda y.y))[x := (\lambda z.z)] \equiv ((\lambda z.z)(\lambda y.y)) \to_\beta z[z := (\lambda y.y)] \equiv (\lambda y.y)$
(4) $(((\lambda x.(\lambda y.(yx)))y)z) \equiv_\alpha (((\lambda x.(\lambda w.(wx)))y)z)$〔変数条件〕$\to_\beta ((\lambda w.(wx))[x := y])z) \equiv ((\lambda w.(wy))z) \to_\beta (wy)[w := z] \equiv (zy)$
(5) $(((\lambda x.(\lambda y.(xy)))(\lambda z.z))w) \to_\beta ((\lambda y.(xy)[x := (\lambda z.z)])w) \equiv ((\lambda y.((\lambda z.z)y))w) \to_\beta ((\lambda z.z)y)[y := w] \equiv ((\lambda z.z)w) \to_\beta z[z := w] \equiv w$, または, $(((\lambda x.(\lambda y.(xy)))(\lambda z.z))w) \to_\beta ((\lambda y.(xy)[x := (\lambda z.z)])w) \equiv ((\lambda y.((\lambda z.z)y))w) \to_\beta ((\lambda y.z[z := y])w) \equiv ((\lambda y.y)w) \to_\beta y[y := w] \equiv w$

[†] 変数 x は, $(\lambda x.(xy))$ における束縛変数のほか, 自由変数でもある.

5.4.2 ラムダ式の略記法

ラムダ式は，以下のように省略して書くこともできる．

- $(xy)[x := z]$ の省略
  $((\lambda x.(xy))z) \to_\beta (xy)[x := z] \equiv (zy)$ を，単に $((\lambda x.(xy))z) \to_\beta (zy)$ と書く．
- 括弧の省略
  $(\lambda x.x)$ や $(M_1 M_2)$ の括弧を省略し，それぞれ，$\lambda x.x$ と $M_1 M_2$ と書く．
- ラムダ変数やラムダ式の列挙
  $(\lambda x.(\lambda y.(xy)))$ は $\lambda xy.xy$ とし，$((M_1 M_2)M_3)$ は $M_1 M_2 M_3$ と略記する．一般的には，次の略記法を用いる．

$$\lambda x_1 x_2 \cdots x_n.M \equiv (\lambda x_1.(\lambda x_2.(\cdots (\lambda x_n.M) \cdots)))$$

$$M_1 M_2 M_3 \cdots M_n \equiv ((\cdots ((M_1 M_2)M_3) \cdots)M_n)$$

ここで注意すべきことは，$\lambda x.M_1 M_2$ は $(\lambda x.(M_1 M_2))$ であって，$((\lambda x.M_1)M_2)$ ではないことである．そのため，$(\lambda x.M_1)M_2$ であるときに，括弧を省略してはいけない．また，$M_1(\lambda x.M_2)$ のようなラムダ式は，誤読を避けるために括弧は残すほうがよい．以下では，適宜略記法を用いる．

問 5.10

以下の (1)〜(3) の各式を略記法に書き直すとともに，正規形が得られるまで β 変換せよ．
(1) $((\lambda x.(xx))z)$　　(2) $((\lambda x.((\lambda y.y)x))z)$　　(3) $(((\lambda x.(\lambda y.(yx)))y)z)$

解答例　(1) $(\lambda x.xx)z \to_\beta zz$
(2) $(\lambda x.((\lambda y.y)x))z \to_\beta (\lambda y.y)z \to_\beta z$　または，$(\lambda x.((\lambda y.y)x))z \to_\beta (\lambda x.x)z \to_\beta z$
(3) $((\lambda x.(\lambda y.yx))y)z \equiv_\alpha ((\lambda x.(\lambda w.wx))y)z$〔変数条件〕$\to_\beta (\lambda w.wy)z \to_\beta zy$

5.4.3　β 変換列

あるラムダ式が β 基を含む限りは，β 変換を続けることができる．そこで，有限回（0 回も含む）の β 変換からなる **β 変換列** を，次のように定める．

定義 5.7　β 変換列

ラムダ式 P に β 変換を有限回繰り返し実行することで，ラムダ式 Q が得られるとき，すなわち，

$$P \equiv P_0 \to_\beta P_1 \to_\beta \cdots \to_\beta P_n \equiv Q \text{ （ただし } n \geq 0\text{）}$$

を満たすラムダ式の列 $P_0, P_1, \ldots, P_n$ が存在するとき，この列を **β 変換列**という．また，P に有限回の β 変換をすることで Q が得られることを，$P \stackrel{*}{\to}_\beta Q$ と書く．

例 5.12 β 変換列

$(\lambda xyz.zyx)uvw$ を正規形が得られるまで β 変換すると

$$(\lambda xyz.zyx)uvw \to_\beta (\lambda yz.zyu)vw \to_\beta (\lambda z.zvu)w \to_\beta wvu \tag{5.7}$$

となるので，β 変換列は「$(\lambda xyz.zyx)uvw, (\lambda yz.zyu)vw, (\lambda z.zvu)w, wvu$」である．また，式 (5.7) は，$\stackrel{*}{\to}_\beta$ を用いて次式で表せる．

$$(\lambda xyz.zyx)uvw \stackrel{*}{\to}_\beta wvu$$

以降では，1 回の β 変換による簡約を「1 ステップ (の) β 変換」とよぶことにする．すなわち，$P_0 \to_\beta P_1$ は 1 ステップの β 変換である．そして，$P \stackrel{*}{\to}_\beta Q$ は有限回の β 変換の繰り返しによる簡約である．

5.4.4 Scheme による β 変換

Scheme では，ラムダ式 $(\lambda x.x)$ を `(lambda (x) x)` と記述する (5.3.3 項参照)．なお，Scheme 処理系における関数適用には次の性質があるので，以下では，数や演算子もラムダ式に含めた実行例を示す．

- 自由変数に値が束縛（代入）されていないとエラーになる（それを避けるために自由変数にクォート「'」を付ける）．
- リストの先頭要素は関数（ラムダ式や演算子）でなければエラーになる（そのために+, *などの演算子も使用する）．

Scheme でのラムダ式の適用例は，以下のとおり．

```
 1: gosh> ((lambda (x) x) y)            ; (λx.x)y, 自由変数 y
 2: *** ERROR: unbound variable: y
 3: gosh> ((lambda (x) x) 'y)           ; (λx.x)y, 自由変数 y にクォート
 4: y
 5: gosh> (define y 1)                  ; 自由変数 y に値を束縛
 6: y
 7: gosh> ((lambda (x) x) y)            ; (λx.x)y, ただし y は 1
 8: 1                                   ; (λx.y)1→y, 自由変数 y の値
 9: gosh> ((lambda (x) 'y) 'z)          ; (λx.y)z, 自由変数 y,z にクォート
10: y
```

```
11: gosh> ((lambda (x y) (* x y)) 3 2)  ; ((λxy.x×y)3 2)
12: 6
```

1行目の評価では，自由変数 y に値が束縛されていないため，2行目でエラーになる．もし，3行目のように「'y」を評価すれば，y が評価値となるためエラーにはならず，β 変換が行われている[†1]．5行目で y に 1 を束縛しておくと，7行目では y が評価されてから β 変換が行われ，1 となる．なお，9行目の 'y は評価されないため，1とはならない．11行目では (* x y) が (* 3 2) となり，この評価値 6 が得られる．

なお，Scheme 処理系では，定義 5.5 の (2) の変換のうち，「$M \to_\beta N$ ならば，$(\lambda x.M) \to_\beta (\lambda x.N)$」が行えない．これは，Scheme では実引数をすべて評価してから本体を評価するためであり，このことは 5.8.2 項で述べる．

問 5.11
問 5.10 の (2) と (3) を，エラーにならないように書き直しながら Scheme で評価せよ．

解答例 (2) `(((lambda (x) (lambda (y) y)) 'x) 'z)` の評価結果は z
(3) `((lambda (x)(x (lambda (y) y)))(lambda (z) z))` の評価結果は `#<closure (#f y)>`．これを，`(source-code ((lambda (x)(x (lambda (y) y)))(lambda (z) z)))` として評価する[†2]と，`(lambda (y) y)` が得られる．

5.4.5 プログラミング言語とラムダ式の変数

ラムダ式における束縛変数は，変数の名前自体には何ら意味がなく，値の格納場所（構文上の出現位置）を表している．この束縛変数の役割は，通常のプログラミング言語では局所変数が担っている．たとえば，C 言語における次の関数宣言

```
int foo(int x, int y)
```

において，引数 x, y は 1.4.3 項で述べたデータを束縛する役割，すなわち，関数が呼び出されたときにデータ（実引数）を受け取るためのものである．そのため，変数名は x, y に限らず，`int foo(int a, int b)` としてもよい．

さらに，C 言語の関数定義の中で用いられる局所変数についても同じことがいえる．たとえば，次の関数 foo で，i と j は局所変数，data は大域変数である．

```
int foo(int x, int y)    int bar(int x, int y)
{ int i, j;              { int u, v;
  i = x; j = y;            u = x; v = y;
  data = i + j ...         data = u + v ...
```

[†1] 「'y」は (quote y) の略記であり，関数 quote の呼び出しにあたる．
[†2] (source-code f) は gosh の手続きの一つで，関数 f の本体が表示される．

}   }

foo の局所変数 i と j を, u と v に置き換えて得られたのが関数 bar である. この例のように, 局所変数を整合性を保ちながら置き換えれば, 計算結果は同じである. しかし, 大域変数 data を異なる変数名に変えてしまうと, 異なる計算結果になる.

同様のことは, Scheme においてもいえる. たとえば, (define (foo x) (+ x 2)) は (define (foo z) (+ z 2)) としてもよいが, ラムダ式 (lambda (x) (x y)) と (lambda (x) (x z)) は異なる.

このように, プログラミング言語の局所変数 (引数も含む) と大域変数は, ラムダ式の束縛変数と自由変数にそれぞれ対応する. つまり, ラムダ式の自由変数をほかの変数に置き換えてはいけないのと同じように, 大域変数の名前を自由に置き換えることはできない[†]. 一方, 束縛変数であれば α 変換で変数名を変えることができる. プログラムにおいて局所変数と大域変数が同じ名前であるときに, 意図した計算結果にならないことがあるように, 変数条件が満たされていないラムダ式では, 正しい β 変換が行えない.

5.5 β 変換の特性と戦略

5.5.1 ラムダ式どうしの関係

算術計算 $2+3=5$ などの等号 $=$ は, 「両辺が等しい」ことに加え, 「左辺を計算した結果が右辺である」ことを表す. ラムダ計算において, $\to_\beta$ は, $(\lambda x.x)y \to_\beta y$ のように, 「左辺を β 変換 (計算) した結果が右辺である」ことを表す. そこで, 算術計算での等号 $=$ と同じ役割を $\to_\beta$ にももたせ, $M \to_\beta N$ であるときに M と N を同一視し, ラムダ式どうしの等価性を次のように定義する.

定義 5.8 ラムダ式どうしの等価性

二つのラムダ式 M と N について,

$$M \leftrightarrow_\beta N \iff M \to_\beta N \text{ または } N \to_\beta M$$

と定義する. さらに, ラムダ式 P, Q に対して,

$$P \equiv P_0 \leftrightarrow_\beta P_1 \leftrightarrow_\beta \cdots \leftrightarrow_\beta P_n \equiv Q \quad (\text{ただし } n \geq 0)$$

を満たすラムダ式の列 $P_1, P_2, \ldots, P_n$ があるとき, $P =_\beta Q$ と定義する.

[†] 大域変数であっても, プログラム全体にわたって, ほかの変数 (局所変数含む) との名前の衝突を考慮しつつ, 一括して変更することは可能である.

5.5.2 Church–Rosser の定理

算術計算では，計算順序にかかわらず，答えが一意に定まる場合がある．たとえば，式 $3+1+1$ は，図 5.9 のように，$3+1$ と $1+1$ のどちらから計算しても，同じ値になる．

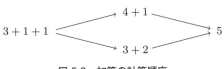

図 5.9 加算の計算順序

同じことが，複数個の β 基を含むラムダ式の計算（β 変換）においてもいえる．すなわち，ある β 基を選んで β 変換を繰り返して得られるラムダ式と，ほかの β 基を選んで β 変換を繰り返して得られるラムダ式が同じになる場合がある．そのような例を以下に示す．

例 5.13　複数の β 基を含むラムダ式

$(\lambda y.y)((\lambda x.x)z)$ の β 基は，図 5.10 の①と②であるが，どちらの β 基から β 変換を行っても，最終的には同じ正規形が得られる．

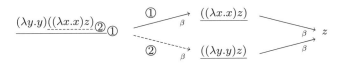

図 5.10 正規形が一意に定まる例

例 5.14　特徴的な β 変換列をもつラムダ式

β 変換したときに，特徴的な β 変換列が得られるのが，次の $\mathbf{\Omega}$ と $\mathbf{I}$ である．
$\mathbf{\Omega} \equiv ((\lambda x.xx)(\lambda x.xx))$ に β 変換を行うと，

$$\mathbf{\Omega} \equiv ((\lambda x.xx)(\lambda x.xx)) \to_\beta ((\lambda x.xx)(\lambda x.xx)) \to_\beta \cdots \tag{5.8}$$

と，同じラムダ式からなる無限長の β 変換列となるので，$\mathbf{\Omega}$ は正規形をもたない．また，$\mathbf{I} \equiv (\lambda x.x)$ とすると，任意のラムダ式 M について，$\mathbf{I}M \to_\beta M$ となる．さらに，

図 5.11 正規形が得られない場合も含む例

$(\lambda uw.w)\, \Omega\, \mathbf{I}$ の β 変換列を図示すると，図 5.11 となる．このラムダ式は正規形 $\mathbf{I}$ をもつが，β 基の選び方によっては，何度 β 変換をしても正規形が得られない．

問 5.12

次のラムダ式に β 変換を行って正規形を得られるまでの，すべての β 変換列を図示せよ．

$$(\lambda y.y((\lambda x.x)(\lambda z.z)))(\lambda w.w)$$

解答例 β 変換列を図 5.12 に示す．

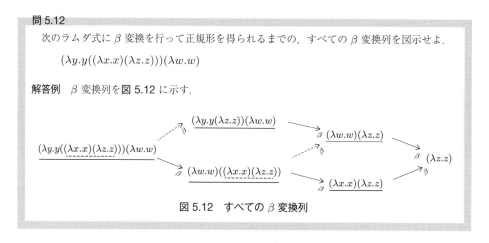

図 5.12　すべての β 変換列

例 5.14 のように，正規形が得られるかどうかが，β 基の選び方によって異なる場合がある．そこで，任意のラムダ式 M について，次の疑問が生じる．

疑問 (a)　M が正規形をもつかどうかを判定できるのだろうか？
疑問 (b)　M が正規形をもつ場合，その正規形は唯一なのかどうか？
疑問 (c)　M の正規形を得るための β 基の選び方は？

これら三つの疑問に対する答えを導くにあたって，β 変換が満たす性質を述べる．図 5.10 で示した関係は，一般的には **Church–Rosser 性** (Church–Rosser property) とよばれ，次の定理が証明されている[3, 21]．

定理 5.9　Church–Rosser の定理

任意のラムダ式 M について，もし，$M \xrightarrow{*}_\beta M_1$ かつ $M \xrightarrow{*}_\beta M_2$ ならば，あるラムダ式 N が存在して，$M_1 \xrightarrow{*}_\beta N$ かつ $M_2 \xrightarrow{*}_\beta N$ が成り立つ．

この定理により，図 5.13 のようにラムダ式 M を β 変換して異なるラムダ式 M_1 と M_2 が得られたとしても，さらに β 変換を行うことで同一の N が得られる．

図 5.13　Church–Rosser 性

たとえば，図 5.11 においては，たとえ ② を選択しても，のちに ① を選択することで，**I** が得られる．注意すべき点は，適切に β 基を選択すればいつかは合流することが保証されていることであり，どの β 基を選んでも必ず合流するわけではない．実際，図 5.11 において ② しか選択しなければ，いつまでたっても合流しない．

定理 5.9 からは，次の系が成り立つ．

系 5.10

ラムダ式 M_1, M_2 について，$M_1 =_\beta M_2$ ならば，ある N が存在して，$M_1 \xrightarrow{*}_\beta N$ かつ $M_2 \xrightarrow{*}_\beta N$ が成り立つ．

問 5.13

系 5.10 が成り立つことを示せ．

解答例 $M_1 =_\beta M_2$ より，$M_1 \equiv N_0 \leftrightarrow_\beta N_1 \leftrightarrow_\beta \cdots \leftrightarrow_\beta N_n \equiv M_2$ であることから，n に関する帰納法で証明する．$n = 0$ のときは明らか．$n = k$ のときに成り立つと仮定する．すなわち，図 5.14 における $M_1 \xrightarrow{*}_\beta N'$ かつ $M_k \xrightarrow{*}_\beta N'$ を満たす N' が存在する．$n = k+1$ のとき，$M_k \to_\beta M_2$（$M_2 \to_\beta M_k$ の場合も同様）であれば，定理 5.9 より，$M_2 \xrightarrow{*}_\beta N$ かつ $N' \xrightarrow{*}_\beta N$ を満たす N が存在し，$M_1 \xrightarrow{*}_\beta N$ が成り立つ．

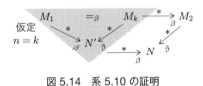

図 5.14 系 5.10 の証明

さらに，系 5.10 からは次の系が成り立つ．

系 5.11

任意のラムダ式は，たかだか一つの正規形しかもたない．

たかだか一つということは，もつとすれば（α 変換により同一視できるラムダ式を除き）ただ一つだけであり，例 5.14 の Ω のように正規形をもたないラムダ式もある．これにより，疑問 (b) の答えが「正規形は唯一である」ことがわかる．

なお，疑問 (a) については，2.5.3 項で述べた「チューリング機械が停止するかどうかを判定することはできない」ことと同様に，「ラムダ式が正規形をもつかどうか」は判定できない[13]．そして，疑問 (c) に対する答えは 5.5.3 項で述べる．

問 5.14

系 5.11 が成り立つことを示せ.

解答例 ラムダ式 M が二つの正規形 N_1 と N_2 をもつと仮定すると，$N_1 =_\beta N_2$ であることから，系 5.10 より，ある N が存在して，$N_1 \overset{*}{\to}_\beta N$ かつ $N_2 \overset{*}{\to}_\beta N$ が成り立つものの，N_1, N_2 は正規形であることから $N_1 \equiv N_2 \equiv N$，すなわち，α 変換で同一である.

5.5.3 β 変換の戦略

複数個の β 基を含むラムダ式に対する，β 変換における β 基の選び方を，**戦略**という．ここでは，代表的な**最左簡約戦略** (leftmost reduction strategy) について定義し，それを用いた正規化定理について述べる．

定義 5.12 最左簡約戦略

最も左にある β 基 $(\lambda x.M)N$ に対して β 変換を行う戦略を，**最左簡約戦略**あるいは単に**最左戦略**という．

例 5.15 最左戦略

次のラムダ式に対して最左戦略を適用すると，それぞれ ① が選択される．

$$\underline{(\lambda x.\underline{(\lambda y.yx)x}_{②})(\lambda z.z)}_{①} \qquad \underline{(\lambda xy.y)\underline{((\lambda x.xx)(\lambda x.xx))}_{②}}_{①}$$

図 5.11 において，最左戦略を適用すれば，常に ① が選択され，正規形が得られる．このように，与えられたラムダ式に最左戦略のみを適用していくと（もし正規形をもつならば）必ず正規形が得られる．このことは，次の定理により保証される[21].

定理 5.13 正規化定理

ラムダ式 M が正規形をもてば，最左戦略で正規形が得られる．

この定理より，疑問 (c) の答えは「最左戦略に従って β 基を選ぶ」ことである．この選択法は，**正規化戦略**とよばれている．なお，この戦略に従ったとしても，最少のステップ数で正規形が得られるとは限らない．

問 5.15

問 5.12 のラムダ式について，正規形が得られるまでの，最左戦略に基づいた β 変換列を述べよ．

解答例 $(\lambda y.y((\lambda x.x)(\lambda z.z)))(\lambda w.w) \to_\beta (\lambda w.w)((\lambda x.x)(\lambda z.z))$

$\to_\beta (\lambda x.x)(\lambda z.z) \to_\beta (\lambda z.z)$

5.6 ラムダ計算と計算可能性

5.6.1 論理演算の実現

5.5 節でも述べたように，ラムダ計算では，ラムダ式に対する β 変換が「計算」にあたる．もし，自然数や四則演算，論理演算などを行う関数もまたラムダ式で表現できるならば，ラムダ計算もまた，チューリング機械などと同様な計算モデルの一つとなれる．

そこで，まず，次のラムダ式で真理値を表し，論理演算を実現してみよう．

$$\text{真}: \overline{\mathsf{T}} \equiv \lambda xy.x \quad \text{偽}: \overline{\mathsf{F}} \equiv \lambda xy.y \tag{5.9}$$

以下では，ラムダ式 $M, N, \ldots$ と区別するために，真理値や数などを表したラムダ式には，$\overline{\mathsf{T}}, \overline{\mathsf{F}}$ のように $\overline{\text{上線}}$ を付けることとする．

この真理値 ($\overline{\mathsf{T}}, \overline{\mathsf{F}}$) とラムダ式 M, N との間で，次式が成り立つ．

$$\overline{\mathsf{T}} MN \equiv (\lambda xy.x)MN \to_\beta (\lambda y.M)N \to_\beta M$$

$$\overline{\mathsf{F}} MN \equiv (\lambda xy.y)MN \to_\beta (\lambda y.y)N \to_\beta N$$

このことから，ラムダ式 P を真理値とすると，PMN について次式が成り立つ．

$$PMN \overset{*}{\to}_\beta \begin{cases} M, & P \equiv \overline{\mathsf{T}} \text{のとき} \\ N, & P \equiv \overline{\mathsf{F}} \text{のとき} \end{cases} \tag{5.10}$$

PMN を β 変換すると，P の真偽に応じて，M と N のどちらか一方が得られ，条件分岐が実現される．そこで，PMN を「if P then M else N」と書くことにする（1.4.4 項の if 文参照）．なお，P は $\overline{\mathsf{T}}$ または $\overline{\mathsf{F}}$ と等価であればよい．すなわち，$P \overset{*}{\to}_\beta \overline{\mathsf{T}}$ または $\overline{\mathsf{F}}$ となるラムダ式であっても式 (5.10) は成り立つ．

さらに，真理値に対する論理積 $\overline{AND}$ と否定 $\overline{NOT}$ を，それぞれ次のように定める．

$$\overline{AND} \equiv \lambda xy.((xy)\overline{\mathsf{F}}) \quad \overline{NOT} \equiv \lambda x.((x\overline{\mathsf{F}})\overline{\mathsf{T}})$$

なお，論理和にあたる $\overline{OR}$ のラムダ式は，問 5.17 とする．

例 5.16　ラムダ式による論理演算

$\overline{AND}$ と $\overline{NOT}$ の計算例を次に示す．

$$\overline{AND}\ \overline{T}\ \overline{T} \equiv (\lambda xy.((xy)\overline{F}))\overline{T}\ \overline{T} \xrightarrow{*}_\beta ((\overline{T}\ \overline{T})\ \overline{F}) \xrightarrow{*}_\beta \overline{T}$$

$$\overline{AND}\ \overline{T}\ \overline{F} \equiv (\lambda xy.((xy)\overline{F}))\ \overline{T}\ \overline{F} \xrightarrow{*}_\beta ((\overline{T}\ \overline{F})\overline{F}) \xrightarrow{*}_\beta \overline{F}$$

$$\overline{NOT}\ \overline{T} \equiv (\lambda x.((x\overline{F})\ \overline{T}))\ \overline{T} \xrightarrow{*}_\beta ((\overline{T}\ \overline{F})\overline{T}) \xrightarrow{*}_\beta \overline{F}$$

問 5.16
$\overline{AND}\ \overline{F}\ \overline{T}$ と $\overline{NOT}\ \overline{F}$ を β 変換して，正規形をそれぞれ求めよ．

解答例 $\overline{AND}\ \overline{F}\ \overline{T} \xrightarrow{*}_\beta (\overline{F}\ \overline{T})\overline{F} \xrightarrow{*}_\beta \overline{F}$, $\quad \overline{NOT}\ \overline{F} \xrightarrow{*}_\beta (\overline{F}\ \overline{F})\overline{T} \xrightarrow{*}_\beta \overline{T}$

問 5.17
論理和 $\overline{OR}$ に相当するラムダ式を定義せよ．

解答例 $\overline{OR} \equiv \lambda xy.((x\overline{T})y)$

5.6.2 Scheme でのラムダ式による論理計算

ラムダ式 $\overline{T}, \overline{F}, \overline{AND}$ の，Scheme での評価例を以下に示す．

```
1: gosh> (define T (lambda (x y) x))
2: gosh> (define F (lambda (x y) y))
3: gosh> (T T F)
4: #<closure T>
5: gosh> (define AND (lambda (x y) (x y F)))
6: gosh> (AND T T)
7: #<closure T>
```

3 行目のラムダ式の評価値の `#<closure T>` は，1 行目で定義した $\overline{T}$ を表す[†]．

問 5.18
問 5.16 の β 変換を，Scheme で実行せよ．

解答例 略

5.6.3 自然数の表現と計算

自然数をラムダ式で表す方法の一つが**チャーチ数**である．以下，自然数 n のラムダ式による表現を，$\overline{n}$ と書く．自然数 n は，以下のラムダ式でチャーチ数 $\overline{n}$ と対応付けることができる．

[†] `(source-code (T T F))` を入力してみると，`(lambda (x y) x)` であることが確かめられる．

$$\overline{0} \equiv \lambda fx.x$$

$$\overline{1} \equiv \lambda fx.fx$$

$$\overline{2} \equiv \lambda fx.f(fx)$$

$$\vdots$$

$$\overline{n} \equiv \lambda fx.\underbrace{f(f(\cdots(f x))\cdots)}_{n} \equiv \lambda fx.f^n x \tag{5.11}$$

なお，α 変換による等価性を考慮すれば，チャーチ数 $\overline{n}$ を表すラムダ式は何通りもある．たとえば，$\lambda sx.sx, \lambda ab.ab, \lambda yz.yz$ はいずれも $\overline{1}$ を表す．

式 (5.11) のチャーチ数に対する後者関数 $\overline{SUCC}$ は，次のラムダ式によって表現される．

$$\overline{SUCC} \equiv \lambda xyz.y(xyz) \tag{5.12}$$

例 5.17 　　後者関数

自然数 1 の後者は，次のようにして求められる．

$$\overline{SUCC}\ \overline{1} \equiv (\lambda xyz.y(xyz))\overline{1}$$
$$\to_\beta \lambda yz.y(\overline{1}yz) \equiv \lambda yz.y((\lambda fx.fx)yz)$$
$$\overset{*}{\to}_\beta \lambda yz.y(yz) \equiv \overline{2}$$

チャーチ数のもとでの算術演算を行うラムダ式の構成法については，文献 [27] で詳しく述べられている．

問 5.19

加算 $\overline{ADD}$ は，次のように定義することができる．

$$\overline{ADD} \equiv \lambda xypq.xp(ypq)$$

このとき，$\overline{ADD}\ \overline{1}\ \overline{1}$ と $\overline{ADD}\ \overline{2}\ \overline{1}$ を β 変換し，正規形をそれぞれ求めよ．

解答例　$\overline{ADD}\ \overline{1}\ \overline{1} \overset{*}{\to}_\beta \lambda pq.\overline{1}p(\overline{1}pq) \overset{*}{\to}_\beta \lambda pq.p(\overline{1}pq) \overset{*}{\to}_\beta \lambda pq.p(pq) \equiv \overline{2}$,
$\overline{ADD}\ \overline{2}\ \overline{1} \overset{*}{\to}_\beta \lambda pq.\overline{2}p(\overline{1}pq) \overset{*}{\to}_\beta \lambda pq.pp(\overline{1}pq) \overset{*}{\to}_\beta \lambda pq.pp(pq) \equiv \overline{3}$

問 5.20

与えられた引数 x が 0 かどうかを判定する関数 $zero?(x)$ を，次のように定義する．

$$zero?(x) = \begin{cases} 真, & x = 0 \text{ のとき} \\ 偽, & x \geq 1 \text{ のとき} \end{cases}$$

> この関数は，次のようなラムダ式 $\overline{ZERO?}$ によって定義される．
>
> $$\overline{ZERO?} \equiv \lambda x.x(\overline{\mathsf{T}}\ \overline{\mathsf{F}})\ \overline{\mathsf{T}}$$
>
> このとき，$\overline{ZERO?}\ \overline{0}$ と $\overline{ZERO?}\ \overline{2}$ を β 変換し，正規形をそれぞれ求めよ．
>
> **解答例** $\overline{ZERO?}\ \overline{0} \to_\beta \overline{0}(\overline{\mathsf{T}}\ \overline{\mathsf{F}})\ \overline{\mathsf{T}} \overset{*}{\to}_\beta \overline{\mathsf{T}}$,
> $\overline{ZERO?}\ \overline{2} \to_\beta \overline{2}(\overline{\mathsf{T}}\ \overline{\mathsf{F}})\ \overline{\mathsf{T}} \overset{*}{\to}_\beta (\overline{\mathsf{T}}\ \overline{\mathsf{F}})((\overline{\mathsf{T}}\ \overline{\mathsf{F}})\ \overline{\mathsf{T}}) \overset{*}{\to}_\beta \overline{\mathsf{F}}$

5.6.4 ラムダ式の不動点演算子

第 4 章で述べた帰納的関数では，再帰呼び出し（原始帰納法）が重要な計算操作であった．ラムダ計算においても，再帰呼び出しの役割を果たすラムダ式がある．その一つが，次のラムダ式 **Y** である．

$$\mathbf{Y} \equiv \lambda f.(\lambda x.f(xx))(\lambda x.f(xx)) \tag{5.13}$$

この **Y** は，任意のラムダ式 M に対して，次の性質をもつ．

$$\begin{aligned}
\mathbf{Y}M &\equiv (\lambda f.(\lambda x.f(xx))(\lambda x.f(xx)))M \\
&\to_\beta (\lambda x.M(xx))(\lambda x.M(xx)) \\
&\to_\beta M((\lambda x.M(xx))(\lambda x.M(xx)))
\end{aligned} \tag{5.14}$$

$$\begin{aligned}
M(\mathbf{Y}M) &\equiv M((\lambda f.(\lambda x.f(xx))(\lambda x.f(xx)))M) \\
&\to_\beta M((\lambda x.M(xx))(\lambda x.M(xx)))
\end{aligned} \tag{5.15}$$

式 (5.14), (5.15) より，$=_\beta$（定義 5.8）の関係から，次式が成り立つ[†1]．

$$\mathbf{Y}M =_\beta M(\mathbf{Y}M) \tag{5.16}$$

ラムダ式 X と F について，$X =_\beta FX$ となる X を，F の **不動点** (fixed point) という[†2]．この不動点については，次の**不動点定理**が成り立つ[3]．

> **定理 5.14 不動点定理**
> すべてのラムダ式 F について，$FX =_\beta X$ となるラムダ式 X が存在する．

◆ 証明 $W \equiv \lambda x.F(xx)$, $X \equiv WW$ とすると，$X \equiv WW \equiv (\lambda x.F(xx))W =_\beta F(WW) \equiv FX$. □

式 (5.16) の $\mathbf{Y}M =_\beta M(\mathbf{Y}M)$ の関係より，任意のラムダ式 M の不動点は，$\mathbf{Y}M$

[†1] $\mathbf{Y}M \overset{*}{\to}_\beta M(\mathbf{Y}M)$ が成り立つわけではない．
[†2] 一般の関数 f において，$f(x) = x$ を満たす x が f の不動点にあたる．

によって求めることができる．そのため，$\mathbf{Y}$ を**不動点演算子** (fixed point operator) という．この $\mathbf{Y}$ は，次式のように M を無限回適用させるはたらきをもつ．

$$\mathbf{Y}M =_\beta M(\mathbf{Y}M) =_\beta M(M(\mathbf{Y}M)) =_\beta M(M(M(\mathbf{Y}M))) =_\beta \cdots$$

不動点演算子 $\mathbf{Y}$ のこのような性質は，再帰関数を実現するのに役に立つ．

例 5.18　不動点演算子による再帰関数の表現

再帰関数によって定義された，例 4.4 の総和を計算する次の関数 $sum(n)$ を考える．

$$sum(n) = \text{if } (n = 0) \quad \text{then } 0 \quad \text{else } n + sum(n-1) \tag{5.17}$$

この関数定義のうち，ゼロ判定述語 $x = 0$ と前者関数 $x - 1$ は，それぞれ，次の $\overline{ZERO?}$ と $\overline{PRED}$ で表すことができる．

$$\overline{ZERO?} \equiv \lambda x.x(\overline{\mathsf{T}}\,\overline{\mathsf{F}})\,\overline{\mathsf{T}}$$
$$\overline{PRED} \equiv \lambda xyz.x(\lambda pq.q(py))(\lambda v.z)(\lambda v.v)$$

さらに，加算を問 5.19 の $\overline{ADD}$ とし，引数 n に関するラムダ抽象を求めれば，式 (5.17) は次のように表される．

$$\overline{SUM} = \lambda n.\text{if } \overline{ZERO?}\ n \quad \text{then}\ \overline{0} \quad \text{else } \overline{ADD}\ n\ (\overline{SUM}(\overline{PRED}\ n)) \tag{5.18}$$

このラムダ式を，両辺に現れている $\overline{SUM}$ を未知数 f とする方程式とみなす．その解を求めるために，式 (5.18) の右辺の f に関するラムダ抽象を F とする．

$$F \equiv \lambda fn.\text{if } \overline{ZERO?}\ n \quad \text{then}\ \overline{0} \quad \text{else } \overline{ADD}\ n\ (f(\overline{PRED}\ n))$$

これにより，式 (5.18) は，

$$\overline{SUM} =_\beta F(\overline{SUM}) \tag{5.19}$$

となり，式 (5.18) の解 $\overline{SUM}$ は F の不動点にあたる．F の不動点は，不動点演算子 $\mathbf{Y}$ を用いることで $\mathbf{Y}F$ で得られる．すなわち，以下のように表せる．

$$\overline{SUM} \equiv \mathbf{Y}F \tag{5.20}$$

この $\overline{SUM}$ が式 (5.17) のラムダ表現である．それでは，1 の総和を求めてみよう．

$$\begin{aligned}
\overline{SUM}\ \overline{1} &\equiv (\mathbf{Y}F)\ \overline{1} \\
&=_\beta F\ \overline{SUM}\ \overline{1} \\
&\overset{*}{\to}_\beta \text{if } \overline{ZERO?}\ \overline{1} \quad \text{then}\ \overline{0} \quad \text{else } \overline{ADD}\ \overline{1}\ (\overline{SUM}(\overline{PRED}\ \overline{1})) \\
&\overset{*}{\to}_\beta \overline{ADD}\ \overline{1}\ (\overline{SUM}(\overline{PRED}\ \overline{1})) \\
&\overset{*}{\to}_\beta \overline{ADD}\ \overline{1}\ (\overline{SUM}\ \overline{0}) \\
&=_\beta \overline{ADD}\ \overline{1}\ (F\ \overline{SUM}\ \overline{0}) \\
&\overset{*}{\to}_\beta \overline{ADD}\ \overline{1}\ (\text{if } \overline{ZERO?}\ \overline{0} \quad \text{then}\ \overline{0} \quad \text{else } \overline{ADD}\ \overline{0}\ (\overline{SUM}(\overline{PRED}\ \overline{0})))
\end{aligned}$$

$$\overset{*}{\to}_\beta \overline{ADD}\ \overline{1}\ \overline{0}$$
$$\overset{*}{\to}_\beta \overline{1} \tag{5.21}$$

問 5.21

$\overline{SUM}\ \overline{2}$ を，正規形が得られるまで β 変換せよ．

解答例 $\overline{SUM}\ \overline{2} \equiv (\mathbf{Y}F)\ \overline{2} =_\beta F\ \overline{SUM}\ \overline{2}$
$$\overset{*}{\to}_\beta \text{if } \overline{ZERO?}\ \overline{2}\ \text{ then } \overline{0}\ \text{ else } \overline{ADD}\ \overline{2}\ (\overline{SUM}(\overline{PRED}\ \overline{2}))$$
$$\overset{*}{\to}_\beta \overline{ADD}\ \overline{2}\ (\overline{SUM}\ \overline{1}) \quad (\text{式 (5.21) より})$$
$$\overset{*}{\to}_\beta \overline{ADD}\ \overline{2}\ \overline{1}$$
$$\overset{*}{\to}_\beta \overline{3}$$

5.6.5 ラムダ定義可能

5.6.3 項では，自然数上のいくつかの関数がラムダ式で表現できることが示された．ほかにもラムダ式で表現可能な自然数上の関数は存在する．それでは，前章までに示されたチューリング機械で計算可能な関数は，すべてラムダ計算のもとでも計算できるのだろうか．

まず，値が定義されない場合をもつ部分関数の取り扱いについて考える．仮に，値が定義されないことを，正規形をもたないラムダ式とした場合，たとえば，$(\lambda uw.w)\Omega\ \mathbf{I}$ は，正規形をもつかどうかは β 変換の戦略に依存する[†]．そこで，次の**解決可能** (solvable) と**解決不能** (unsolvable) の概念を導入する[26]．

定義 5.15 解決可能と解決不能

次の (i), (ii) のいずれかを満たすラムダ式 M を**解決可能**といい，そうでないとき，**解決不能**という．

(i) M が閉じたラムダ式であるとき，次式を満たす n 個のラムダ式 $N_1, N_2, \ldots, N_n$ が存在する．

$$MN_1N_2\cdots N_n \overset{*}{\to}_\beta \mathbf{I} \tag{5.22}$$

(ii) M を，閉じたラムダ式 $\lambda x.M$ としたときに，「$\lambda x.M$」が解決可能である．

この定義の (ii) は，M をラムダ抽出によって閉じたラムダ式，たとえば $\lambda x.M$ と

[†] 最左戦略の場合は正規形ももつが，そうでない場合には正規形をもたない．

したとき，式 (5.22) のように $(\lambda x.M)N \overset{*}{\to}_\beta \mathbf{I}$ を満たす N が存在するときに，M が解決可能であることを表す．なお，M の中に複数個の自由変数が現われている場合には，$\lambda x_1 \cdots x_m.M$ とする．

例 5.19　解決可能と解決不能のラムダ式

不動点演算子 $\mathbf{Y}$ は，$\mathbf{Y}((\lambda xy.x)\mathbf{I})$ とすることで，

$$\mathbf{Y}((\lambda xy.x)\mathbf{I}) =_\beta ((\lambda xy.x)\mathbf{I})(\mathbf{Y}((\lambda xy.x)\mathbf{I})) \overset{*}{\to}_\beta \mathbf{I}$$

より，解決可能．また，$x\mathbf{I}\Omega$ は，閉じたラムダ式 $\lambda x.x\mathbf{I}\Omega$ としたとき，$(\lambda x.x\mathbf{I}\Omega)(\lambda xy.x) \to_\beta (\lambda xy.x)\mathbf{I}\Omega \overset{*}{\to}_\beta \mathbf{I}$ より，解決可能．一方，Ω は，任意の $N_1 \cdots N_n$ について，$\Omega N_1 \cdots N_n$ としても正規形が得られず，解決不能．

問 5.22

$\lambda xy.x$, $\lambda xyz.xz(yz)$ がそれぞれ解決可能であることを示せ．

解答例　$(\lambda xy.x)\mathbf{II} \overset{*}{\to}_\beta \mathbf{I}$,　$(\lambda xyz.xz(yz))\mathbf{III} \overset{*}{\to}_\beta \mathbf{I}$.

このことから，ある関数 f がラムダ式で計算可能であることを，**ラムダ定義可能**であるとよび，次のように定義する．

定義 5.16　ラムダ定義可能

自然数上の関数 $f: \mathbb{N}^n \to \mathbb{N}$ について，ラムダ式 F が次の二つの条件を満たすとき，f は**ラムダ定義可能**であるといい，F を f の**ラムダ表現**という．

(i) $f(x_1, x_2, \ldots, x_n) = k$ のとき，$F\overline{x_1}\,\overline{x_2} \cdots \overline{x_n} \overset{*}{\to}_\beta \overline{k}$.
(ii) $f(x_1, x_2, \ldots, x_n)$ が未定義のとき，$F\overline{x_1}\,\overline{x_2} \cdots \overline{x_n}$ は解決不能である．

つまり，自然数上の関数 f の計算をラムダ式の β 変換としてとらえ，もし，f が全域関数であれば常に正規形をもつラムダ式とする．また，f が部分関数であって $f(\overrightarrow{x_n})$ が定義されない場合には，解決不能なラムダ式としたのがラムダ表現である．

解決可能に関して，チャーチ数については次の補題が成り立つ．

補題 5.17

ラムダ式 N が任意の自然数 n のチャーチ数 $\overline{n}$ であれば，$\overline{n}\mathbf{II} \overset{*}{\to}_\beta \mathbf{I}$ が成り立つ．

◆ **証明**　n についての帰納法による．$n = 0$ の場合，$\overline{0}\mathbf{II} \equiv (\lambda fx.x)\mathbf{II} \overset{*}{\to}_\beta \mathbf{I}$.　$n = k$ のとき $\overline{k}\mathbf{II} \overset{*}{\to}_\beta \mathbf{I}$ が成り立つとする．$\overline{k+1}\mathbf{II} =_\beta (\overline{SUCC}\ \overline{k})\mathbf{II} \equiv ((\lambda xyz.y(xyz))\overline{k})\mathbf{II} \overset{*}{\to}_\beta$

$\mathrm{I}(\overline{k}\mathrm{II}) \stackrel{*}{\to}_\beta \overline{k}\mathrm{II} \stackrel{*}{\to}_\beta \mathrm{I}.$ □

さらに，補題 5.17 から，次の補題も成り立つ．

補題 5.18

帰納的部分関数 f のラムダ表現が F であるとき，$f(x_1,\ldots,x_n)$ の値に応じて次式が成り立つ．

$$F\overline{x_1}\cdots\overline{x_n}\mathrm{II} = \begin{cases} \mathrm{I}, & f(x_1,\ldots,x_n) \text{ が定義されるとき} \\ \text{解決不能}, & \text{その他のとき} \end{cases}$$

◆ **証明** $f(x_1,\ldots,x_n)$ が定義されるときには，$F\overline{x_1}\cdots\overline{x_n}$ はチャーチ数になる．したがって，補題 5.17 より，$F\overline{x_1}\cdots\overline{x_n}\mathrm{II}$ は正規形 $\overline{\mathrm{T}}$ をもつ．一方，$f(x_1,\ldots,x_n)$ が未定義ならば，$F\overline{x_1}\cdots\overline{x_n}\mathrm{II}$ は解決不能となる[26]． □

5.6.6 帰納的関数とラムダ計算

ラムダ定義可能である関数は，どのような関数なのだろうか．これについては次の定理が成り立つ．なお，定理の証明は，概要のみを示す[7, 21, 26]．

定理 5.19

すべての帰納的関数は，ラムダ定義可能である．

◆ **証明** 以下，$\overrightarrow{x_n}$ が $\lambda\overrightarrow{x_n}$ として用いられたときには，「$\lambda x_1 x_2 \cdots x_n$」を表すこととする．

まず，帰納的関数 $f(\overrightarrow{x_n})$ が全域関数の場合の「基本関数，合成関数，原始帰納法」のラムダ表現について述べ，そのあとに部分関数の場合について述べる．

定数関数・後者関数・射影関数についてのラムダ表現は，それぞれ次のとおり．

$\overline{C^n} \equiv \lambda\overrightarrow{x_n}.\overline{k}$

$\overline{SUCC} \equiv \lambda xyz.y(xyz)$

$\overline{U_i^n} \equiv \lambda\overrightarrow{x_n}.x_i$

式 (4.12) の合成関数 f については，n 引数関数 $h_1, h_2, \ldots, h_m, g$ が全域関数であり，それぞれのラムダ表現が $H_1, H_2, \ldots, H_m, G$ であるとき，f のラムダ表現 F は次式となる．

$$F \equiv \lambda\overrightarrow{x_n} . G(H_1\overrightarrow{x_n})(H_2\overrightarrow{x_n}) \cdots (H_m\overrightarrow{x_n}) \tag{5.23}$$

式 (4.13) の原始帰納法により構成される関数 f において，$y = 0$，$y - 1$，if 文はいずれもラムダ定義可能である．さらに，g と h が全域関数であって，それぞれのラムダ表現が G と H であるならば，

$F\,\overrightarrow{x_{n-1}}\,y =_\beta \mathbf{if}\ (\overline{ZERO?}\ y)\quad \mathbf{then}\ G\,\overrightarrow{x_{n-1}}$

$$\text{else } H\ \overrightarrow{\boldsymbol{x}_{n-1}}\ (\overline{PRED}\ y)\ (F\ \overrightarrow{\boldsymbol{x}_{n-1}}(\overline{PRED}\ y)) \tag{5.24}$$

を満たすラムダ式 F が，関数 f のラムダ表現となる．この F は，式 (5.24) の $f, \overrightarrow{\boldsymbol{x}_{n-1}}, y$ に関するラムダ抽象である．

$$F' \equiv \lambda f\ \overrightarrow{\boldsymbol{x}_{n-1}}\ y.\text{if}\ (\overline{ZERO?}\ y)\ \text{ then } G\ \overrightarrow{\boldsymbol{x}_{n-1}}$$
$$\text{else } H\ \overrightarrow{\boldsymbol{x}_{n-1}}\ (\overline{PRED}\ y)\ (f\ \overrightarrow{\boldsymbol{x}_{n-1}}\ (\overline{PRED}\ y)) \tag{5.25}$$

を $\mathbf{Y}$ に適用した $\mathbf{Y}F'$ によって得られる．すなわち，$F \equiv \mathbf{Y}F'$．

次に，合成関数 f が部分関数である場合を考える．$h_i(\overrightarrow{\boldsymbol{x}_n})$ のラムダ表現を $H_i\overrightarrow{\boldsymbol{x}_n}$ としたとき，$H_i\overrightarrow{\boldsymbol{x}_n}\mathbf{II}$ とおくと，補題 5.18 より，$H_i\overrightarrow{\boldsymbol{x}_n}\mathbf{II}$ は，$h_i(\overrightarrow{\boldsymbol{x}_n})$ が値をもつときには正規形 $\mathbf{I}$ をもち，そうでなければ解決不能になる．これらのことから，合成関数 f のラムダ表現 F は次式とすればよい．

$$F \equiv \lambda \overrightarrow{\boldsymbol{x}_n}.(H_1\overrightarrow{\boldsymbol{x}_n}\mathbf{II})\ \cdots\ (H_m\overrightarrow{\boldsymbol{x}_n}\mathbf{II})\ (G\ (H_1\ \overrightarrow{\boldsymbol{x}_n})\ \cdots\ (H_m\overrightarrow{\boldsymbol{x}_n})) \tag{5.26}$$

さらに，f が原始帰納法で構成されている場合においても，部分関数 $g(\overrightarrow{\boldsymbol{x}_{n-1}}), h(\overrightarrow{\boldsymbol{x}_{n-1}})$ が定義されるかどうかを調べるためのラムダ式を導入すればよい．

最後に，式 (4.14) の最小化により構成される関数 f を，4.4.3 項と同じように y を 0 から順に大きくしていきながら，最初に $g(\overrightarrow{\boldsymbol{x}_n}, y) = 0$ を満たす y を求めることで実現する．そのための準備として，1 引数の述語 $p(y)$ を真とする最小の y を求める再帰関数 h_p を，次のように定める．

$$h_p(y) = \text{if}\ p(y)\quad \text{then } y\ \text{ else } h_p(y+1)$$

述語 p のラムダ表現が P であれば，この再帰関数 h_p のラムダ表現 H_P は次式となる．

$$H_P \equiv \mathbf{Y}(\lambda hy.\text{if}\ Py\quad \text{then } y\ \text{ else } h(\overline{SUCC}\ y))$$

これにより，最小の y は，$H_P\overline{0}$ によって求められる．そこで，述語 $p(y)$ を $g(\overrightarrow{\boldsymbol{x}_n}, y) = 0$ とし，そのラムダ表現 $(\overline{ZERO?}\ G\ \overrightarrow{\boldsymbol{x}_n}\ y)$ をあてはめるとともに，$\overrightarrow{\boldsymbol{x}_n}$ に関するラムダ抽象を求めれば，最小化により構成される関数 f のラムダ表現 F が得られる．

$$F \equiv \lambda\overrightarrow{\boldsymbol{x}_n}.\mathbf{Y}(\lambda hy.\text{if}\ (\overline{ZERO?}\ G\ \overrightarrow{\boldsymbol{x}_n}\ y)\quad \text{then } y\quad \text{else } h(\overline{SUCC}\ y))$$

g は **prf** であるため $g(\overrightarrow{\boldsymbol{x}_n}, y)$ が未定義になることはなく，その値が 0 になるならば，$F\overrightarrow{\boldsymbol{x}_n}$ は正規形をもち，そうでなければ解決不能となる [26]．　□

さらに，定理 5.19 の逆の次の定理も成り立つ [21, 25]．

定理 5.20

すべてのラムダ定義可能な関数は，帰納的関数である．

なお，手続き型プログラム（AL プログラムや while プログラムなど）のラムダ式への書き換えについては，文献 [28] で詳しく述べられている．

5.7 ラムダ計算の特徴

5.7.1 データもプログラムもラムダ式

5.6 節では，計算対象である自然数や真理値などの「データ」と，計算内容を表す関数としての「プログラム」を，ともにラムダ式で表せることを示した．たとえば，ラムダ式 $\lambda fx.f(fx)$ は「2」を表し，$\lambda xyz.y(xyz)$ はプログラム「後者関数」を表す．このように，データとプログラムを同一形式で表現する方法は，テープ上の記号列として両者を表現する万能チューリング機械（2.5.2 項参照）や，記憶装置上に両者を格納する RASP（3.2.3 項参照）にも見られる．その中でもラムダ計算の場合，高階関数を容易に記述できることに加えて，関数の引数として関数自身（自分自身）を適用するなどの特徴をもつ[†]．

プログラミング言語では，Scheme や Lisp といった言語では，データとプログラムをいずれも S 式（リスト形式）で表す．このため，Scheme や Lisp では言語処理系を自己記述（5.8.5 項参照）できる．

5.7.2 高階関数の記述が容易

ラムダ計算では，たとえば，式 (5.9) の $\overline{\mathsf{T}}$ と $\overline{\mathsf{F}}$ は，二つのラムダ式 M, N を引数として，式 (5.10) の if 文を実現する．このときの M と N は関数を表すラムダ式でもよく，この場合は，$\overline{\mathsf{T}}$ と $\overline{\mathsf{F}}$ は関数を引数とする高階関数（4.6.2 項参照）にあたる．

また，式 (5.11) のチャーチ数 $\overline{n}$ は，「関数と引数」を引数とした有限回の繰り返し処理（関数を引数に対して n 回適用する）のためにも利用できる．たとえば，後者関数 $\overline{SUCC}$ と $\overline{0}$ を実引数として $\overline{2}$ に対して適用すると，次式となる．

$$\overline{2}\ \overline{SUCC}\ \overline{0} \equiv (\lambda fx.f(fx))\ \overline{SUCC}\ \overline{0} \xrightarrow{*}_\beta \overline{SUCC}\ (\overline{SUCC}\ \overline{0})$$
$$\xrightarrow{*}_\beta \overline{SUCC}\ \overline{1}$$
$$\xrightarrow{*}_\beta \overline{2}$$

この $\lambda fx.f(fx)$ は，第 1 引数の関数「$\overline{SUCC}$」を第 2 引数「$\overline{0}$」に 2 回適用する高階関数にあたる．このように，ラムダ式では高階関数を記述することは容易である．

5.7.3 計算順序の制御と継続

ラムダ計算と同じ関数型計算モデルの一種である帰納的関数では，計算の実行順序

[†] 5.6.4 項の不動点演算子や，5.5.2 項の Ω を参照のこと．

は関数合成によって定められる．たとえば，関数 f, g, h の合成関数 $(h \circ g \circ f)(x)$ では，f, g, h の順で関数が呼び出される．このとき，$f(x)$ の値は，f を呼び出した箇所に戻され，それが次に実行すべき関数 g の引数となる．このように，関数呼び出しによって得られた値は，呼び出した箇所に戻される．これに対して，ラムダ計算では，関数呼び出しではなく，**継続** (continuation) とよばれる概念によって，計算順序の制御が実現されている[27]．

あるラムダ式 M が評価（簡約）され，その評価値を受け取って，続いて評価されるラムダ式を，M の継続という．たとえば，ラムダ式 M_1, M_2, M_3 をこの順で評価する場合，M_1 の継続が「M_2, M_3」である．いま，簡単のために，次式のように，各ラムダ式 M_i に現れる変数は 1 個だけとし，各ラムダ式の評価値（中間結果に相当）は，それぞれ z_i とする（$i = 1, 2, 3$）．

$$M_1 \equiv \lambda c x_1.(c z_1), \quad M_2 \equiv \lambda c x_2.(c z_2), \quad M_3 \equiv \lambda c x_3.(c z_3)$$

このとき，N を M_3 のあとに行う継続とした「$M_1(M_2(M_3 N))$」は次のように評価される．以下，下線部は次に評価すべきラムダ式，波線部は中間結果である．

$$M_1(M_2(M_3 N)) y \equiv (\lambda c x_1.(c z_1))\underline{(M_2(M_3 N))} \, y$$

$$\to^*_\beta (M_2(M_3 N)) z_1 \equiv (\lambda c x_2.(c z_2))\underline{(M_3 N)} \, z_1$$

$$\to^*_\beta (M_3 N) z_2 \equiv (\lambda c x_3.(c z_3))\underline{N} \, z_2$$

$$\to^*_\beta N \, z_3$$

もし，M_1, M_2, M_3 をいずれも $S \equiv \lambda c x.(c(\overline{SUCC} \, x))$ とし，y を $\overline{1}$ とすると，次のように，S が $\overline{1}$ に対して 3 回繰り返される．

$$S\underline{(S(SN))} \, \overline{1} \to^*_\beta (S(SN)) \, \overline{2} \to^*_\beta (S\underline{N}) \, \overline{3} \to^*_\beta N \, \overline{4} \tag{5.27}$$

同様に，5.7.2 項の $\overline{2} \, \overline{SUCC} \, \overline{0}$ では，$\overline{SUCC}$ が 2 回繰り返されている．これを一般化した「$\overline{n} \, \overline{SUCC} \, \overline{0}$」は，$\overline{SUCC}$ の n 回の繰り返しにあたり，1 回目の評価の継続が「$(n-1)$ 回の $\overline{SUCC}$」，2 回目の評価の継続が「$(n-2)$ 回の $\overline{SUCC}$」と，繰り返し処理（ラムダ式）を継続と見ることができる．また，式 (5.10) の条件分岐に相当する PMN では，P の真偽に応じて M または N が継続となる．

さらに，再帰呼び出しは，あるラムダ式の評価の途中で，そのラムダ式の複製を継続とすることにあたる．ラムダ式の複製を継続として埋め込む役割を果たしているのが不動点演算子 **Y** であり，たとえば，例 5.18 では，式 (5.18) をラムダ抽象した F に

不動点演算子 $\mathbf{Y}$ を適用した $\mathbf{Y}F$ によって，F の右辺 f に F の複製が継続として埋め込まれ，再帰呼び出しが実現される．

このようにラムダ計算では，「次に実行すべきプログラム（ラムダ式）とデータ（評価値）」からなる継続を，次々と引き継ぎながら計算が進んでいく．この継続をラムダ式に対するメッセージと見て，メッセージのやりとりによって計算が進行するとのとらえ方もある[27]．なお，Scheme には言語仕様として，継続としての手続きを生成する関数 call/cc[†] が用意されている[9, 30]．

5.8 Scheme と関数型プログラミング

5.8.1 Scheme の評価方法

5.4.4 項で述べたように，ラムダ計算と Scheme では，関数の実引数の評価の仕方に違いがある．ここでは，例 5.14 の Ω と $\mathbf{I}$ を含むラムダ式を Scheme で評価した場合の例をとりあげながら，違いについて述べる．$\Omega, \mathbf{I}$ の評価は，以下のとおり．

```
1: gosh> ((lambda (x)(x x))(lambda (x)(x x)))
2: Ctrl-c Ctrl-c Ctrl-c    ; 停止しないので強制終了
3: gosh> ((lambda (u w)w) ((lambda (x)(x x))(lambda (x)(x x))) I)
4: Ctrl-c Ctrl-c Ctrl-c    ; 停止しないので強制終了
```

1 行目で Ω にあたるラムダ式を評価すると，式 (5.8) の β 変換と同様に計算は終わらない．そのため，Ctrl-C を複数回入力して強制終了している．次に，3 行目で $(\lambda uw.w)\,\Omega\,\mathbf{I}$ を評価すると，ラムダ計算では正規形を得ることができる（例 5.14 参照）．これに対して，Scheme では 1 行目と同様に計算は終わらなくなる．これは，Scheme ではすべての引数を先に評価してから本体の評価をするからであり，第 1 引数が Ω の場合，1 行目と同様に計算は停止しない．

一般的には，Scheme のように，実引数の評価を優先する評価方法を**値呼び** (call by value) とよぶ．具体的には，(M N) は次のように評価される．

(1) M を評価し，関数 (演算子) かどうかをチェックし，関数（演算子）でなければエラーとする．
(2) N を評価する (評価値が得られないときにはエラー)． ← 値呼び
　　もし，N が「N1 N2 ⋯ Nn」のように複数個からなる場合には，左から順に評価する．
(3) N の評価値を，M の評価値にあたる関数（演算子）に適用する．

[†] call/cc は call-with-current-continuation の略記である．

5.8.2 値呼びと名前呼び

値呼びでは，実引数が優先されて評価される．通常の関数適用がこの評価方法である．たとえば，関数定義が $f(a,b)$ の場合，関数呼び出し $f(m,n)$ は，先に実引数 m と n の評価値が求められ，それらの評価値が f の本体中の a,b に置き換えられて計算される．

これに対して，実引数 m と n は評価されず，f の本体の a と b に置き換えられてから計算する方法がある．このような評価方法は**名前呼び** (call by name) とよばれる．名前呼びでは，実引数は本体の中で参照されるときに評価されることから，**遅延評価** (lazy evaluation) ともよばれる．Haskell では遅延評価が可能である．

呼び出し方式には，名前呼びに類似した**要求呼び** (call by need) もある．本体の中で実引数が参照されたとき，名前呼びでは参照されるたびに評価が行われるが，要求呼びでは，一度評価された値が二度目以降に再利用される点が異なる．

ラムダ計算での評価は，部分式として現れる β 基の選び方に依存する．たとえば，$(\lambda xy.x)(\mathbf{I}u)(\mathbf{I}(\mathbf{I}v))$ の場合，β 基は，

$$(\lambda xy.x)(\mathbf{I}u), \quad (\mathbf{I}u), \quad (\mathbf{I}(\mathbf{I}v)), \quad (\mathbf{I}v)$$

である．このうち，最左に位置するのは $(\lambda xy.x)(\mathbf{I}u)$ であり，最左戦略ではこの β 基が選ばれる．また，部分式として β 基を含まない β 基は，**最内基** (innermost redex) とよばれる．この例では，$(\mathbf{I}u)$ と $(\mathbf{I}v)$ が最内基である．最内基の中で最も左側に現れるものを優先して評価する戦略が，**最左最内戦略**である．この例では $(\mathbf{I}u)$ が選ばれる．

$(\lambda xy.x)(\mathbf{I}u)(\mathbf{I}(\mathbf{I}v))$ に対する最左戦略の評価は，次のようになる．

$$(\lambda xy.x)(\underline{\mathbf{I}u})(\mathbf{I}(\mathbf{I}v)) \to_\beta (\lambda y.(\underline{\mathbf{I}u}))(\mathbf{I}(\mathbf{I}v))$$
$$\to_\beta (\underline{\mathbf{I}u})$$
$$\to_\beta u$$

上記の評価では，実引数にあたる下線部は，評価されずに本体の x に置換されており，名前呼びに相当する．一方，最左最内戦略の評価は次のとおり．

$$(\lambda xy.x)(\underline{\mathbf{I}u})(\mathbf{I}(\mathbf{I}v)) \to_\beta (\lambda xy.x)\underline{u}(\mathbf{I}(\mathbf{I}v))$$
$$\stackrel{*}{\to}_\beta (\lambda y.\underline{u})(\mathbf{I}v)$$
$$\to_\beta (\lambda y.\underline{u})\underline{v}$$

$$\to_\beta^* u$$

この評価では，実引数（下線部と波線部）が評価（簡約）されてから本体の x に置換されており，値呼びに相当する．

5.8.3 カリー化

Scheme では，関数に必要とされる個数の実引数が与えられないとエラーとなる（n 引数関数の場合には n 個の実引数が必要）．この場合でもカリー化（4.2.6 項参照）することで，与えられただけの引数を使って関数を適用することができる．これらに関する実行例を次に示す（評価値の一部を省略）．

```
 1: gosh> (define (add x y) (+ x y))
 2: gosh> (add 3)
 3: *** ERROR: wrong number of arguments ...
 4: gosh> (define add_c (lambda (x) (lambda (y) (+ x y))))
 5: gosh> ((add_c 1) 3)
 6: 4
 7: gosh> (add_c 1)
 8: #<closure ((add_c add_c) y)>
 9: gosh> (define succ (add_c 1))
10: gosh> (succ 3)
11: 4
```

1 行目で add を 2 引数関数 $\mathbb{N} \times \mathbb{N} \to \mathbb{N}$ として定義したにもかかわらず，2 行目で実引数を 1 個しか与えなかったため，3 行目でエラーが発生した．そこで，add を $\mathbb{N} \to \mathbb{N} \to \mathbb{N}$ とするカリー化を行って，関数 add_c を定義したのが 4 行目である．この add_c は，5 行目のように 2 個の自然数を与えれば，和が評価値となる．これに対し，7 行目のように 1 個の実引数を与えると，関数 (lambda (y) (+ 1 y)) が得られる．これはラムダ計算での β 変換 $(\lambda x.(\lambda y.(x+y)))\,1 \to_\beta (\lambda y.(1+y))$ に相当する．そこで，9 行目のように，(add_c 1) によって構成された関数を succ と定義しておけば，10 行目で 1 引数関数として利用できる．

5.8.4 静的束縛と動的束縛

Scheme のラムダ式 ((lambda (y) (+ x y)) 2) の評価値は，自由変数（大域変数）x の値に応じて定まる．自由変数の値は，**環境**とよばれる「(定数．値) の集合」をもとに定まる．たとえば，x に 100 が束縛されていれば，環境の要素は (x . 100) であり，(+ x 2) は 102 となる．

自由変数 x に 100 を束縛したときの実行例を次に示す．

```
1: gosh> (define x 100)     ; 環境に (x,100) を登録
2: x
3: gosh> (define foo (lambda (y) (+ x y)));
4: foo                       ; 環境に (foo,(lambda (y)...)) を登録
5: gosh> (foo 2)
6: 102                       ; (+ x 2) の評価により (+ 100 2) の値
7: gosh> ((lambda (x) (foo x)) 10)   ; 自由変数と同じ名前の束縛変数 x
8: 110                       ; 自由変数と束縛変数の値は区別されて (+ 100 10)
```

1 行目で，環境に (x . 100) が追加され，3 行目では「関数名 foo への本体（ラムダ式 (lambda (y) (+ 100 y)) の束縛」が追加される．このように，関数が定義されるときには，関数の本体とともに，関数定義時の自由変数（大域変数）の値が環境に保存される．これは，関数が定義されたときの環境に依存して自由変数の値が定まることから，**静的束縛**（static binding）とよばれる．そのため，5 行目で実引数を 2 としたときに 102 となる．ここで foo を評価すると，次のように表示される．

```
 9: gosh> foo
10: #<closure (foo y)>
```

closure は，図 5.15 に示す「foo の関数定義」と「関数定義時の環境」が組になった**関数閉包**を表し，(foo y) は，関数 foo の引数が y であることを表す．

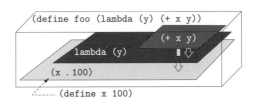

図 5.15 　静的束縛と関数閉包

静的束縛のほかに，**動的束縛** (dynamic binding) とよばれる方式に従ったプログラミング言語もある．その中の一つが Emacs Lisp[†] である．Emacs を起動して，「M-x ielm」を入力すれば，プロンプト ELISP> のもとで，対話的に Emacs Lisp プログラムを評価できる．上記の Scheme の実行例の 1 行目から 8 行目と同じ内容を，Emacs Lisp で実行した結果を次に示す．

```
1: ELISP> (setq x 100)                   ; 環境に x の評価値 100 を登録
2: 100
3: ELISP> (defun foo (y) (+ x y))
```

[†] 補遺の付録 F.7 を参照．

```
 4: foo
 5: ELISP> (foo 2)                    ; 環境のもとで x の値は 100
 6: 102                               ; (+ 100 2) の評価値
 7: ELISP> ((lambda (x) (foo x)) 10)  ; x の値は 10
 8: 20                                ; (+ 10 10) の評価値
```

Emacs Lisp の場合，変数への値の束縛と関数の定義は，それぞれ `setq` と `defun` で行われる（1〜4 行目）．動時束縛での関数適用では，（関数定義時ではなく）評価時の環境における変数に束縛されている値が用いられる．この例の場合，5 行目の評価値は 102 となる．一方，7 行目の関数適用では，図 5.16 に示すように，束縛変数（引数）x に 10 が束縛されてから，foo の本体 (+ x y) が評価されるため，x（自由変数）と y（foo の引数）がともに 10 となって，(+ 10 10) より，評価値は 20 となる．

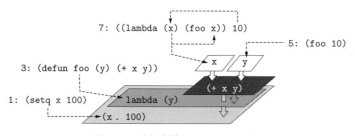

図 5.16 動的束縛と FUNARG 問題

このように，静的束縛と動的束縛で違いが見られるのは，大域変数（自由変数）と局所変数（ラムダ変数）で同じ名前が使われている（衝突している）ときである．そのため，次のように，ラムダ変数を x ではなく z とすれば，次のように，110 が得られる．

```
 9: ELISP> ((lambda (z) (foo z)) 10)  ; x は環境の値 100
10: 110                               ; (+ 100 10) の評価値
```

この問題は **FUNARG 問題** とよばれている．その解決策は，関数閉包を導入する，あるいは，大域変数と局所変数の名前が衝突しないようにすることである．

5.8.5 高階関数と自己記述

これまで述べてきたように，Scheme では，プログラムは S 式で表されるとともに，データもまた，同じ S 式で表される．この特徴を用いることで，次のようにして高階関数が実現できる．

5.8 Schemeと関数型プログラミング

```
1: gosh> (define (eval* f x) (f x))
2: eval*
3: gosh> (eval* (lambda (x) (* 2 x)) 4)
4: 8
5: gosh> (define double (lambda (x) (* 2 x)))
6: double
7: gosh> (eval* double 2)
8: 4
```

1行目は，f へ x を適用する2引数関数 eval* の定義である．3行目は，その eval* によるラムダ式 (lambda (x) (* 2 x)) 4) への実引数 4 の適用であって，(* 2 4) より 8 が得られる．5行目ではそのラムダ式を double に束縛し，7行目では，eval* により double へ実引数 2 を適用している．

Scheme を用いると，高階関数に加えて，処理系の**自己記述**，すなわち，Scheme による Scheme 処理系の記述ができる[†1]．ここでは，Scheme の構文を前置記法から中置記法[†2] に変更した，my-Scheme 処理系の記述例を示す．my-Scheme が対象とする構文（入力データ）は次のとおり．

- 数：例. 0, 1, 2, 3
- リスト (ord1 op ord2)：op は演算子「+, -, *, /」のいずれか．
  ord1, ord2 は数またはリスト．　例. (1 + 2), (3 - (2 * 1))

my-Scheme は，以下に示すように関数 myscm と myeval からなる．myscm は，「プロンプト >> の表示 → 入力 → 評価 → 結果表示」を繰り返すための関数であり，my-Scheme のメインループ（**Read-Eval-Print Loop** とよばれる）にあたる．また，myeval は，入力されたデータ（プログラム）を，中置記法から（Scheme 本来の）前置記法に書き直したうえで評価する関数である．

```
my-Scheme.scm
1:  (define (myscm)
2:    (display " >> ")              ; プロンプトの表示
3:    (flush)
4:    (display (myeval (read)))     ; 入力と評価と結果表示
5:    (newline)
6:    (myscm))                      ; 再帰呼び出しによる繰り返し
7:  (define (myeval x)
8:    (cond ((number? x) x)         ; x は数?
9:          ((and (list? x)         ; x がリストであり，かつ，
```

[†1] Scheme による自己記述については，文献 [29, 30] などを参照のこと．
[†2] 通常行われる計算 (1 + 2) のように，演算子を引数の中間に置く記法のこと．

```
10:            (member (cadr x) '(+ - * /)))    ;x の 2 番目は演算子?
11:         ((eval (cadr x) ())          ; 演算子の評価
12:           (myeval (car x))           ; 第 1 実引数の評価
13:           (myeval (caddr x))))       ; 第 2 実引数の評価
14:         (else (display               ; エラーメッセージの表示
15:           "ERROR!  usage: (arg1 op arg2), op ∈ {+,-,*,/}")
16:           (newline))))
```

myeval では，リスト (ord1 op ord2) が入力され，op が四則演算 (+, -, *, /) であるとき (9, 10 行目で判断)，第 1 引数 ord1 と第 2 引数 ord2 の評価値を，それぞれ myeval の再帰呼び出しによって求めたのち (12, 13 行目)，op を適用している (11 行目)．そのため，次の実行例のように，入れ子になった場合でも評価値が求められる．

```
1: gosh> (myscm)
2: >> 100
3: 100
4: >> (100 + 25)
5: 125
6: >> ((4 + 6) * (15 - 6))
7: 90
8: >> (4 ^ 2)
9: ERROR!  usage: (arg1 op arg2), op ∈ {+,-,*,/}
```

1 行目で my-Scheme を起動したのち，2 行目で数を，4 行目でリストをそれぞれ入力している．6 行目は入れ子になったリストの入力であり，8 行目で四則演算以外の演算子「^」を入力すると，9 行目のようにエラーメッセージが表示される．なお，処理系では終了の判定をしていないため，Ctrl-C で終了する (演習問題 5.5 参照)．

5.9 まとめ

チューリング機械，レジスタ機械，流れ図，帰納的関数，ラムダ計算の五つの計算モデルの計算可能性に関する関係は，**図 5.17** のとおりである．

定理 5.19 および定理 5.20 より，「ラムダ定義可能な関数のクラスと帰納的関数のクラスは一致する」ことが示され，ラムダ計算と帰納的関数の計算能力は同じであることがわかった．さらに，前章までの議論によって，チューリング機械で計算可能な関数のクラスと帰納的関数のクラスが一致することから，チューリング機械のほか，レジスタ機械，流れ図とも，ラムダ計算は同じ計算能力をもつ．したがって，図 5.17 に示す五つのモデルの計算能力は，すべて等しい．

ラムダ計算には基本操作や合成のための特別な仕組みはなく，これらをすべてラム

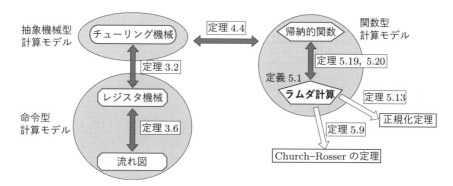

図 5.17　計算モデルどうしの計算可能性の関係

ダ式（記号列）と簡約によって実現している．このことは，チューリング機械がテープ上の記号列と動作関数によって基本操作や合成を実現していることと類似している．

ラムダ計算の発展的な話題としては，**型** (type) の概念がある．各ラムダ変数に型を付けることで**型付きラムダ計算** (typed lambda calculus) が構成される．型を導入することにより，ラムダ抽象や関数適用も含めて，すべてのラムダ式の型が定まるとともに，簡約によって型が保存され，型が定まるラムダ式の簡約は有限回で停止する†．型付きラムダ計算については文献 [25, 26, 31] などを参照されたい．

演習問題

5.1　符号関数 $sign(x)$ を，次のように定める．

$$sign(x) = \begin{cases} 偽, & x = 0 \text{ のとき} \\ 真, & x \geq 1 \text{ のとき} \end{cases}$$

(1) 符号関数の，ラムダ式による表現 $\overline{SIGN}$ を求めよ．
〔ヒント〕$zero?(x)$ を利用するとよい．
(2) $\overline{SIGN}\ \overline{0}$ と，$\overline{SIGN}\ \overline{2}$ を，それぞれ，β 変換して正規形を求めよ．

5.2　次式が不動点演算子であることを示せ．

$$\Theta \equiv (\lambda xy.y(xxy))(\lambda xy.y(xxy))$$

5.3　自然数 $n \geq 0$ の階乗 $n!$，すなわち，$n \times (n-1) \times \cdots \times 1$ を求める関数 $fact(n)$ をラムダ式 $\overline{FACT}$ として定義せよ．ただし，$fact(0) = 1$ である．また，$fact(2)$ の評価過程を示せ．
〔ヒント〕式 (5.18) の $\overline{SUM}$ を参考のこと．また，乗算関数のラムダ式は，$\overline{MULTI}$

---

†　たとえば，Ω などが型が定まらないラムダ式であり，エラーにあたる．

$\equiv \lambda xyz.x(yz)$ である．

5.4 コンビネータ (5.3.5 項参照) として，次の $\mathbf{K}, \mathbf{S}$ を定める．

$$\mathbf{K} \equiv \lambda xy.x, \quad \mathbf{S} \equiv \lambda xyz.xz(yz)$$

このとき，以下の (1)〜(3) の式が成り立つことをそれぞれ示せ．ここで，M, N は任意のラムダ式とする．

(1) $\mathbf{SKK} =_\beta \mathbf{I}$ 　　(2) $\mathbf{SKS} =_\beta \mathbf{I}$ 　　(3) $\mathbf{S}(\lambda x.M)(\lambda x.N) =_\beta \lambda x.MN$

5.5 Scheme インタープリタ (5.8.5 項参照) では，中置記法に従ったプログラムを対象としている．もし，対象とするプログラムの構文を後置記法に変更する場合には，`my-Scheme.scm` のどこを変えたらよいのか答えよ．後置記法に従ったプログラム例は次のとおり．

(100 25 +),　　((4 6 +) (15 6 -) *)

第 6 章 論理型計算モデル

6.1 論理による計算のモデル化

本章では，計算を，公理（前提なしに成り立つ論理式）と推論規則からなる論理体系のもとでの証明とみなし，論理体系として 1 階述語論理，証明手続きとして SLD 導出を用いる**論理型計算モデル**について述べる．論理型計算モデルでは，ホーン節とよばれる論理式の集合からなる論理プログラムが公理にあたり，入力データは証明したい命題になる．公理（プログラム）のもとで命題（入力データ）が成り立つことを証明する過程が計算にあたる．最初に，自動販売機を論理型計算モデルとしてのモデル化の仕方について述べたあと，Prolog によるプログラミング例を交えながら，論理プログラムならびに論理型プログラミングについて述べる．

6.1.1 動作仕様の記述

例 2.1 の自動販売機 VM を例に，論理によって計算をモデル化する概要を述べる．

例 6.1　　自動販売機 VM のための論理式

自動販売機の動作仕様は，「事実」と「規則」の観点から記述することができる．事実では，「商品 A の価格は 100 円」といった「商品と価格の対応関係」や「ボタンと商品の対応関係」が記述される．一方，規則では，「100 円と黄色ボタンが入力されれば商品 A が購入できる」といった関係が記述される．

図 6.1 に示す例 2.1 の自動販売機の場合には，次の (a)〜(f) が事実，(g) が規則にあたる．

(a) 商品 A は 100 円である．
(b) 商品 B は 150 円である．
(c) 商品 C は 200 円である．
(d) 黄色ボタンは商品 A である．
(e) 赤色ボタンは商品 B である．
(f) 緑色ボタンは商品 C である．
(g) 商品 z は x 円で，かつ，y 色ボタンは商品 z であるならば，価格 x 円と y ボタンで商品 z を購入できる．

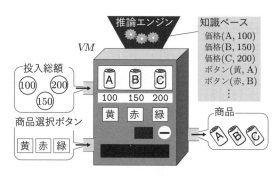

図 6.1 自動販売機 VM の論理によるモデル化例

(a)〜(g) を論理式として表すために，次の三つの**述語** (predicate) を導入する．ここで，x, y, z は変数である．なお，論理式の形式的定義は，6.3 節で述べる．

  価格 (z, x) ：商品 z は x 円である．

  ボタン (y, z) ：y 色ボタンは商品 z である．

  購入 (x, y, z) ：x 円を入金して y 色ボタンを押すと，商品 z を購入できる．

これより，先の (a)〜(g) は，それぞれ，次の論理式 (6.1)〜(6.7) で表される．

  価格 $(A, 100)$ (6.1)

  価格 $(B, 150)$ (6.2)

  価格 $(C, 200)$ (6.3)

  ボタン $(黄, A)$ (6.4)

  ボタン $(赤, B)$ (6.5)

  ボタン $(緑, C)$ (6.6)

  価格 (z, x) かつ ボタン (y, z) ならば 購入 (x, y, z) (6.7)

ここで，事実と規則の集合を，**知識ベース** (knowladge base) とよぶ．この知識ベースに含まれている論理式と推論規則によって，導出された論理式は真である（成り立つ）とし，そうでない論理式は偽である（成り立たない）とする．ここで推論規則として，次式の**分離規則** (modus ponens) を用いる．

  「φ」と「φ ならば ψ」が成り立つとき，「ψ」が成り立つ． (6.8)

ここで，「φ」と「φ ならば ψ」は仮定（前提）にあたる論理式で，「ψ」は導出された論理式（結論）にあたる．仮定がすべてが知識ベースに含まれている，あるいは，すでに導出された論理式ならば，ψ は成り立つ．たとえば，「150 円入れて，赤色のボタンを押すと，商品 B を購入することができる」かどうかは，「購入 $(150, 赤, B)$」が成り立つかどうかによる．これは，**図 6.2** に示す推論によって確かめられる．

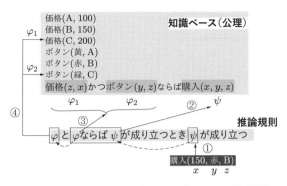

図 6.2 「購入 (150, 赤, B)」が成り立つことの推論過程

「購入 (150, 赤, B)」は，推論規則の結論 ψ にあたり（図中①），式 (6.7) の「購入 (x,y,z)」と対応付けることができ（図中②），論理式中の変数の割り当て「$x = 150, y = 赤, z = B$」が得られる．これより，式 (6.7) の φ は「価格 (B, 150) かつ ボタン (赤, B)」となる（図中③）．両者は，式 (6.2) と式 (6.5) として知識ベースに含まれている（図中④）ので，φ が成り立つ．さらに「φ ならば ψ」は式 (6.7) より成り立つ．したがって，式 (6.8) の推論規則より，「購入 (150, 赤, B)」が成り立つ．

問 6.1
90 円を入れて，黄色ボタンを押しても商品 A が購入できない，すなわち，「購入 (90, 黄, A)」は偽であることを示せ．

解答例 「購入 (90, 黄, A)」は知識ベースに含まれていないため，式 (6.7) の規則に照らし合わせれば，「$x = 90, y = 黄, z = A$」が得られる．「購入 (90, 黄, A)」の真偽は，「ボタン (黄, A)」と「価格 (A, 90)」が成り立つかどうかによる．このうち，「ボタン (黄, A)」は知識ベースに含まれるが，「価格 (A, 90)」はそうではない．したがって，「購入 (90, 黄, A)」は偽である．

6.2 Prolog によるプログラミング

6.2.1 Prolog の処理系の起動

Prolog は，1972 年に，フランスのカルメラウアー (A. Colmerauer) らによって開発された言語である．ホーン節（6.6.1 項参照）で表された論理式を対象とすることで，効率のよい推論アルゴリズムが適用可能となっており，処理系には自動パターン照合機能と自動バックトラック機能が実装されている．本章では，Prolog による論理プログラミングを行いながら，論理型計算モデルの性質について考察する．

Prolog の処理系として SWI-Prolog を用いる[†1]．SWI-Prolog は「`swipl`」の入力によって起動され，起動メッセージが表示されたのち，プロンプト「`?-`」が表示される．プロンプトに対してコマンドなどを入力するが，末尾にピリオド「`.`」を付ける．たとえば，処理系を終了するコマンドは，「`halt.`」と入力する．

6.2.2 Prolog の構文

Prolog のプログラムは，次の三つの項目からなる．

- 対象どうしに成り立つ関係 ── **事実**
- 事実どうしに成り立つ関係 ── **規則**
- 事実（複数個でもよい）が成り立つかどうかの問い合わせ ── **質問**

対象は，**定数**（英小文字で始まる英数字列，または数），あるいは**変数**（英大文字で始まる英数字列）である．そして，事実は**述語**（対象を実引数とする n 引数述語）で表される．いま，述語[†2]を p, q1, q2, ...，対象を a, b1, b2, ... としたとき，事実，規則，質問の構文はそれぞれ次のようになる．

- 事実　p(a).　「p(a) が成り立つ．」
- 規則　p(a) :- q1(b1), q2(b2), ..., qn(bn).
  「q1(b1), q2(b2), ..., qn(bn) がすべて成り立てば，p(a) が成り立つ．」
- 質問　?- q1(X1), q2(X2), ..., qn(Xn).
  「q1(X1), q2(X2), ..., qn(Xn) がすべて成り立ちますか？」

コンマ「,」は論理積 ($\land$) の意味をもつ．また，いずれも最後にピリオド「.」を付ける．

SWI-Prolog の場合全角文字が使えるため，以降の例では定数や述語の名前として全角文字も用いることにする．

例 6.2　自動販売機 *VM* の Prolog プログラム

例 6.1 の事実と規則の Prolog プログラムは次のとおり．なお，Prolog では，定数は英小文字，変数は英大文字からそれぞれ始まるので，例 6.1 とは表記が異なる．

```
vending-machine.pl
1: 価格 (a, 100).
2: 価格 (b, 150).
3: 価格 (c, 200).
```

[†1] SWI-Prolog の基礎は補遺 (https://www.morikita.co.jp/books/mid/085471) の付録 G を参照．
[†2] 説明の都合上 1 引数述語としたが，複数個の引数からなる述語でもよい．

```
4:    ボタン(黄, a).
5:    ボタン(赤, b).
6:    ボタン(緑, c).
7:    購入(X, Y, Z) :- 価格(Z, X), ボタン(Y, Z).
```

1行目から順に，式 (6.1)～(6.7) に対応する．このうち，7行目では式 (6.7) の結論にあたる「購入(X, Y, Z)」を（:-の）左辺とし，仮定にあたる「価格(Z, X)」と「ボタン(Y, Z)」を右辺としている．

Prolog には，算術計算用の述語と関数として，たとえば，次のものがある．

- Exp1 > Exp2　　「Exp1 は Exp2 より大きい」
- N is Exp　　　　「N（の値）は Exp（の評価値）である」
- Exp1 + Exp2　　「Exp1 と Exp2 の和」
- Exp1 - Exp2　　「Exp1 と Exp2 の差」

6.2.3　プログラムの実行

例 6.2 のプログラムを，たとえば，ファイル vending-machine.pl として保存しておき，次のようにしてこのファイルを読み込めば，プログラムを実行できる[†]．

```
1: ?- ['vending-machine.pl'].
```

質問をプロンプト「?-」のもとで入力することでプログラムが実行され，質問の答え（true あるいは false）が表示される．ここで，% はコメントの始まりを表す．

```
2: ?- 購入(150, 赤, b).    % 150 円と赤色ボタンで商品 b が購入できる？
3: true.
4: ?- 購入(90, 黄, a).     % 90 円と黄色ボタンで商品 a が購入できる？
5: false.
```

入力された質問が成り立つ，すなわち，質問としての事実（述語）が真ならば，3行目のように「true.」，そうでなければ5行目のように「false.」が答えとなる．

また，たとえば，「価格(a, X).」のように質問の中に変数があると，質問の答えが true になるための変数への定数の割り当てが存在するかどうかが，知識ベース（事実と規則）をもとに自動的に探索される．

[†] 行番号 n: はプログラムの一部ではない（ファイル保存時には削除する）．

```
 6: ?- 価格(a, X).          % 商品 a の価格 X は？
 7: X = 100.
 8: ?- 購入(V, W, c).       % 商品 c を購入するための価格 V とボタンの色 W は？
 9: V = 200,
10: W = 緑.
```

6 行目の質問より，商品 a の価格は 100 円（7 行目）であることがわかる．さらに，8 行目の質問「購入(V, W, c).」からは，価格は 200 円（9 行目），ボタンは緑色（10 行目）で商品 c を購入できることがわかる．もし，質問を true とする変数への割り当てが知識ベースから見つけられない場合には，答えは false となる．

問 6.2
例 6.1 のプログラムに対して，次の (1), (2) の内容を問う Prolog の質問をそれぞれ答えよ．
(1) 150 円で買える商品は？　　(2) 100 円と黄色ボタンで買える商品は？

解答例　(1) 価格(X, 150).　　(2) 購入(100, 黄, X).

6.3　1 階述語論理

6.3.1　1 階述語論理の構文

例 6.1 で述べた論理式の形式的な定義として，**1 階述語論理** (first-order predicate logic) の論理式を次に示す．

定義 6.1　論理式 (well-formed formula: wff)

(1) 変数 $x, y, z, \ldots$ および定数 $0, 1, 2, \ldots, a, b, c, \ldots$ は，**項** (term) である．
(2) $t_1, t_2, \ldots, t_n$ が項ならば，n 引数**関数** $f(t_1, t_2, \ldots, t_n)$ は項である．
(3) $t_1, t_2, \ldots, t_n$ が項ならば，n 引数**述語** $p(t_1, t_2, \ldots, t_n)$ は論理式である．述語を**素論理式** (atomic formula) とよぶ．なお，$n = 0$ のとき，p を**命題論理式**，あるいは単に**命題** (proposition) という．
(4) φ, ψ が論理式（素論理式以外の場合も含む）ならば，次式は論理式である．

$(\neg \varphi)$　　　　φ の否定（否定）
$(\varphi \land \psi)$　　　φ かつ ψ（論理積，連言）
$(\varphi \lor \psi)$　　　φ または ψ（論理和，選言）
$(\varphi \implies \psi)$　　φ ならば ψ（含意）
$(\varphi \iff \psi)$　　φ と ψ は同値，$(\varphi \implies \psi) \land (\psi \implies \varphi)$ が成り立つ．

$\neg, \wedge, \vee, \Longrightarrow, \Longleftrightarrow$ を**論理結合子**という.

(5) φ が論理式, x が領域 U の要素を値とする変数ならば, 次式は論理式である.

$(\forall x\ \varphi)$ すべて (任意) の $x \in U$ について φ が成り立つ.
$(\exists x\ \varphi)$ ある $x \in U$ が存在して φ が成り立つ, あるいは, φ を満たす $x \in U$ が存在する.

ここで述べた論理式では, 変数には「もの (項)」が代入される. このような変数は, 1 階 (first-order) の変数とよばれる. 1 階述語論理の「1 階」は, 変数が 1 階の変数であることを表す[†]. なお, $\forall$ を**全称記号** (universal quantifier), $\exists$ を**存在記号** (existential quantifier) とそれぞれよび, 両者を合わせて**量化記号** (quantifier) という. 以下では, 命題は引数を必要としない述語であり, 英大文字 A, B, C などで表すこととする.

6.3.2 論理式の略記法

論理式は, 次のように略記することができる. ここで, φ, ψ は論理式である.

- 外側の括弧は省略する. たとえば, $(\neg \varphi)$ は $\neg \varphi$ とする.
- 論理結合子の中で,「$\neg, \exists, \forall$」が最も強く結合し, そのあと,「$\wedge, \vee, \Longrightarrow, \Longleftrightarrow$」の順に結合する. たとえば, $\neg \varphi \wedge \psi$ は $(\neg \varphi) \wedge \psi$ であって, $\neg(\varphi \wedge \psi)$ ではない. また, $\forall x\ \varphi \wedge \psi$ は $(\forall x\ \varphi) \wedge \psi$ であって, $\forall x(\varphi \wedge \psi)$ ではない.
- $(\forall x(\forall y\ \varphi))$ を $\forall xy\ \varphi$, $(\exists x(\exists y\ \varphi))$ を $\exists xy\ \varphi$ と書く.

例 6.3 論理式の略記

左側の論理式を略記したのが右側の論理式である. ここで, p, q, r は述語とする.

$(p(x,y) \Longrightarrow (q(x) \vee r(x)))$ $p(x,y) \Longrightarrow q(x) \vee r(x)$
$(\forall x((p(x,y) \wedge (r(x) \vee q(x)))))$ $\forall x(p(x,y) \wedge (r(x) \vee q(x)))$
$(\forall x(\forall y((r(x) \vee q(y)))))$ $\forall xy(r(x) \vee q(y))$

例 6.4 論理式による文の記述

述語 nat, eq, gt, ge, 関数 s を, それぞれ次のように定める.

$nat(x) : x$ は自然数である. $eq(x,y) : x = y$ である.
$ge(x,y) : x \geq y$ である. $gt(x,y) : x > y$ である.
$s(x) : x$ の後者 $(x+1)$ を値とする関数.

[†] 述語や関数が代入される変数を, 2 階の変数という.

このとき,「任意の自然数に後者が存在する」は, $\forall x \exists y (nat(x) \implies nat(y) \land eq(y, s(x)))$ と表される. また,「自然数には最小値が存在する(任意の自然数以下の自然数が存在する)」は, $\exists x \forall y (nat(x) \land (nat(y) \implies ge(y, x)))$ と表される.

問 6.3

例 6.4 の述語と関数を用いて, 次の (1), (2) の各文を論理式で表せ.

(1) 任意の自然数にはより大きい自然数が存在する.
(2) 二つの自然数 x, y が同じであれば, それぞれの後者もまた同じである.

解答例 (1) $\forall x \exists y (nat(x) \implies (nat(y) \land gt(y, x)))$
(2) $\forall xy ((nat(x) \land nat(y)) \implies (eq(x, y) \implies eq(s(x), s(y))))$

6.3.3 論理式の変数

論理式の述語の引数として現れている変数は, 第 5 章のラムダ計算と同様に, **束縛変数**と**自由変数**に大別される.

たとえば, $(\overset{①}{\forall x} p(\overset{②}{x}, \overset{③}{y}))$ の場合, 述語 p の引数 x と y のうち, ② x は, 全称記号 $\forall$ の直後の① x により束縛されており, 束縛変数である. 一方, y は束縛されておらず, 自由変数である. なお, 束縛変数は, 自由変数と重ならない別の変数に置き換えることができる. $(\forall x\ p(x, y))$ では, 束縛変数 x を自由変数 y と重ならない z に置き換えて, $(\forall z\ p(z, y))$ とすることができる.

例 6.5　論理式の束縛変数と自由変数

$(\forall x (\forall y ((p(x, w) \land q(y)) \lor (\exists w\ p(x, w)))))$ の場合, 図 6.3 のように, 先頭の $p(x, w)$ の x は束縛変数で, w は自由変数である. これに対し, 2 番目の $p(x, w)$ に出現する x, w は, ともに束縛変数である.

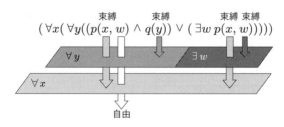

図 6.3　束縛変数と自由変数

論理式に自由変数が含まれているかどうかによって, 論理式は次の定義のように分類される.

6.4　1階述語論理の意味論と形式的体系

定義 6.2　閉論理式と開論理式

論理式 φ のすべての変数が $\forall$ または $\exists$ によって束縛されている場合，φ を**閉論理式** (closed formula)，あるいは**閉じた論理式**といい，そうでない場合，φ を**開論理式** (open formula)，あるいは**開いた論理式**という．とくに，次式のように φ 中のすべての自由変数が全称記号で束縛されている論理式を，**全称閉包**という．

$$\forall x_1 \forall x_2 \cdots \forall x_n \, \varphi$$

次節以降で述べるように，論理式の真偽は閉論理式であれば定めることができる．

例 6.6　閉論理式と開論理式

p と q を，それぞれ 2 引数述語と 1 引数述語とするとき，次の (1)〜(3) の論理式のうちで，閉論理式は (1) と (3)，開論理式は (2) である．さらに，(3) は全称閉包でもある．
(1) $\forall x \exists y (p(x,y) \implies q(y))$　　(2) $\forall x \exists y ((p(x,y) \land r(z)) \implies q(w))$
(3) $\forall x \forall y (p(x,y) \implies q(y))$

問 6.4

例 6.3 の右側の三つの論理式のうちで，閉論理式にあたる論理式をすべて選べ．その中に全称閉包があれば，それを答えよ．

解答例　閉論理式は $\forall xy(r(x) \lor q(y))$．全称閉包は $\forall xy(r(x) \lor q(y))$．

6.4　1階述語論理の意味論と形式的体系

6.4.1　論理式の解釈

論理式は定数，関数，述語などからなる記号の列であり，その真偽は，各記号の意味を定めない限りは定められない．論理式に含まれる定数，関数，述語などに適当な意味を定めることを，**解釈** (interpretation) という．具体的には次のことをする．

(1) 空でない集合 U を定め，各定数に U の要素を割り当てる．この U を**領域** (universe) という．領域は変数が動く範囲である．
(2) n 引数関数 f を，U 上の関数 $U^n \to U$ として定める．
(3) n 引数述語 p を，関数 $U^n \to \{\mathsf{T}, \mathsf{F}\}$ として定める．

ある解釈 I が与えられると，任意の閉論理式の真偽が決まる．また，n 引数述語 p に対して，p を真とする U の要素の n 項組の集合 T_p と，p を偽とする U の要素の n

項組の集合 F_p を，それぞれ次のように定める．

$$\mathsf{T}_p = \{(x_1, x_2, \ldots, x_n) \mid p(x_1, x_2, \ldots, x_n) = \mathsf{T}\} \subseteq U^n$$
$$\mathsf{F}_p = \{(x_1, x_2, \ldots, x_n) \mid p(x_1, x_2, \ldots, x_n) = \mathsf{F}\} \subseteq U^n$$

このうち，T_p を p の**真理集合**とよぶ（付録 A.3 参照）．

例 6.7　自動販売機 *VM* の解釈

例 6.1 の論理式 (6.1)～(6.7) に対する解釈を以下に示す．

領域 U を $U = \{\mathrm{A, B, C}, 黄, 赤, 緑, 0, 50, 100, 150, 200\}$ とする．このとき，述語「価格: $U \times U \to \{\mathsf{T, F}\}$」と「ボタン: $U \times U \to \{\mathsf{T, F}\}$」のそれぞれについての真理集合 $\mathsf{T}_{価格}$ と $\mathsf{T}_{ボタン}$ は，次のとおり．

$$\mathsf{T}_{価格} = \{(\mathrm{A}, 100), (\mathrm{B}, 150), (\mathrm{C}, 200)\} \subset U \times U$$
$$\mathsf{F}_{価格} = U \times U - \mathsf{T}_{価格}$$
$$\mathsf{T}_{ボタン} = \{(黄, \mathrm{A}), (赤, \mathrm{B}), (緑, \mathrm{C})\} \subset U \times U$$
$$\mathsf{F}_{ボタン} = U \times U - \mathsf{T}_{ボタン}$$

6.4.2　論理式の真理値

定義 6.1 の論理結合子 $\neg, \land, \lor, \Longrightarrow, \Longleftrightarrow$ は，それぞれ，論理式 φ, ψ の真偽（T と F）に応じて，表 6.1 の真理値をもつ（付録 A.1 参照）．

表 6.1　論理式の真理値表

	φ	ψ	$\neg\varphi$	$\varphi \land \psi$	$\varphi \lor \psi$	$\varphi \Longrightarrow \psi$	$\varphi \Longleftrightarrow \psi$
1:	T	T	F	T	T	T	T
2:	T	F	F	F	T	F	F
3:	F	T	T	F	T	T	F
4:	F	F	T	F	F	T	T

たとえば，1 行目は φ と ψ がともに T の場合である．この中で，$\varphi \Longrightarrow \psi$（$\varphi$ ならば ψ）は，φ が偽であるときには，ψ の真偽にかかわらず成り立つことに注意せよ．

また，領域を $U = \{c_1, c_2, \ldots, c_n\}$ としたときの量化記号を含む論理式 $\forall x\, p(x)$ と $\exists x\, p(x)$ の意味は，次のとおりである．

$$\forall x\, p(x) \Longleftrightarrow p(c_1) \land p(c_2) \land \cdots \land p(c_n)$$
$$\exists x\, p(x) \Longleftrightarrow p(c_1) \lor p(c_2) \lor \cdots \lor p(c_n)$$

一般に，論理式を真とする解釈は 1 通りではないし，解釈によって同じ論理式の真

理値が異なることもある．たとえば，表 6.1 で，「$\varphi \vee \psi$」は，1:，2:，3:の解釈のとき真になる．真となる解釈をもつ論理式を**充足可能** (satisfiable) であるといい，充足可能でない，すなわち，どの解釈であっても偽になる論理式を**充足不能** (unsatisfiable) であるという．充足可能な論理式の中でも，どのような解釈であっても常に真になる論理式は，**恒真** (valid) あるいは**妥当**であるという．このように，論理式の真偽を解釈のもとで論じる方法を，**意味論** (semantics) という．

表 6.1 に示すように，$\varphi \iff \psi$ が成り立つ場合，φ と ψ の真理値は一致する（このとき，φ と ψ は同値であるという）．真理値が一致する二つの論理式は何組かあり，代表例を以下に示す．これらは解釈によらず，常に成り立つ．

$$\varphi \wedge \mathsf{T} \iff \varphi \qquad\qquad \varphi \vee \mathsf{F} \iff \varphi$$
$$\varphi \wedge \mathsf{F} \iff \mathsf{F} \qquad\qquad \varphi \vee \mathsf{T} \iff \mathsf{T}$$
$$\varphi \implies \psi \iff \neg\varphi \vee \psi$$

ベキ等法則	$\varphi \wedge \varphi \iff \varphi$	$\varphi \vee \varphi \iff \varphi$
交換法則	$\varphi \wedge \psi \iff \psi \wedge \varphi$	$\varphi \vee \psi \iff \psi \vee \varphi$
結合法則	$(\varphi \wedge \psi) \wedge \omega \iff \varphi \wedge (\psi \wedge \omega)$	
	$(\varphi \vee \psi) \vee \omega \iff \varphi \vee (\psi \vee \omega)$	
分配法則	$\varphi \wedge (\psi \vee \omega) \iff (\varphi \wedge \psi) \vee (\varphi \wedge \omega)$	
	$\varphi \vee (\psi \wedge \omega) \iff (\varphi \vee \psi) \wedge (\varphi \vee \omega)$	
ド・モルガンの法則	$\neg(\varphi \wedge \psi) \iff \neg\varphi \vee \neg\psi$	
(De Morgan's law)	$\neg(\varphi \vee \psi) \iff \neg\varphi \wedge \neg\psi$	
	$\neg\forall x\, \varphi \iff \exists x(\neg\varphi)$	$\neg\exists x\, \varphi \iff \forall x(\neg\varphi)$
二重否定	$\neg(\neg\varphi) \iff \varphi$	
排中律 (排中法則)	$\varphi \wedge \neg\varphi \iff \mathsf{F}$	$\varphi \vee \neg\varphi \iff \mathsf{T}$

> **例 6.8　論理式の解釈**
>
> 領域 U を $\mathbb{N}$ とし，$+, \times$ を自然数上の加算と乗算の関数とする．$=, \geq$ は自然数どうしの関係を表す述語（等号と不等号）とする[†]．
>
> このとき，$\forall xy(x+y \geq 0)$ は，二つの自然数の和が常に 0 以上になるため真である．また，$\exists y \forall x(x+y = x)$ は，$y = 0$ であれば，任意の自然数 x について $x+y = x$ が成り立つため，真である．

---

† これらの算術演算子は可読性を考慮し，中置記法で表す．

問 6.5

例 6.8 と同じ解釈のもとで，次の論理式の真偽をそれぞれ答えよ．

$\forall xy(x \times y \geq 0), \quad \exists xy(x \times y = x + y)$

解答例 任意の二つの自然数の積は 0 以上になるので，$\forall xy(x \times y \geq 0)$ は真．x と y がともに 2 であれば，$2 \times 2 = 2 + 2$ が成り立つので，$\exists xy(x \times y = x + y)$ は真．

問 6.6

真理値表を作成しながら，$(\varphi \Longrightarrow \psi) \Longleftrightarrow \neg\varphi \vee \psi$ と $\neg(\varphi \wedge \psi) \Longleftrightarrow \neg\varphi \vee \neg\psi$ が成り立つことを，それぞれ示せ．

解答例 略

6.4.3 形式的体系

ある論理式が成り立つかどうかは，推論によっても明らかにすることができる．推論では，**公理** (axiom) や前提とされた論理式に対して，**推論規則** (inference rule) の適用が繰り返される．その結果，恒真であることが確かめられた論理式が**定理** (theorem) となる．このときの推論の過程を形式的に表現したものが**証明** (proof) である．公理と推論規則の全体からなる系を，**形式的体系**あるいは**公理系**とよぶ．

論理式 φ が形式的体系の定理であるとき，「$\vdash \varphi$」と書き，φ は形式的体系のもとで証明された，あるいは，単に証明されたという．もし，論理式 φ が，$\psi_1, \psi_2, \ldots, \psi_m$ を前提（仮定）として証明されたとき，このことを次式で表す（$m \geq 1$）．

$$\psi_1, \psi_2, \ldots, \psi_m \vdash \varphi \tag{6.9}$$

この式の左辺のコンマは，論理積を表す．

6.5 導出原理

推論においては，推論規則を適用する論理式をどのように選べばよいのかが重要である．適切に選ばない場合，いつまでも証明できないこともありうる．与えられた論理式が恒真である場合には，必ず証明可能であることを示してくれるアルゴリズムの一つが，ロビンソン (J. A. Robinson) により提案された，**導出原理** (resolution principle) である．

6.5.1 導出原理の基本的な考え方

基本的な考え方を述べるために，対象とする論理式は命題とし，述語も含めた場合については 6.5.5 項で述べる．

導出原理では，推論規則として，式 (6.8) の分離規則の φ と ψ をそれぞれ命題 A と B とした，「A と $A \Longrightarrow B$ が成り立つならば，B が成り立つ」だけが用いられる．$A \Longrightarrow B$ は $\neg A \vee B$ と同値であることから，この分離規則は，「A と $\neg A \vee B$ が成り立つならば，B が成り立つ」ことと同じである．この，「B が成り立つ」ことを，B の**導出**といい，しばしば図 6.4(a) のように描かれる．この図を**導出木**，あるいは**導出図**という．

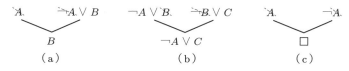

(a)　　　　　(b)　　　　　(c)

図 6.4　命題の導出木の例

導出木からわかるように，導出原理では，「A と $\neg A \vee B$」から「A と $\neg A$」が消され，残った「B」が導出される．同様に，図 (b) の $\neg A \vee B$ と $\neg B \vee C$ からは $\neg A \vee C$ が導出される．このとき，図 (b) の導出では，次式の推論が行われている[†1]．

$$A \Longrightarrow B \quad \text{と} \quad B \Longrightarrow C \quad \text{から} \quad A \Longrightarrow C$$

もし，A と $\neg A$ に対して導出を行えば，何も残らなくなる．このとき，図 (c) のように，矛盾を表す □ が導出されたとする（□ の詳細は，6.5.2 項を参照）．

例 6.9　導出原理の例 ─自然数の性質─

自然数に関する次の命題 D, E, F, S, R を考える[†2]．

D：2 の倍数である．　E：偶数である．　F：4 の倍数である．
S：3 の倍数である．　R：6 の倍数である．

このとき，次の論理式が成り立つ．

$$E \Longrightarrow D, \quad F \Longrightarrow E, \quad D \wedge S \Longrightarrow R, \quad R \Longrightarrow E$$

各論理式の中の $\Longrightarrow$ を $\neg$ と $\vee$ で置き換えると，次式となる（これらを，6.5.2 項では節集合とよぶ）．

$$\neg E \vee D, \quad \neg F \vee E, \quad \neg D \vee \neg S \vee R, \quad \neg R \vee E$$

[†1] この推論は，三段論法 (syllogism) とよばれる．
[†2] 例 6.14 では，これらの命題を，たとえば「x は 2 の倍数である」とする述語として再定義する．

これらの中から図 6.5 のような導出を行うことで，恒真な論理式が導かれる．

たとえば，$\neg E \vee D$ と $\neg F \vee E$ から導出された $\neg F \vee D$ は，「4 の倍数ならば，2 の倍数である」を表す．また，$\neg D \vee \neg S \vee R$ と $\neg R \vee E$ から導出された $\neg D \vee \neg S \vee E$ は「2 の倍数かつ 3 の倍数ならば，偶数である」を表す．

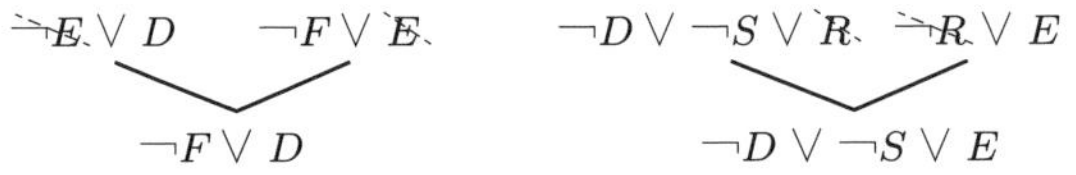

$$\neg E \vee D \quad \neg F \vee E \qquad \neg D \vee \neg S \vee R \quad \neg R \vee E$$
$$\neg F \vee D \qquad\qquad \neg D \vee \neg S \vee E$$

図 6.5　命題の導出木 ——自然数の性質——

問 6.7
　例 6.9 で導出された $\neg F \vee D$ と $\neg D \vee \neg S \vee E$ に対してさらに導出を試み，得られる結論を述べよ．

解答例　$\neg F \vee \neg S \vee E$ が導出される．これは「4 の倍数かつ 3 の倍数であれば偶数である」を表す．

6.5.2　リテラルと節

導出原理では，図 6.4 に示したように，素論理式 α_i あるいはその否定 $\neg \alpha_i$ からなる選言 $\alpha_1 \vee \alpha_2 \vee \cdots \vee \alpha_n$ の集合を推論の対象とする．このような導出原理を述語論理に拡張するにあたって，いくつかの用語を導入する．

定義 6.3　リテラル
　素論理式 α または素論理式の否定 $\neg \alpha$ を**リテラル** (literal) という．このとき，α を**正リテラル**，$\neg \alpha$ を**負リテラル**といい，正リテラル α と負リテラル $\neg \alpha$ を，互いに他の**相補リテラル**という．

たとえば，素論理式 $r(z), q(z)$ は正リテラル，$\neg r(z)$ は負リテラルであり，$r(z)$ と $\neg r(z)$ は互いに他の相補リテラルである．

定義 6.4　節
　$\alpha_1, \alpha_2, \ldots, \alpha_m$ をリテラル，$x_1, x_2, \ldots, x_n$ を $\alpha_i (1 \leq i \leq m)$ の中に現れるすべての変数とするとき，全称閉包 $\forall x_1 x_2 \cdots x_n (\alpha_1 \vee \alpha_2 \vee \cdots \vee \alpha_m)$ を**節** (clause) といい，単に $\alpha_1 \vee \alpha_2 \vee \cdots \vee \alpha_m$ と書く．なお，$m = 0$ の節を**空節**とよび，□ と書く．ここで，空節は矛盾を表す．
　さらに，k 個の節，$\rho_1, \rho_2, \ldots, \rho_k$ からなる集合 $\{\rho_1, \rho_2, \ldots, \rho_k\}$ を**節集合**という．

例 6.10　節集合

述語 p, q, r について,

$$\forall x\ q(x),\quad \forall xy(\neg p(x,y) \vee q(y)),\quad \forall xyz(\neg p(x,y) \vee \neg q(z) \vee \neg r(y,z))$$

はいずれも節であり，これらを要素とする節集合は次式となる．

$$\{q(x),\ \neg p(x,y) \vee q(y),\ \neg p(x,y) \vee \neg q(z) \vee \neg r(y,z)\}$$

問 6.8

$\forall x((p(x) \Longrightarrow q(x)) \wedge \neg q(x))$ を節集合で表せ．

解答例　$\forall x((\neg p(x) \vee q(x)) \wedge \neg q(x))$ より，$\{\neg p(x) \vee q(x),\ \neg q(x)\}$．

6.5.3　論理式の標準形

閉論理式 φ と同値な論理式のうち，次に示す形をした論理式を，φ の標準形とよぶ．
命題論理において，リテラル（命題）P_{ij} の論理和（節）を論理積で結んだ次式は，**論理積標準形**または**連言標準形** (conjunctive normal form) とよばれる．

$$(P_{11} \vee \cdots \vee P_{1n_1}) \wedge (P_{21} \vee \cdots \vee P_{2n_2}) \wedge \cdots \wedge (P_{m1} \vee \cdots \vee P_{mn_m})$$

また，リテラル（命題）P_{ij} の論理積を論理和で結んだ次式は，**論理和標準形**または**選言標準形** (disjunctive normal form) とよばれる．

$$(P_{11} \wedge \cdots \wedge P_{1n_1}) \vee (P_{21} \wedge \cdots \wedge P_{2n_2}) \vee \cdots \vee (P_{m1} \wedge \cdots \wedge P_{mn_m})$$

任意の命題論理式に対し，論理積標準形ならびに論理和標準形が存在することが明らかにされている [17, 33]．

一方，述語論理に対しては，次の形式の標準形がある．$\Diamond$ を $\forall$ または $\exists$ とし，論理式 φ には量化記号が含まれないとき，次式を**冠頭標準形** (prenex normal form) という．

$$\Diamond_1 x_1 \cdots \Diamond_m x_m\ \varphi$$

ここで，$x_1, \cdots, x_m$ は φ に現れる変数である．とくに，φ が論理和標準形であるとき，**冠頭論理和標準形**とよび，φ が論理積標準形であるとき，**冠頭論理積標準形**とよぶ．

任意の閉論理式に対し，冠頭論理和標準形や冠頭論理積標準形の論理式が存在することが明らかにされている [17]．なお，冠頭論理積標準形への変換法については，6.5.4 項で述べる．

例 6.11 論理積標準形

命題 A, B, C, D について，論理式 $A \Longrightarrow ((B \Longrightarrow C) \land (D \Longrightarrow B))$ の論理積標準形は次のようにして得られる．

$$\begin{aligned}
A \Longrightarrow ((B \Longrightarrow C) \land (D \Longrightarrow B)) &\iff \lnot A \lor ((\lnot B \lor C) \land (\lnot D \lor B)) \\
&\iff (\lnot A \lor (\lnot B \lor C)) \land (\lnot A \lor (\lnot D \lor B)) \\
&\iff (\lnot A \lor \lnot B \lor C) \land (\lnot A \lor \lnot D \lor B)
\end{aligned}$$

一般には，$\varphi \Longrightarrow \psi$ を $\lnot\varphi \lor \psi$ へ変換し，$\varphi \lor (\psi \land \omega)$ を $(\varphi \lor \psi) \land (\varphi \lor \omega)$ と変換することで，論理積標準形は得られる．

6.5.4 論理式の節集合への変換手順

閉論理式を，以下で述べる手順により節集合に変換できる．この変換手順を，次式を例として述べる．なお，p は 1 引数述語，q は 2 引数述語，f は 2 引数関数を表す．

$$\forall x(p(x) \Longrightarrow (\forall y(p(y) \Longrightarrow p(f(x,y))) \land \lnot\forall y(q(x,y) \Longrightarrow p(y)))) \quad (6.10)$$

以下，下線部は変換された箇所を表す．

Step.1 含意記号 $\Longrightarrow$ の除去，同値記号 $\iff$ の除去

「$\varphi \Longrightarrow \psi \iff \lnot\varphi \lor \psi$」より，$\varphi \Longrightarrow \psi$ を $\lnot\varphi \lor \psi$ と書き換える．

$$\forall x(\underline{\lnot p(x) \lor} (\forall y(\underline{\lnot p(y) \lor p(f(x,y))}) \land \lnot\forall y(\underline{\lnot q(x,y) \lor p(y)})))$$

Step.2 否定記号 $\lnot$ の処理

「$\lnot\forall x\varphi \iff \exists x(\lnot\varphi)$」および「$\lnot(\varphi \lor \psi) \iff \lnot\varphi \land \lnot\psi$」より，否定記号 $\lnot$ をリテラルの直前に移動させる．

$$\forall x(\lnot p(x) \lor (\forall y(\lnot p(y) \lor p(f(x,y))) \land \underline{\exists y(q(x,y) \land \lnot p(y))}))$$

Step.3 束縛変数名の書き換え

束縛変数の名前が重ならないように書き換える．

$$\forall x(\lnot p(x) \lor (\forall y(\lnot p(y) \lor p(f(x,y))) \land \exists \underline{z}(q(x,\underline{z}) \land \lnot p(\underline{z}))))$$

Step.4 存在記号 $\exists$ の除去（スコーレム関数の導入）

たとえば，$\forall x \exists y\, p(x,y)$ は，任意の x に対して $p(x,y)$ が成立する y が存在することを表す．ここで，x に応じて $p(x,y)$ を満たす適当な y を定める関数を g とすれば，$\forall x \exists y\, p(x,y)$ は，全称閉包 $\forall x\, p(x, g(x))$ とすることが

できる．このときに導入された関数 g は**スコーレム関数** (Skolem function) とよばれる．この例では，スコーレム関数を h としたとき，次の全称閉包が得られる．

$$\forall x(\neg p(x) \vee (\forall y(\neg p(y) \vee p(f(x,y))) \wedge (q(x,\underline{h(x)}) \wedge \neg p(\underline{h(x)}))))$$

Step.5 冠頭標準形へ変換（全称記号 $\forall$ を前方に集める）

$$\forall x\underline{y}(\neg p(x) \vee ((\neg p(y) \vee p(f(x,y))) \wedge (q(x,h(x)) \wedge \neg p(h(x)))))$$

Step.6 冠頭論理積標準形への変換

例 6.11 での変換と同様にして，冠頭論理積標準形を得る．

$$\forall xy((\underline{\neg p(x)} \vee \neg p(y) \vee p(f(x,y))) \wedge (\underline{\neg p(x)} \vee q(x,h(x))) \wedge (\underline{\neg p(x)} \vee \neg p(h(x))))$$

Step.7 節集合への変換

論理積標準形において $\wedge$ で結合されているのは節であり，それらからなる節集合を構成する．

$$\{\underline{\neg p(x) \vee \neg p(y) \vee p(f(x,y))}, \quad \underline{\neg p(x) \vee q(x,h(x))}, \quad \underline{\neg p(x) \vee \neg p(h(x))}\}$$

以下では，主に節や節集合で表現された論理式を考察の対象とする．

問 6.9

論理式 $\forall y\, add(0,y,y) \wedge \forall xyz\, (add(x,y,z) \implies add(s(x),y,s(z)))$ を節集合に変換せよ．ここで，s は 1 引数関数である．なお，この論理式は例 6.17 で使用する．

解答例 変換手順を適用すると，次のようになる．

Step.1 $\forall y\, add(0,y,y) \wedge \forall xyz\, (\neg add(x,y,z) \vee add(s(x),y,s(z)))$
Step.2 該当箇所なし
Step.3 $\forall w\, add(0,w,w) \wedge \forall xyz\, (\neg add(x,y,z) \vee add(s(x),y,s(z)))$
Step.4 該当箇所なし
Step.5 $\forall wxyz(add(0,w,w) \wedge (\neg add(x,y,z) \vee add(s(x),y,s(z))))$
Step.6 該当箇所なし
Step.7 $\{add(0,w,w), \neg add(x,y,z) \vee add(s(x),y,s(z))\}$

6.5.5 単一化代入

リテラルが述語である節集合に導出原理を適用するには，述語に含まれる変数の取り扱いが重要となる．ある述語に現れている変数 x, y それぞれへの定数 150, a の割

り当てを**代入** (substitution) とよび，$[x = 150, y = \mathsf{a}]$ と書く．たとえば，この代入に従ったリテラル $q(x, \mathsf{a})$ の変数の置き換えを，次式で書く．

$$q(x, \mathsf{a})[x = 150, y = \mathsf{a}] = q(150, \mathsf{a})$$

この代入は，リテラル $q(150, y)$ に適用しても，同じく $q(150, \mathsf{a})$ が得られる．

一般的には，二つのリテラル L_1, L_2 に対して，$L_1\theta = L_2\theta$ とする代入 θ を**単一化代入** (unifier)，あるいは**単一化子**とよぶ．そして，単一化代入を見つけることを**単一化** (unification) という．上述の代入 $[x = 150, y = \mathsf{a}]$ は $q(x, \mathsf{a})$ と $q(150, y)$ の単一化代入である．

一般に，単一化代入は一つとは限らない．たとえば，$p(x, y)$ と $p(f(y), f(z))$ の単一化代入として，$[x = f(f(z)), y = f(z)]$ や $[x = f(f(\mathsf{c})), y = f(\mathsf{c}), z = \mathsf{c}]$ などがある．その中でも**最も一般的な単一化代入** (most general unifier: mgu) を求めるアルゴリズムが存在する[3, 30]．なお，$p(x, \mathsf{a})$ と $p(f(x), \mathsf{a})$ の場合，x を $f(x)$ に置き換えると，$f(x)$ の中の x も $f(x)$ に置き換え，さらに $f(f(x))$ の中の x も $f(x)$ に置き換え，となっていつまでも続いてしまう．そのため，単一化は不可能である．

例 6.12　単一化

定数を a, b，変数を x, y とし，代入 θ を $[x = \mathsf{b}, y = \mathsf{a}]$ とする．このとき，$r(x, \mathsf{b}, y)\theta = r(\mathsf{b}, \mathsf{b}, \mathsf{a})$ かつ，$r(x, x, \mathsf{a})\theta = r(\mathsf{b}, \mathsf{b}, \mathsf{a})$ であることから，θ は，$r(x, \mathsf{b}, y)$ と $r(x, x, \mathsf{a})$ の単一化代入である．これに対して，θ は $r(x, \mathsf{b}, y)$ と $r(\mathsf{a}, x, x)$ の単一化代入ではない．

問 6.10

a を定数，x, y を変数，f を 1 引数関数とする．このとき，次の (1)，(2) のリテラルの組のそれぞれについて単一化を試み，単一化代入を求めよ．

(1) $q(x, f(y), \mathsf{a})$ と $q(\mathsf{a}, f(0), x)$　　(2) $r(x, x, y)$ と $r(f(0), 0, \mathsf{a})$

解答例　(1) たとえば，$[x = \mathsf{a}, y = 0]$　　(2) 単一化不可能

6.5.6　Prolog による単一化

Prolog ではプログラムの実行時に単一化が自動的に行われている．例 6.2 のプログラムの実行例（6.2.3 項参照）の 5 行目の質問「価格 (a, X)」では，例 6.2 のプログラムの 1 行目の「価格 (a, 100)」との単一化が試みられ，6 行目で単一化代入 [X = 100] が得られている．

次に，単一化を Prolog のもとで実行する方法について述べる．2 引数述語 = の引数としてリテラルを与えると，単一化に成功するときには代入が，そうでないときに

は false が答えとなる.

```
1: ?- r(X, b, Y)=r(X, X, a).
2: X = b,
3: Y = a.
4: ?- r(X, b, Y)=r(a, X, X).
5: false.
6: ?- q(X, f(Y), a)=q(a, f(0), X).
7: X = a,
8: Y = 0.
9: ?- r(X, X, Y)=r(f(0), 0, a).
10: false.
```

例 6.12 の例が 1 行目と 4 行目の入力である．1 行目については，2 行目と 3 行目から単一化代入は [X=b, Y=a] であり，後者は単一化が不可能である（5 行目）．6 行目と 9 行目は問 6.10 の (1) と (2) の入力であり，(1) の単一化代入は [X=a, Y=0]，(2) は単一化不可能である．

6.5.7 述語論理の導出原理

二つのリテラル，たとえば，$r(x)$ と $\neg r(y)$ は，代入 $[x = y]$ によって，相補リテラル $r(y)$ と $\neg r(y)$ の関係になる．述語論理における導出原理では，二つの節に含まれているリテラルの中から，相補リテラルの関係を作り出すために単一化が行われる．単一化代入 θ が得られたら，相補リテラルの関係の二つのリテラルを消去し，残りの節に単一化代入 θ を適用して，変数に項を代入する．このようにして得られた節を**導出節** (resolvent) といい，導出節を得るために使われた二つの節を**対象節**とよぶ．

例 6.13　述語論理の導出
図 6.6 を用いて，導出について説明する.

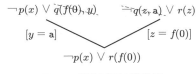

図 6.6　述語論理の導出例

二つの節 $\neg p(x) \lor q(f(0), y)$ と $\neg q(z, a) \lor r(z)$ の中には，相補リテラル $q(f(0), y)$ と $\neg q(z, a)$ があり，単一化を試みると単一化代入 $\theta = [y = a, z = f(0)]$ が得られる．そこで，この二つの節を対象節として導出を試みれば，$\neg p(x) \lor r(z)$ に単一化代入 θ を適用した $\neg p(x) \lor r(f(0))$ が導出節として得られる．なお，θ のうち，変数 y の a への置き換え $[y = a]$ は，図 6.6 のように，y を含む節 $\neg p(x) \lor q(f(0), y)$ からの辺のラベルとして書

く．同様に $[z = f(0)]$ は，z を含む節 $\neg q(z, \mathbf{a}) \vee r(z)$ からの辺のラベルとして書く．

6.5.8 反駁による論理式の証明

ある節集合 Γ から論理式 φ が証明されることは，$\Gamma \vdash \varphi$ と表される（式 (6.9) 参照）．このことは，背理法において，「論理式 φ の否定 $\neg\varphi$ を仮定して，推論した結果，矛盾が導かれれば，φ が成り立つ」ことと同値である．すなわち，次式が成り立つ．

$$\Gamma \vdash \varphi \iff \Gamma \cup \{\neg\varphi\} \vdash \square$$

たとえば，$\Gamma = \{\neg\psi \vee \varphi, \psi\}$ としたとき，φ が証明されることと，Γ に $\neg\varphi$ を追加して得られた $\{\neg\psi \vee \varphi, \psi, \neg\varphi\}$ のもとで $\square$ が導出されることは同じである．

$$\{\neg\psi \vee \varphi, \psi\} \vdash \underline{\varphi} \iff \{\neg\psi \vee \varphi, \psi, \underline{\neg\varphi}\} \vdash \square$$

矛盾を導出することによる証明は，**反駁** (refutation) とよばれる．反駁の際に節集合に追加される $\neg\varphi$ は $\forall x(\neg\varphi)$ のことである．この $\forall x(\neg\varphi)$ は $\neg(\exists x\, \varphi)$ と同値であることから，反駁によって $\exists x\, \varphi$ が証明されたことになる．以上のことから，$\exists x\, \varphi$ の証明のための反駁の手順は，次のようになる．

Step.1 論理式 $\exists x\, \varphi$ を否定し，節 $\neg\varphi$ を作る．
Step.2 $\neg\varphi$ を節集合 Γ に加えて，新しい節集合 $\Gamma' = \{\neg\varphi\} \cup \Gamma$ を作る．
Step.3 Γ' に対して，矛盾（空節）が導出されるまで，導出を繰り返す．
繰り返しの過程で得られた導出節の列を，**導出列**という．

この手順で空節が導出されれば，$\exists x\, \varphi$ が証明されたことになり，反駁の過程で得られた代入より，「φ を満たす x」が明らかになる．もし，導出列が有限で，しかも列の最後が空節ではないときには，反駁は**失敗** (fail) である．

例 6.14　自然数の性質の反駁による証明

例 6.9 の命題（一部のみ）を述語に拡張する．

$d(x) : x$ は 2 の倍数である．　　$e(y) : y$ は偶数である．
$m(z) : z$ は 3 の倍数である．　　$r(w) : w$ は 6 の倍数である．

このとき，次の論理式を考える．

$$e(x) \Longrightarrow d(x), \quad d(y) \wedge m(y) \Longrightarrow r(y), \quad m(12), \quad e(12)$$

これらの論理式からなる節集合は次式となる．

$$\{\neg e(x) \vee d(x),\ \neg d(y) \vee \neg m(y) \vee r(y),\ m(12),\ e(12)\}$$

いま，「6 の倍数が存在する」，すなわち，$\exists z\, r(z)$ が成り立つことを証明する．そのために，$\exists z\, r(z)$ の否定である節 $\neg r(z)$ を節集合に加えて，反駁を試みると，図 6.7 の導出木が得られる．この反駁によって，「6 の倍数 12 が存在する」ことが示された．

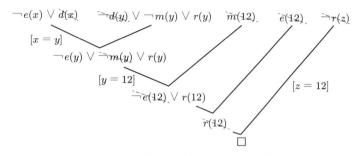

図 6.7　反駁による自然数の性質の証明

問 6.11
例 6.14 において，$\exists z\, r(z)$ を証明するための導出木には，図 6.7 とは別のものも存在する．そのうちの一つを描け．

解答例　導出木の一例を図 6.8 に示す．

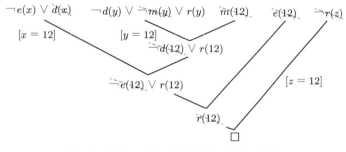

図 6.8　反駁による自然数の性質の証明（別解）

6.6　SLD 導出と計算

6.6.1　論理プログラム

コンピュータで導出原理を効率よく実行するために，対象とする論理式（節）を**ホーン節** (Horn clause) に限定し，相補リテラルの選び方に工夫をほどこした証明手続きが **SLD 導出**である．ホーン節とは，$\alpha_i\, (i = 1, 2, \ldots, s)$ をリテラルとしたとき，節 $\alpha_1 \vee \alpha_2 \vee \cdots \vee \alpha_s$ の中に含まれている，正リテラルの個数が 0 個または 1 個の節の

ことである．

> **定義 6.5 ホーン節**
>
> (1) 正リテラルをたかだか一つ含む節を，**ホーン節** (Horn clause) という．
> (2) 正リテラル α と負リテラル $\beta_1, \beta_2, \ldots, \beta_n$ $(n \geq 0)$ からなるホーン節を**確定節** (definite clause) といい，次式で表す．
>
> $$\underbrace{\alpha}_{\text{頭部}} \leftarrow \underbrace{\beta_1, \beta_2, \ldots, \beta_n}_{\text{本体}}$$
>
> とくに，$n = 0$ の場合を**単位節** (unit clause) という．なお，左辺を確定節の**頭部** (head) といい，右辺を**本体** (body) という．
> (3) 負リテラル $\beta_1, \beta_2, \ldots, \beta_n$ のみからなるホーン節を**目標節** (goal clause) といい，次式で表す．β_i を副目標ともいう $(0 < i \leq n)$．
>
> $$\leftarrow \beta_1, \beta_2, \ldots, \beta_n$$
>
> (4) リテラルを一つも含まないホーン節を**空節**といい，□ で表す．

ホーン節は，その中に含まれる正リテラルと負リテラルの個数によって分類される．1 個の正リテラルだけであれば単位節，1 個の正リテラルに加えて負リテラルもあれば確定節である．負リテラルだけであれば目標節となり，正負ともに含まない空節は矛盾を表す．

そして，確定節（単位節も含む）の集合によって論理プログラムが作られる．

> **定義 6.6 論理プログラム**
>
> 確定節の空ではない有限集合を**論理プログラム**，あるいは単に**プログラム**という．

論理プログラムの要素である確定節「$\alpha \leftarrow \beta_1, \beta_2$」は，次の論理式に対応する．

$$\alpha \leftarrow \beta_1, \beta_2 \equiv \neg\beta_1 \vee \neg\beta_2 \vee \alpha \iff \neg(\beta_1 \wedge \beta_2) \vee \alpha$$
$$\iff ((\beta_1 \wedge \beta_2) \implies \alpha)$$

つまり，この確定節は「β_1 かつ β_2 ならば，α が成り立つ」を表す．とくに，単位節の場合には「（前提なしに）α が成り立つ」を表す．このように，「○○○ならば，△△△が成り立つ」と「●●●が成り立つ」の集合として計算を表すのが論理プログラ

ムである[†]．論理式を確定節に限定しても，6.7 節で論じるように，論理プログラムは，チューリング機械に代表されるほかの計算モデルで計算可能な関数を計算できる．

例 6.15　論理プログラム —自然数の性質—
例 6.14 の節集合の各節をホーン節に変換すると，二つの単位節と二つの確定節からなる次の論理プログラム `LProg-Sample1` が得られる．$\langle 1 \rangle$, $\langle 2 \rangle$ などの番号については 6.6.2 項で説明する．

```
LProg-Sample1
```
$e(12)$	$\leftarrow$	$\langle 1 \rangle$
$m(12)$	$\leftarrow$	$\langle 2 \rangle$
$d(x)$	$\leftarrow e(x)$	$\langle 3 \rangle$
$r(y)$	$\leftarrow d(y), m(y)$	$\langle 4 \rangle$

問 6.12
問 6.9 で作成した節集合から，論理プログラムを構成せよ．

解答例　論理プログラム `LProg-add` は，一つの単位節と一つの確定節からなる．

```
LProg-add
```
$add(0, w, w)$	$\leftarrow$	$\langle 1 \rangle$
$add(s(x), y, s(z))$	$\leftarrow add(x, y, z)$	$\langle 2 \rangle$

6.6.2　SLD 反駁

SLD 導出では，前項で解説した論理プログラムに対して，導出原理を適用していくことになる．SLD 導出の SLD (Selection rule-driven Linear resolution for Definite clauses) は，選定規則 (S) 主導の確定節 (D) に対する線形導出 (L) を意味する[3]．論理プログラムと目標節に対して SLD 導出を繰り返し，得られた導出列が有限で，最後の節が空節であるときの導出を，**SLD 反駁** (refutation) という．以下では，SLD 導出の概要を述べる．

論理プログラム $\Gamma = \{\omega_1, \omega_2, \ldots, \omega_r\}$ ($\omega_j \in \Gamma$ は確定節) に対して，論理式 $\beta = \exists x_1 x_2 \cdots x_n (\beta_1 \land \beta_2 \land \cdots \land \beta_m)$ の証明は，次の手順で行われる．ただし，$x_1, x_2, \ldots, x_n$ は，$\beta_1, \beta_2, \ldots, \beta_m$ に現れるすべての変数である．

[†] 正リテラルが，「$\neg \beta_1 \lor \neg \beta_2 \lor \alpha_1 \lor \alpha_2$」のように複数個あると，「$(\beta_1 \land \beta_2) \Longrightarrow \alpha_1 \lor \alpha_2$」となって，$\alpha_1$ と α_2 のどちらが真になるのか確定できない．

(1) β の否定を目標節 $\leftarrow \beta_1, \beta_2, \ldots, \beta_m$ とする．
(2) 目標節の中からリテラル $\beta_i\,(1 \leq i \leq m)$ を一つ選ぶ（選択規則）．
(3) β_i（副目標）と，Γ の中の確定節 $\omega_j\,(1 \leq j \leq r)$ との間で導出を行う（線形導出）．
(4) 導出節が空節であれば，β が証明されたことになり終了．そうでなければ，導出節をもとに目標節を更新し，(2) に戻る．

なお，導出にあたっては，選択された確定節と目標節とで同じ変数名が現れている場合や，同じ確定節が何度も選択される場合などに，変数名が重ならないように変数名の置き換えを行う．たとえば，確定節 $q(x) \leftarrow r(x)$ と目標節 $\leftarrow q(x)$ との導出の場合，確定節を $q(x_2) \leftarrow r(x_2)$ とする．また，$q(x) \leftarrow r(x)$ が何度も選択される場合，その都度，$q(x_2) \leftarrow r(x_2), q(x_3) \leftarrow r(x_3), \ldots$ として変数名を変える．これにより，名前の衝突による変数への誤代入を防ぐことができる．

たとえば，$\neg p(x)$ と $p(1)$ の導出は，ホーン節のもとでは，$\leftarrow p(x)$ と $p(1) \leftarrow$ を対象節とした導出にあたり，導出節は □ になる．このように，ホーン節での導出は，論理式（節）のもとでの導出（例 6.13 参照）とは異なる表記となる．両者の代表的な導出例を，図 6.9 に示す．図において，最上段には論理式（節）を，その下に対応するホーン節を描いている．そして，ホーン節の導出木の内容を，次の形式の導出列で表すこととする．

    $\leftarrow$ 目標節   〈導出対象となる確定節の式番号〉   [単一化代入]

    $\leftarrow$ 新しい目標節（導出節）

たとえば，図 6.9 の中央の導出は，次のようになる．

    $\leftarrow p(x), q(x)$ 〈2〉 $[x=1]$

    $\leftarrow q(1)$

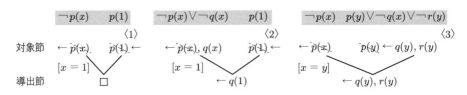

図 6.9 ホーン節のもとでの反駁例

例 6.16 ホーン節による反駁列

例 6.14 の一部の論理式からなる論理プログラム `LProg-Sample2` を考える．

6.6 SLD 導出と計算

```
LProg-Sample2
d(12) ←                ⟨1⟩
m(12) ←                ⟨2⟩
r(y)  ← d(y), m(y)     ⟨3⟩
```

目標節を $\leftarrow r(z)$ とする．これは「$r(z)$ を満たす z が存在する？」を表す（$\exists z\, r(z)$ より）．このときの SLD 反駁例を図 6.10 に示す．

SLD 導出では，最初に目標節 $r(z)$ と確定節 ⟨3⟩ による導出を行い，その後は，導出節と確定節との導出を，矛盾 □ が導出されるまで繰り返す．このときの導出列が図 (a) の導出木の破線で囲まれたものであり，この導出列を式の列として表したのが図 (b) である．導出列の最後が空節であることから SLD 反駁は成功し，単一化代入 $[z = y, y = 12]$ が得られ，目標節 $\leftarrow r(z)$ の z は 12 となる．

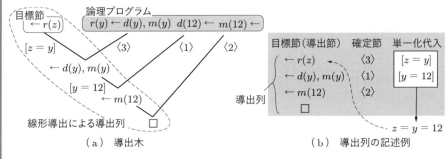

図 6.10　SLD 反駁の例

6.6.3　加減算の論理プログラム

自然数 $0, 1, 2, \ldots$ を，後者関数 s を用いて，$0, s(0), s(s(0)), \ldots$ と表すことにする．このとき，自然数上の計算を，論理プログラムとして実現する方法について述べる．

例 6.17　論理プログラム：自然数の加算

二つの自然数 x, y の和に関して成り立つ関係は，次のとおりである．

- すべての y について，0 と y の和は y である．
- すべての x, y について，x と y の和が z ならば，$x + 1$ と y の和は $z + 1$ である．

「二つの自然数 x と y の和が自然数 z である」ことを表す述語を $add(x, y, z)$ として，この二つの関係を論理式で表すと，次式が得られる．

$$\forall y\, add(0, y, y) \land \forall xyz(add(x, y, z) \implies add(s(x), y, s(z)))$$

これらを節形式に変換し（問 6.9 参照），さらに，論理プログラムに変換すると，次の

add-horn が得られる（問 6.12 参照）．

---
add-horn

$add(0, w, w) \quad \leftarrow \qquad\qquad\qquad \langle 1 \rangle$
$add(s(x), y, s(z)) \quad \leftarrow add(x, y, z) \quad \langle 2 \rangle$

このプログラムを用いて，「$2+1=v$ となる v が存在する（$\exists v\, add(s(s(0)), s(0), v)$）」ことを，SLD 反駁によって証明してみよう．そのための目標節を「$\leftarrow add(s(s(0)), s(0), v)$」とする．このとき，論理プログラムに対する SLD 反駁の導出列は，次のとおりである．

1: $\quad \leftarrow add(s(s(0)), s(0), v) \qquad \langle 2 \rangle \qquad [x = s(0),\ y = s(0),\ v = s(z)]$
2: $\quad \leftarrow add(s(0), s(0), z) \qquad\quad \langle 2' \rangle \qquad [x_2 = 0,\ y_2 = s(0),\ z = s(z_2)]$
3: $\quad \leftarrow add(0, s(0), z_2) \qquad\qquad \langle 1 \rangle \qquad [y_3 = s(0),\ z_2 = y_3]$
4: $\quad \square$

1 行目では目標節と確定節 $\langle 2 \rangle$ とで導出が行われ，そのときの導出節が 2 行目での目標節となり，再び $\langle 2 \rangle$ との導出が行われる．このとき，$\langle 2 \rangle$ の変数名が置き換えられる[†]．そして，3 行目の目標節と $\langle 1 \rangle$ との導出によって □ が得られ，「$s(s(0)) + s(0) = v$，つまり $2+1=v$ となる v が存在する」ことが証明された．その v の値は，反駁の過程で得られた 1〜3 行目の単一化代入より，$v = s(z) = s(s(z_2)) = s(s(y_3)) = s(s(s(0))) = 3$ である．

問 6.13

自然数 x, y について，乗算に関して成り立つ関係は次のとおりである．

- すべての y について，0 と y の積は 0 である．
- すべての x, y について，x と y の積が w ならば，$w+y$ は $x+1$ と y の積である．

「二つの自然数 x と y の積が自然数 z である」ことを 3 引数述語 $multi(x, y, z)$ で表すことにする．この述語 $multi(x, y, z)$ を用いて，積を計算する論理プログラムを作れ．なお，例 6.17 の述語 $add(x, y, z)$ を用いてよい．

解答例
$\quad multi(0, y, 0) \quad \leftarrow$
$\quad multi(s(x), y, z) \quad \leftarrow multi(x, y, w), add(w, y, z)$

例 6.18　論理プログラム：自然数の減算

論理式 $\exists xyz\, add(x, y, z)$ は，「$x+y=z$ を満たす x, y, z が存在する」ことを表すことから，次に，「$v+1=3$ が成り立つ v が存在する」，すなわち，$\exists v\, add(v, 1, 3)$ の反駁を試みよう．これを目標節として表せば，「$\leftarrow add(v, s(0), s(s(s(0))))$」となる．そして，SLD 反駁を試みると，次のような導出列が得られる．

[†] 目標節にも単一化代入にも現れていない新規の変数名とする．この例では，添字を更新している．

```
1:  ← add(v, s(0), s(s(s(0))))      ⟨2⟩      [v = s(x), y = s(0), z = s(s(0))]
2:  ← add(x, s(0), s(s(0)))          ⟨2'⟩     [x = s(x_2), y_2 = s(0), z_2 = s(0)]
3:  ← add(x_2, s(0), s(0))            ⟨1⟩      [x_2 = 0, y_3 = s(0)]
4:  □
```

1〜3 行目より，$v+1=3$ を満たす v は，$v = s(x) = s(s(x_2)) = s(s(0)) = 2$ であることがわかる．これは，「$v = 3-1$」を求める減算が行われたとみなすことができる．

したがって，図 6.11 のように，述語 add における引数の入力と出力の関係（の一部）を逆にすることで，減算が実現される．

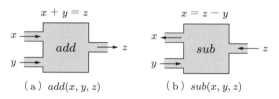

図 6.11　$add(x,y,z)$ による減算の実現

問 6.14

x, y, z を自然数として，$x \geq y$ について $x - y = z$ が成り立つとき，述語 $sub(x,y,z)$ が真であるとする．この sub のホーン節を，加算 add を利用しながら作成せよ．

解答例　$sub(x,y,z) \leftarrow add(z,y,x)$

6.6.4　Prolog での自然数の計算

例 6.17 を Prolog 上で実現したプログラム `add.pl` は次のとおりである．

```
add.pl
add(0, Y, Y).
add(s(X), Y, s(Z)) :- add(X, Y, Z).
```

このプログラムのもとで，「$2+1=W$」「$W+1=3$」を質問として，加算と減算を実行した例を次に示す．

```
1: ?- add(s(s(0)), s(0), W).       % 2+1=W を満たす W は？
2: W = s(s(s(0))).                  % W=3
3: ?- add(W, s(0), s(s(s(0)))).    % W+1=3 を満たす W は？
4: W = s(s(0))                      % W=2
```

次に，述語 add に与える三つの実引数のうち，二つを変数 X, Y とし，$X+Y=2$

を満たす X と Y の組をすべて求めてみよう．そのためには，組が出力されたときに
⏎ではなく，セミコロン「;」を入力する（7, 9, 11行目）．

```
 5: ?- add(X, Y, s(s(0))).   % X+Y=2 を満たす X,Y は？
 6: X = 0,                   % X=0
 7: Y = s(s(0)) ;            % Y=2．「;」を入力し，別解計算
 8: X = s(0),                % X=1
 9: Y = s(0) ;               % Y=1．「;」を入力，別解計算
10: X = s(s(0)),             % X=2
11: Y = 0 ;                  % Y=0．「;」を入力，別解計算
12: false.                   % 別解なし
```

セミコロンの入力によって，別解を求めるためにバックトラック（後戻り）が行われる（6.8.3項参照）．これにより，$X+Y=2$ を満たすのは，「$X=0, Y=2$」，「$X=1, Y=1$」，「$X=2, Y=0$」である．12行目の `false` は，このほかには解がないことを表す．

6.7 論理プログラムの計算可能性

6.7.1 健全性と完全性

ある形式的体系（公理と推論規則）のもとで証明されたすべての論理式（定理）が論理的に真であるとき，その形式的体系は**健全** (sound) であるという．また，論理的に真となるすべての論理式が形式的体系のもとで証明可能である（定理となりうる）ならば，その形式的体系は**完全** (complete) であるという．

論理プログラムは，6.6.3項の例[†]のように，ある理論領域で仮定された基本命題，すなわち公理にあたる．そして，SLD導出は定理（目標節）を証明するための推論規則にあたる．このSLD導出は，健全かつ完全であることが明らかにされている[3, 34]．そのため，SLD反駁が成功すれば，目標節とされた論理式は真である（定理である）し，真である論理式（定理）であれば，それを目標節としたSLD反駁は成功する．

なお，Prologでは，導出に際して，導出対象をあらかじめ決められた規則（確定節の列挙順）によって選ぶため，完全とはいえない（演習問題 6.4 参照）．

6.7.2 論理プログラムの計算可能性

自然数上で成り立つ基本性質を論理プログラムとし，自然数に関する性質（定理）を目標節として，SLD導出を行うことで，6.6.3項で述べたように自然数上の計算を

---

† 例 6.17 では，自然数の加算が満たす性質が論理プログラムとして記述されている．

行うことが可能である．この計算能力が，帰納的関数の計算能力とどのような関係になっているのかについて述べる．

まず，自然数 k を，6.6.3 項と同様に，関数 $s^k(0)$ によって表す．すなわち，$s^k(0) = \underbrace{s(s(\cdots s(0)\cdots))}_{k\ \text{個}}$ であり，$k = 0$ のときは 0 とする．

定義 6.7　述語表現可能

自然数上の n 引数関数 f が論理プログラム Γ と述語 p_f で述語表現可能であることを，次のように定める．

「$f(x_1, x_2, \cdots, x_n) = k$ である．」 $\iff$ 「論理プログラム Γ と述語 p_f のもとで，$p_f(s^{x_1}(0), s^{x_2}(0), \ldots, s^{x_n}(0), y)$ を目標節とする SLD 反駁の導出列が存在し，そのときの単一化代入において，変数 y は $s^k(0)$ に置き換えられる．」

帰納的関数 f は，次のようにすることで，述語 p_f で述語表現可能であることが明らかにされている [5, 31, 35]．

定数関数・後者関数・射影関数は，それぞれ，次のようにして述語表現可能である．

定数関数：$p_z(x, 0) \leftarrow$
後者関数：$p_s(x, s(x)) \leftarrow$
射影関数：$p_{ui}(x_1, \ldots, x_i, \ldots, x_n, x_i) \leftarrow$

式 (4.12) の合成関数 f について，n 引数関数 $h_1, h_2, \ldots, h_m, g$ が，それぞれ，$n+1$ 引数述語 $p_{h1}, p_{h2}, \ldots, p_{hm}, p_g$ で述語表現可能であれば，p_f は次式となる．

$$p_f(\overrightarrow{\boldsymbol{x}_n}, z) \leftarrow p_{h1}(\overrightarrow{\boldsymbol{x}_n}, y_1), p_{h2}(\overrightarrow{\boldsymbol{x}_n}, y_2), \ldots, p_{hm}(\overrightarrow{\boldsymbol{x}_n}, y_n), p_g(y_1, y_2, \ldots, y_n, z)$$

式 (4.13) の原始帰納法により構成される関数 f において，n 引数関数 g と h が，それぞれ $n+1$ 引数述語 p_g, p_h で述語表現可能であれば，p_f は次式となる．

$$p_f(\overrightarrow{\boldsymbol{x}_{n-1}}, 0, z) \leftarrow p_g(\overrightarrow{\boldsymbol{x}_{n-1}}, z)$$
$$p_f(\overrightarrow{\boldsymbol{x}_{n-1}}, s(y), z) \leftarrow p_f(\overrightarrow{\boldsymbol{x}_{n-1}}, y, w), p_h(\overrightarrow{\boldsymbol{x}_{n-1}}, y, w, z)$$

式 (4.14) の最小化により構成される関数 f において，n 引数関数 g が $n+2$ 引数述語 p_g で述語表現可能であれば，p_f は次式となる．

$$p_f(\overrightarrow{\boldsymbol{x}_n}, z) \leftarrow p_g(\overrightarrow{\boldsymbol{x}_n}, 0, w), p_q(\overrightarrow{\boldsymbol{x}_n}, 0, w, z)$$

$$p_q(\overrightarrow{\boldsymbol{x}_n}, y, 0, y) \quad \leftarrow$$
$$p_q(\overrightarrow{\boldsymbol{x}_n}, y, s(v), z) \leftarrow p_g(\overrightarrow{\boldsymbol{x}_n}, s(y), w), p_q(\overrightarrow{\boldsymbol{x}_n}, s(y), w, z)$$

以上のことより，次の定理が得られる．

定理 6.8

帰納的関数は，述語表現可能である．

さらに，詳細は省略するが，帰納的関数と論理プログラムの計算能力が同等であることが示されている[†][3]．

なお，論理プログラムの手続き型プログラム（AL プログラムや while プログラムなど）への書き換えについては，文献 [32] で詳しく述べられている．

6.8　Prolog と論理型プログラミング

6.8.1　宣言型言語と手続き型言語

例 3.4 のレジスタ機械の加算のプログラムや，例 3.5 の流れ図には，加算をするための手続き（命令列）が具体的に書かれている．これに対して，Prolog では，add.pl（6.6.4 項参照）のように，項（定数，変数）の間で成り立つ関係，$0+Y=Y$ などを定義しているだけで，具体的な計算手順を記述しているわけではない．計算手続きを明示的に記述せず，データなどに関する関係だけを定義する言語は**宣言型言語** (declarative language) とよばれる．一方，レジスタ機械や AL プログラムのように計算手続きを明示的に記述する言語は，**手続き型言語** (procedural language) とよばれる．

宣言型言語の一つである Prolog ではホーン節は手続き的に解釈され，規則（確定節）を手続きとみなし，頭部を手続き名，本体を処理内容（ほかの手続き呼び出しなど）とする．たとえば，質問「?- P1, P2, P3.」は，P1 から順に手続きを呼び出す (call)．P1 が呼び出されると，規則「P1 :- Q1, Q2,...,Qn.」の本体の Q1 から順に実行される．このとき，「P1 :- Q1, Q2,...,Qn.」のうち，Qi $(1 \leq i \leq n)$ が P1 であるとき，再帰呼び出しになる．とくに，Qn が P1 であれば末尾再帰呼び出しである．これにより，関数型プログラミングの末尾再帰呼び出し（4.6.3 項参照）と同様の効果が得られる．このような解釈を，ホーン節の**手続的解釈**という．

---
† Jan Šebelík: Horn clause programs and recursive functions defined by systems of equations, Kybernetika, Vol.18, No.2, pp.106–120, 1982.

6.8.2 知識表現と推論

述語論理では，自然数に関する性質の表現のほかに，歴史上の事実や日常生活に関する知識を述語論理を使って表現することができる．表現された知識の集合（知識ベース）をもとに，推論によって新たな知識の獲得などが行える．

ここでは，家系図を例に，知識表現と推論の例を示す．

例 6.19　奥州藤原氏の家系

平安時代末期の武将，奥州藤原氏当主の家系は，初代・藤原清衡，二代・藤原基衡，三代・藤原秀衡である．この知識を Prolog で表現しよう．まず，「x は y の親である」を述語「親(x, y)」で表し，「x は y の祖父である」を述語「祖父(x, y)」で表せば，奥州藤原三代の家系は，次の Prolog プログラム fujiwara.pl で表される．

```
fujiwara.pl
1:  親(清衡，基衡).            % 清衡は基衡の親
2:  親(基衡，秀衡).            % 基衡は秀衡の親
3:  祖父(X, Z) :- 親(X, Y), 親(Y,Z).
```

1〜3 行目の知識ベースのもとで，「秀衡の祖父は？」を問いかける質問「祖父(W, 秀衡).」を入力すると，次の結果となる．

```
1: ?- 祖父(W, 秀衡).
2: W = '清衡'.
```

2 行目より，「秀衡の祖父は清衡」であることがわかる．このように，親子に関する事実と，祖父になりうる関係をもとに，祖父を見つけだすことができる．

また，例 6.1 で自動販売機 VM の動作仕様を論理式で表し知識ベースとしたことや，例 6.2 の Prolog プログラム vending-machine.pl とその実行例（6.2.3 項参照）も，知識表現と推論の例にあたる．

6.8.3 バックトラック

Prolog 処理系では，SLD 導出に基づいた計算が行われるが，6.6.2 項の手順 (1)〜(4) のうち，(3) の確定節の選択は「列挙順」としている．そのため，確定節の列挙順によっては反駁に失敗する場合もある．Prolog 処理系は，選んだ確定節と目標節とで反駁に失敗した場合，その確定節を破棄し，次の優先順位の確定節を選ぶ．この操作は**バックトラック** (backtrack) とよばれる．

たとえば，図 6.12 の確定節 Q が選択され，本体の P1, P2 が成り立ち，P3 が失敗と

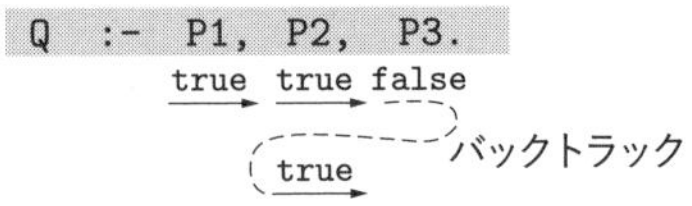

```
        Q :- P1, P2, P3.
           true true false
                    ┆ バックトラック
             true
```

図 6.12　バックトラックによる導出のやり直し

なったときにはバックトラックが行われ，P2 を再度副目標として導出が試みられ，成功したのちに再び P3 の導出を行う．

例 6.20　バックトラック

次の Prolog プログラム `backtrack.pl` を考える．なお，説明の都合上，各確定節は行番号ではなく，⟨n⟩ で区別する．

```
backtrack.pl
p(1).                    ⟨1⟩
p(0).                    ⟨2⟩
q(0).                    ⟨3⟩
rxx(X, X) :- p(X), q(X). ⟨4⟩
```

質問を「`rxx(Z, Z).`」としたときにバックトラックが生じることを，プログラムの実行過程を表示させながら確かめるために，「`trace.`」を入力する．

```
 1: ?- trace.                          % トレースモード開始
 2: [trace]  ?- rxx(Z, Z).             % 目標節
 3:    Call: (8) rxx(_12924, _12924) ? % 変数名を唯一のものに変換
 4:    Call: (9) p(_12924) ?           % 副目標 p(X)
 5:    Exit: (9) p(1) ?                % ⟨1⟩ との導出成功 [X=1]
 6:    Call: (9) q(1) ?                % 副目標 q(1)
 7:    Fail: (9) q(1) ?                % 導出失敗
 8:    Redo: (9) p(_12924) ?           % 【後戻り】副目標 p(X)
 9:    Exit: (9) p(0) ?                % ⟨2⟩ との導出成功 [X=0]
10:    Call: (9) q(0) ?                % 副目標 q(0)
11:    Exit: (9) q(0) ?                % ⟨3⟩ との導出成功
12:    Exit: (8) rxx(0, 0) ?           % 目標節の反駁成功
13: Z = 0.                             % rxx(Z, Z) の Z は 0
14: [trace] 46 ?- nodebug.             % トレースモード終了
```

2 行目の「`[trace] ?-`」はトレースモード中のプロンプトであり，目標節「`rxx(Z, Z).`」を入力することで反駁が始まる．デバッグモード中の各行の形式は，「$port : (n)\ \omega$」であり，$port$ はそれぞれ次の意味をもつ（n は探索の深さ，ω は副目標）．

- `Call`　　ω を導出対象の一つとして導出を試みる．
- `Exit`　　導出を終え，単一化代入 θ が得られた．ω は θ を適用した節．

- **Fail** ω の導出に失敗した.
- **Redo** 導出をやり直す（ω の次の優先順位を候補として試す）.

目標節の変数名を，ほかの節の変数名と重ならないように変更してから導出が試みられ（3 行目），〈4〉の本体の先頭 p(_12924) が副目標となり（4 行目），〈1〉との導出が成功する（5 行目）．このとき，変数 _12924 には 1 が代入される．次に，〈4〉の本体の 2 番目 q(1) が副目標となるが（6 行目），該当する確定節はなく，失敗する（7 行目）．そこで，バックトラックが行われ，このときの探索の深さ（9）と同じ深さで最初の副目標である p(_12924)（4 行目）の導出をやり直す（8 行目）．その後，〈2〉との導出が成功し（9 行目），q(0) が副目標となって（10 行目），〈3〉との導出が成功して（11 行目），rxx(0, 0) が得られる（12 行目）．この結果，目標節 rxx(Z, Z) の反駁の成功となり，単一化代入 [Z=0] が表示される（13 行目）．

バックトラックは，6.6.4 項での加算のプログラムの実行例で述べたように，セミコロン「;」の入力によっても行われる．「;」を入力することによって，求められた導出節が破棄され，強制的にバックトラックが行われて別解の確定節が選択される．

このようなバックトラックにより，論理プログラム中の確定節を網羅的に探索しながら反駁が試みられる．しかし，6.6.2 項の手順 (3) の選択規則を列挙順としていることから，証明可能である論理式であっても反駁が失敗することもある（演習問題 6.4 参照）．

6.8.4 カットオペレータ

論理プログラム中の確定節を網羅的に探索するバックトラックを制限するのが**カット** (cut) であり，そのための演算子が ! （カットオペレータ）である．この「!」は，図 6.13 のように，確定節の本体に挿入する.

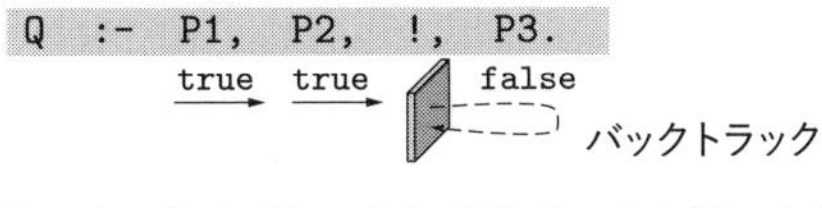

```
Q :- P1, P2, !, P3.
     true  true    false
                    ----- バックトラック
```

図 6.13　カットオペレータによるバックトラックの制御

図の確定節が選択され，本体のリテラル P1, P2 が成り立ち，P3 が失敗となったとき，バックトラックを実行しようとしても，カットオペレータがあるために，P2 に戻ってのやり直しは行われずに，この確定節が失敗となる．さらに，この確定節の頭部と同じ名前をもつ確定節も失敗となる．

例 6.21　カットオペレータのはたらき

例 6.20 の `backtrack.pl` の確定節 ⟨4⟩ の本体に以下のようにカットオペレータ ! を挿入する．

```
rxx(X, X) :- p(X), !, q(X).    ⟨4'⟩
```

その後，例 6.20 と同様に目標節を「`rxx(Z,Z)`」としてトレースすると，次の結果が得られる．

```
1: [trace] 3 ?- rxx(Z,Z).
2:    Call: (8) rxx(_5042, _5042) ?
3:    Call: (9) p(_5042) ?
4:    Exit: (9) p(1) ?
5:    Call: (9) q(1) ?
6:    Fail: (9) q(1) ?
7:    Fail: (8) rxx(_5042, _5042) ?
8: false.
```

`q(1)` が失敗するまでの 1〜6 行目までは，例 6.20 の 2〜7 行目までと同じである．`q(1)` の失敗後にバックトラックを実行しようとするが，⟨4'⟩ では「!」があるために，この確定節は失敗となる（7 行目）．

6.8.5　Prolog における自己記述

Scheme を用いて，Scheme のインタープリタの記述が可能であった（5.8.5 項参照）ように，Prolog を用いて，Prolog の処理系の記述をすることができる．1 階述語論理では述語の変数には項が代入されるが，Prolog では，述語の実引数（文字列）をプログラムコードとみなし，評価することができる．たとえば，確定節の構文「`H :- B1,B2,... ,Bn.`」を，次のように変更しよう．

$$\text{H <== B1 \&\& B2 \&\& }\cdots\text{ \&\& Bn.} \tag{6.11}$$

このために，`<==` と `&&` を演算子として宣言し，実引数として与えられた文字列 X をプログラムコードとして評価する述語を `exec(X)` とした論理プログラムが，次の `metaprolog.pl` である．

```
metaprolog.pl
1:  :- op(1200, xfx, <==).           % 演算子 <== の宣言
2:  :- op(1000, xfy, &&).            % 演算子 && の宣言
3:  exec(A && B) :- exec(B), exec(A).  % 構文（論理積）A && B の評価
4:  exec(A) :- (A <== B), exec(B).     % 構文（確定節）A<==B の評価
```

```
5:  exec(A) :- A.            % 構文（単位節）A の評価
6:  p(1).                    % 単位節
7:  r(1).                    % 単位節
8:  q(Y) <== r(Y).           % 確定節 r(X) ならば q(Y)
9:  m(X) <== p(X) && q(X).   % 確定節 p(X) かつ q(X) ならば m(X)
```

1 行目では <== を「優先度 1200, 中置記法, 演算子の結合なし」, 2 行目では && を「優先度 1000, 中置記法, 演算子は右結合」の演算子としてそれぞれ定義している[†]. 優先度の数値が小さいほど結合度が高い. そのため, A <== B && C は (A <== (B && C)) を意味する. 3〜5 行目が, 実引数として与えられた文字列を, この構文に従ったプログラムとして評価する述語 exec の定義である. 4 行目が確定節（単位節以外）, 5 行目が単位節についての評価であるため, 単位節以外の確定節を優先して対象節とする導出が行われる. ここまでがインタープリタのための記述であり, 6 行目から 9 行目が新しい構文（式 (6.11)）に従うプログラムである.

次に,「m(W)」を目標節としたときの実行例を示す. 1 行目で, この目標節を述語 exec() の実引数とした「exec(m(W)).」を入力する. その結果, 2 行目より, W には 1 が代入されて, 導出が成功したことがわかる.

```
1: ?- exec(m(W)).
2: W = 1
```

このように, プログラムの構文と, 対象節を選択する優先順序を変更したインタープリタを自己記述することができる（確定節の優先順位については演習問題 6.5 参照）.

6.9 まとめ

チューリング機械, レジスタ機械, 流れ図, 帰納的関数, ラムダ計算, 論理プログラムの六つの計算モデルの計算可能性に関する関係は, 図 6.14 のとおりである.

定理 6.8 によって, 帰納的関数で計算可能な関数は論理プログラムによっても計算可能であることが明らかにされた. これにより, 1 階述語論理の論理式をホーン節に限定して得られた論理型計算モデルでも, チューリング機械らと同様の計算能力をもつことがわかる. 論理プログラムでは, 帰納的関数が引数としてデータを保持したのと同様に, 述語の引数としてデータを保持している. ただし, 関数の引数が入力データ, 関数の戻り値（計算結果）が出力データに相当するのに対し, 述語の引数には入力と出力の区別がなく, データどうしに成り立つ関係（等号, 大小など）が表されている.

[†] Prolog の「:-」は, op(1200, xfx, :-). として宣言されている.

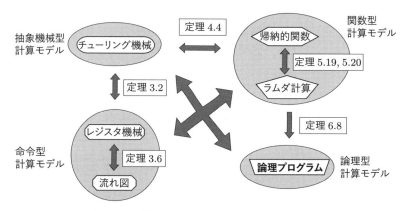

図 6.14　計算モデルどうしの計算可能性の関係

これまでの議論より，本書で解説した六つの計算モデルの計算能力は等しく，いずれかの計算モデルで計算可能な関数は，ほかの計算モデルでも計算可能であることがわかる．したがって，「計算可能な関数は帰納的関数である」としたチャーチの提唱（4.5.3 項参照）は妥当であるといえる．

演習問題

6.1　自然数 x に関するペアノの公理系は，次のように表すことができる．
- $x + 0 = x$
- $x + s(y) = s(x + y)$
- $x \times 0 = 0$
- $x \times s(y) = x \times y + x$

これらを Prolog プログラムとして定義し，加算と乗算が行えることを実行例とともに示せ．

〔ヒント〕例 6.17 や問 6.13 を参照．

6.2　自然数 n までの総和 $0 + 1 + \cdots + n$ を計算する Prolog プログラムを次に示す．

```
sum.pl
1:  sum(0, 0).
2:  sum(N, S) :- N > 0, N1 is N - 1, sum(N1, S1), S is N + S1.
```

この述語 sum は，例 4.4 の再帰関数による計算法と同様に，N までの総和 S を，「N」と「$N-1$ までの総和」の和で求めている．この sum.pl を，末尾再帰呼び出し（6.8.1 項参照）に書き換えよ．

6.3 式 (1.1) の条件分岐を実現する述語 if(Cond, Then, Else) を Prolog 上で定義せよ。この述語は，「Cond が真ならば，Then が成り立ち，そうでなければ Else が成り立つ」ものである。そして，この述語 if を用いて，例 1.1 の条件付減算を計算する述語 subc を定義せよ。

6.4 Prolog のもとでは，真の論理式であっても証明できない場合がある．このことを，次の論理プログラムをもとに説明せよ．

```
SLD-comp.pl
1:  q(1, 0).
2:  q(X, Z) :- q(X, Y), q(Y, Z).
3:  q(X, Y) :- q(Y, X).
```

〔ヒント〕SLD-comp.pl は，目標節 q(0,1) に対して，計算が停止しない．しかし，確定節の順序を適切に入れ換えると停止する．

6.5 演習問題 6.4 のように，Prolog では，論理プログラム中の確定節（単位節も含む）の記述順序を優先順序として，対象節が選択される．これに対して，6.8.5 項のインタープリタ metaprolog.pl では，同じ頭部であれば，列挙順にかかわらず，単位節以外の確定節を優先するように変更した．このように優先度が変更されたことが確かめられるサンプルプログラムを作成せよ．

6.6 図 6.1 の自動販売機 *VM* を，以下の実行例を参考にして Prolog で実現せよ．ただし，複数枚の硬貨の入金に対応できるように，Prolog のリストを用いて，たとえば，[100, 50] で 150 円，[50, 100, 50] で 200 円をそれぞれ表すこととし，述語「購入2(M, B, G)」によって，「投入総額 M とボタン B とで商品 G が購入できる」ものとせよ．

```
?- 購入2([50,50,100], 緑, W).     % 200 円とボタン緑を入力
W = c.
```

付録 A 数学の準備

A.1 論理

正しい (真) か正しくない (偽) かが定まる文 (式を含んでよい) を**命題**という．任意の命題は**論理式**として以下の**論理結合子** $\vee, \wedge, \neg, \Longrightarrow, \Longleftrightarrow$ と組み合わせて表される．ここで，φ, ψ は任意の論理式を表す．

- $(\varphi \vee \psi)$ 「φ または ψ」を表す命題 (**論理和**，**選言**)．
- $(\varphi \wedge \psi)$ 「φ かつ ψ」を表す命題 (**論理積**，**連言**)．
- $(\neg \varphi)$ 「φ でない」を表す命題 (**否定**)．
- $(\varphi \Longrightarrow \psi)$ 「φ ならば ψ」を表す命題 (**含意**)．
- $(\varphi \Longleftrightarrow \psi)$ 「$(\varphi \Longrightarrow \psi)$ かつ $(\psi \Longrightarrow \varphi)$」を表す命題 (**同値**)．

論理結合子の優先順位を $\neg, \wedge, \vee, \Longrightarrow, \Longleftrightarrow$ と定め，論理式の外側のカッコを省略した略記法を用いることとする．したがって，「$\neg \varphi \vee \psi \Longrightarrow \psi$」は，「$(((\neg \varphi) \vee \psi) \Longrightarrow \psi)$」を表す．

真と偽をそれぞれ T と F で表し，両者を合わせて**真理値**とよび，これらもまた論理式 (命題) とみなす．論理結合子を含む論理式の真理値は，次のとおり．

φ	ψ	$\varphi \wedge \psi$	$\varphi \vee \psi$	$\neg \varphi$	$\varphi \Longrightarrow \psi$	$\varphi \Longleftrightarrow \psi$
T	T	T	T	F	T	T
T	F	F	T	F	F	F
F	T	F	T	T	T	F
F	F	F	F	T	T	T

この表は**真理値表**とよばれ，二つの論理式 φ, ψ の真偽が同じである（表中の列の真偽の並びが等しい）とき，$\varphi \Longleftrightarrow \psi$ が成り立つ．

例 A.1　論理式

次の真理値表より，次式が成り立つことがわかる．

$$(\varphi \Longrightarrow \psi) \Longleftrightarrow (\neg \varphi \vee \psi) \tag{A.1}$$

φ	ψ	$\neg\varphi$	$\neg\varphi \vee \psi$	$\varphi \Longrightarrow \psi$
T	T	F	T	T
T	F	F	F	F
F	T	T	T	T
F	F	T	T	T

A.2　集　合

　考察の対象となる「もの」の集まりを**集合**という．集合に属している「もの」を**要素**または**元**という．要素を一つも含まない集合は**空集合**といい，$\emptyset$ または $\{\}$ と表す．有限個の要素からなる集合を**有限集合**といい，無限個の要素を含む集合を**無限集合**という．集合の表し方には，要素 $a, b, c, \ldots$ を列挙した $\{a,\ b,\ c, \ldots\}$（**外延的記法**）と，集合に属する要素 x が満たすべき条件 $p(x)$ を明記した $\{x \mid p(x)\}$（**内包的記法**）がある．以下に，集合 A, B に関する記号や演算を示す．

- $a \in A$　要素 a が A に属する（含まれる）．A は a を含む．
- $a \notin A$　$a \in A$ の否定．要素 a は A に属さない．
- $|A|$　A の**基数**．有限集合 A の要素の個数．
- $A \subset B$　A は B の**部分集合**．A のすべての要素が同時に B の要素である．任意の集合 A に対して $\emptyset \subset A$．$A \subset B$ かつ $A \neq B$ のとき，A は B の**真部分集合**という．なお，真部分集合ではないことを $A \subseteq B$ または $A \subseteq B$ と書き，真部分集合であることを $A \subsetneq B$ または $A \subsetneq B$ と書くこともある．
- $A = B$　A と B は**等しい**．$A \subset B$ かつ $B \subset A$ のとき，A と B はまったく同じ要素からなる．
- $A \cup B$　A と B の**合併集合**（和集合）．$A \cup B = \{x \mid x \in A$ または $x \in B\}$．
- $A \cap B$　A と B の**共通集合**（積集合）．$A \cap B = \{x \mid x \in A$ かつ $x \in B\}$．$A \cap B = \emptyset$ であるとき，A と B は**互いに素**であるという．
- $A \times B$　A と B の**直積**．$A \times B = \{(a, b) \mid a \in A, b \in B\}$．直積の要素 (a, b) を**順序対**という．$|A \times B| = |A| \times |B|$．
- $\mathbb{N}$　自然数全体からなる集合 $\{0, 1, 2, 3, \ldots\}$．
- $\mathbb{Z}$　整数全体からなる集合 $\{\ldots, -3, -2, -1, 0, 1, 2, 3, \ldots\}$．

例 A.2　集合の表記
　外延的記法と内包的記法による記述例を以下に示す．ここで，mod は剰余を求める演算を表す．

$$\{1, 2, 3, 4, 5\} = \{x \mid x \in \mathbb{N},\ 0 < x < 6\} \tag{A.2}$$

$$\{1,3,5,7,9\} = \{x \mid x \in \mathbb{N},\ 0 < x < 10,\ x \bmod 2 \neq 0\} \tag{A.3}$$

$$\{(1,1),(2,2),(3,3)\} = \{(x,y) \mid x \in \mathbb{N},\ y \in \mathbb{N}, x = y, 0 < x \leq 3\} \tag{A.4}$$

例 A.3　集合演算

$A = \{u,v\}$, $B = \{2,4,6\}$ であるとき，次式が成り立つ．

$u \in A$,　$2 \in B$,　$u \notin B$,　$\emptyset \subset A$,　$\{2,4\} \subset B$,　$A \cup B = \{u,v,2,4,6\}$,

$A \cap B = \emptyset$, $|A| = 2$, $|B| = 3$, $A \times B = \{(u,2),(v,2),(u,4),(v,4),(u,6),(v,6)\}$,

$|A \times B| = |A| \times |B| = 6$

A.3　論理と集合

ある集合 U を変域とする変数 x を含む文で，x に U の要素を代入したときに真偽が定まるものを，x についての**条件**，あるいは**述語**という．変数 x についての条件（述語）を $p(x)$ などと表す．「述語 $p(x)$ を真」にする要素 $x \in U$ からなる集合と，「$p(x)$ を偽」にする要素 $x \in U$ からなる集合を，それぞれ次のように表す．

$$\mathsf{T}_p = \{x \in U \mid p(x)\},\quad \mathsf{F}_p = \{x \in U \mid \neg p(x)\}$$

このうち，T_p を**真理集合**という．

「x の変域 U のすべての要素について $p(x)$ が成立する」を「$\forall x\, p(x)$」あるいは変域を明記して $\forall x \in U p(x)$ と表す．また，「変域 U の中に $p(x)$ が成立する x が少なくとも一つ存在する」を「$\exists x\, p(x)$」と表す．$\forall$ と $\exists$ をそれぞれ**全称記号**，**存在記号**という．

述語 $p(x)$ や $\forall\, p(x), \exists x\, p(x)$ もまた論理式とする．このとき，一般的に $p(x)$ の変数 x の変域が $U = \{x_1, x_2, \ldots, x_n\}$ のとき，次式が成り立つ．

$$\forall x\, p(x) \iff p(x_1) \wedge p(x_2) \wedge \cdots \wedge p(x_n) \iff \mathsf{T}_p = U$$

$$\exists x\, p(x) \iff p(x_1) \vee p(x_2) \vee \cdots \vee p(x_n) \iff \mathsf{T}_p \neq \emptyset$$

例 A.4　真理集合

次の述語 $ev(x), od(x), pr(x)$ の x の変域を $U = \{1,2,3,4,5,6,7,8,9,10\}$ とする．

$ev(x) : x$ は偶数,　$od(x) : x$ は奇数,　$pr(x) : x$ は素数

このとき，次式が成り立つ．

$$\mathsf{T}_{ev} = \{2,4,6,8,10\},\quad \mathsf{T}_{od} = \{1,3,5,7,9\},\quad \mathsf{T}_{pr} = \{2,3,5,7\}$$

したがって，$\exists x\, ev(x), \exists x\, od(x), \exists x\, pr(x), \forall x(ev(x) \vee od(x))$ はいずれも成り立つが，$\forall x\, ev(x), \forall x\, od(x), \forall x\, pr(x)$ はいずれも成り立たない．

A.4 関数

集合 X の各要素に集合 Y のある要素を一つだけ対応させる規則 f が与えられているとき，f は X から Y への**関数**といい，$f: X \to Y$ と表す．ここで，X, Y を，それぞれ f の**定義域**と**終域**とよぶ．f によって X の要素 x に Y の要素 y が対応するとき，$f(x) = y$ と書き，$f(x)$ を x における f の値という．$f(X) = \{f(x) \mid x \in X\}$ を**値域**といい，$f(X) = Y$ が成り立つとき，f を**全射**あるいは**上への関数**という．定義域と値域を，まとめて変域とよぶ．また，$\forall x_1, x_2 \in X(x_1 \neq x_2 \Longrightarrow f(x_1) \neq f(x_2))$ であるとき，f は**単射**あるいは **1 対 1 関数**という．そして，単射かつ全射であるとき，**全単射**という．

例 A.5 関数の種類

図 A.1(a) の関数 $f_1 : A \to B$ は $f_1(A) = \{f_1(1), f_1(2), f_1(3), f_1(4)\} = \{6, 7, 8\} \neq B$ なので，全射ではない．また，$3 \neq 4$ について，$f_1(3) = f_1(4)$ なので単射でもない．図 (b) の関数 $f_2 : B \to C$ は $f_2(B) = \{f_2(6), f_2(7), f_2(8), f_2(9)\} = \{10, 11, 12, 13\} = C$ なので，全射である．さらに，単射でもあるため，全単射である．図 (c) の関数 $f_3 : A \to A$ は，全射でも単射でもない．なお，$f_3(1)$ は未定義なので，部分関数である．

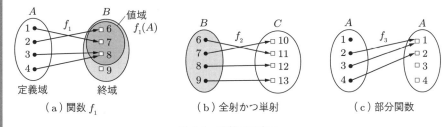

図 A.1 関数の図表示

図 A.1 の f_1 と f_2 において，$f_1(1) = 7$ かつ $f_2(7) = 10$ より，$f_2(f_1(1)) = 10$ が得られる．このように，$x \in A$ と $z \in C$ を対応付ける関数を f_1 と f_2 の**合成関数**といい，$f_2 \circ f_1$ と表す．

A.5 グラフと木

ノード（節点）の有限集合 V と，V の二つのノードの順序対の集合 $E \subseteq V \times V$ の組 $G = (V, E)$ を**グラフ**という．順序対 (v_1, v_2) を**枝**あるいは**辺**とよび，v_1 と v_2 を枝の**端点**とよぶ．とくに，$v_1 = v_2$ である枝 $(v_1, v_1) \in E$ を**自己ループ**という．枝の向きを考慮しない，すなわち，(v_1, v_2) と (v_2, v_1) を同一視するグラフを**無向グラフ**という．いま，ノードを○で，枝を○と○を結ぶ線分で表すならば，無向グラフは図 A.2 (a) のように表現される．

(a, b) や (b, c) などは枝である.

一方, 枝 (v_1, v_2) の v_1 を**始点**, v_2 を**終点**として方向も考慮するグラフを**有向グラフ**といい, 図においては, 図 (b) のように方向に合わせて枝に矢印を付ける. 方向をもつ枝を, **有向枝**あるいは**アーク**とよぶ. アーク上の記号（図 (b) では 1, 2 などの数）は**ラベル**とよばれる.

グラフ $G = (V, E)$, ノード列 $P : v_1, v_2, \ldots, v_k$ が $(v_i, v_{i+1}) \in E$, $1 \le i \le k-1$ を満たすとき, P を v_1 から v_k への**路**, または道とよぶ. 路 P における枝の本数 $k-1$ を P の**長さ**とする. 路 P の v_1 と v_k が等しいとき, **閉路**という. 任意の 2 ノード間に路（向きは問わない）が存在するとき, G は**連結**グラフという.

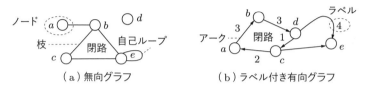

図 A.2　グラフの図による表現例

例 A.6　無向グラフと有向グラフ

図 A.2 (a) のノード列 b, c, e, b は長さ 3 の路であり, 閉路でもある.

図 (b) のノード列 a, b, d, e は長さ 3 の路であり, ノード列 a, b, d, c, a は長さ 4 の閉路である. なお, 図 (b) は連結グラフであるが, 図 (a) はそうではない.

有向グラフにおいて, 枝の方向を無視して得られる無向グラフが閉路をもたないならば, **有向木**という. 有向木において, どの枝の終点にもなっていないノード r が存在し, r からはほかの任意のノードへ路が存在するとき, r を**根**とよび, このときの有向木を**根付き木**という. 図で表すときには, 根を最も上に描き, 枝の方向を上から下へと定め, 矢印を省略して描くことが多い（根を左に, 枝の方向を左から右へとする場合もある）. 図 A.3 は r を根とした根付き木の例である. 本書では,「木」といえば根付き木のことを指すものとする.

木において, ある枝の端点のうち相対的に根に近いもの (上の端点) はもう一つ (下の端点) の**親**といい, 逆の関係を**子**という. 子をもたないノードを**葉**という. ノード u からノード v への道が存在するとき, u を v の**先祖**, v を u の**子孫**という. なお, 各ノードは自分自身の先祖でもあり, 子孫でもあるとする. 根からあるノードまでの路の長さをそのノードの**深さ**

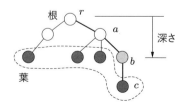

図 A.3　根付き木の例

といい，根から葉までの最長路の長さを**木の高さ**という．

例 A.7　木

図 A.3 は高さ 3 の木であり，ノード b の深さは 2，親と子はそれぞれ a と c である．また，b の先祖は r, a, b であり，子孫は b, c である．

A.6　アルファベットと言語

記号の集合，たとえば，$\{0, 1\}$ や $\{a, b, \ldots, z\}$ などを**アルファベット**という．アルファベット Σ に属する記号を有限個並べた記号列を Σ 上の**語**，あるいは**記号列**という．たとえば，$\Sigma = \{0, 1\}$ 上の語には，0, 01, 110, 111 などがある．語を構成する記号数を，**語の長さ**という．特別な語として，長さ 0 の語を**空語**，あるいは**空列**といい，ε で表す．また，ある記号 x が n 個続けて並んだ記号列を x^n と書く．たとえば，000 と 11100 は，それぞれ，0^3 と $1^3 0^2$ である．

アルファベット上の語の集合を**言語**という．アルファベット Σ についての特別な言語として，Σ^* を，「空語 ε を含めて，Σ 上のすべての語よりなる言語」と定める．そして，Σ^* から ε を除いた言語を Σ^+ とする．すなわち，$\Sigma^* = \Sigma^+ \cup \{\varepsilon\}$．

例 A.8　語と言語

アルファベット $\Sigma = \{0, 1\}$ 上の長さ 2 の語からなる言語は $\{00, 10, 01, 11\}$，末尾が 0 の語からなる言語は $\{0, 00, 10, 000, 100, 110, 0000, \ldots\}$ である．

たとえば，$\Sigma = \{0, 1\}$ の場合，Σ^* と Σ^+ はそれぞれ次のようになる．

$\Sigma^* = \{\varepsilon, 0, 1, 00, 11, 01, 10, 000, 001, 010, \ldots\}$

$\Sigma^+ = \{0, 1, 00, 11, 01, 10, 000, 001, 010, \ldots\}$

付録 B チューリング機械シミュレータ

B.1 TMの定義ファイル

チューリング機械 (TM) シミュレータにおけるチューリング機械 M の定義は，次式のように，m 個の状態を自然数 $0, 1, \ldots, m-1$ で表し，「0」は初期状態とする．

$M = \langle Q, \Sigma, \delta, q_0, q_H \rangle$

$\quad Q = \{0, 1, \ldots, m-1\}, \quad$ 状態は自然数表記

$\quad \Sigma = \{s_0, s_1, \ldots, s_{n-1}\}, \quad$ テープ上のアルファベット

$\quad \delta(i, s_j) = (x_{i,j}, y_{i,j}, z_{i,j}), \quad 0 \leq i \leq m-1, \quad 0 \leq j \leq n-1$

$\qquad x_{i,j} \in Q$：遷移先の状態

$\qquad y_{i,j} \in \Sigma$：書き込む記号

$\qquad y_{i,j} \in \{\mathrm{R}, \mathrm{L}\}$：移動方向

$\quad q_0 = 0, \quad$ 初期状態は最初の状態 0

$\quad q_H = m-1, \quad$ 停止状態は最後の状態 $m-1$

この定義をもとに，次のフォーマットに従って定義ファイルを作成する．ここで，「m」は状態総数，「n」は記号総数をそれぞれ表す．動作関数 δ は，全部で $m \times n$ 個の要素（空白で区切る）を，m 行ごとに空行を入れる．

```
m
n    s_0      s_1      ...    s_{n-1}

x_{0,0}      y_{0,0}      z_{0,0}      ⎫
  ⋮            ⋮            ⋮          ⎬ 現在の状態が「0」の場合
x_{0,n-1}    y_{0,n-1}    z_{0,n-1}    ⎭

x_{1,0}      y_{1,0}      z_{1,0}      ⎫
  ⋮            ⋮            ⋮          ⎬ 現在の状態が「1」の場合
x_{1,n-1}    y_{1,n-1}    z_{1,n-1}    ⎭

  ⋮            ⋮            ⋮
```

$$\left.\begin{array}{ccc} x_{m-1,0} & y_{m-1,0} & z_{m-1,0} \\ \vdots & \vdots & \vdots \\ x_{m-1,n-1} & y_{m-1,n-1} & z_{m-1,n-1} \end{array}\right\} 現在の状態が「m-1」の場合$$

B.2 シミュレータの起動

TM シミュレータのソースファイル TM.c, TM.py は, 次の URL から入手可能である.

https://www.morikita.co.jp/books/mid/085471

このうち, TM.c をダウンロードし, C コンパイラを用いて実行ファイル TM を生成する. たとえば, gcc を用いる場合は次のとおり.

```
$ gcc -o TM TM.c
```

シミュレータ TM を起動するときには, 実行ファイル TM の引数として定義ファイル, たとえば TM-2.tm を与える.

```
$ TM TM-2.tm
Sigma = {0, 1, *, N, Y, _}
Input Initial Tape ?
```

起動後には, テープの初期状態 (入力語) が求められるので, Σ の要素からなる非空白文字列を入力する. たとえば,「01」を入力すると, 次のような実行例となる.

```
Input Initial Tape ? 01
 [ 0] : _01_____
         ^
         ^
    【 中   略 】
```

ここで, 行頭の「[i]」は状態 i ($0, \ldots, m-1$) を,「^」はヘッドの位置,「_」は空白を表す.

なお,「Input Initial Tape ?」のときに,「quit」を入力するとシミュレータは終了する. それ以外で, シミュレータを終了させるには, Ctrl-C を入力する[†].

上記 URL からダウンロード可能なサンプルプログラムは次のとおり.

- M-1.tm   2 進法表記の 1 との和 (例 2.6)
- M-2.tm   0 と 1 の個数の同値判定 (例 2.8)
- M-3.tm   左右 ( ) の釣り合い判定

[†] Ctrl-C は, Ctrl キーを押下したまま C キーを押すことを表す.

付録 C

レジスタ機械シミュレータ

C.1 RM のプログラム

レジスタ機械 (RM) シミュレータにおけるプログラムは，表 3.1 の RM の命令表の命令コード op_i とオペランド（番地）ord_{i+1} からなる（空白で区切る）．$i = 0, 1, 2, \ldots$ はプログラム領域の番地を表し，命令コードは偶数番地 $(0, 2, 4, \ldots)$，オペランドは奇数番地 $(1, 3, 5, \ldots)$ である．命令コードは数字ではなく，名前（英大文字列）で記述する．オペランドを必要としない命令（SUCC, PRED, HALT）の場合，空白とする[†]．

なお，コメントの始まりは // であり，行末までが読み飛ばされる．

```
op0     ord1     // コメント 1
op2     ord3
op4     ord5
  ⋮       ⋮
HALT             // 最後の行は HALT
```

このプログラムを，拡張子 (suffix) を .rm あるいは .ram としたファイル名（たとえば smaple.ram）で保存しておく．

C.2 シミュレータの起動

RM シミュレータのソースファイル RM.c, RM.py は，次の URL から入手可能である．

    https://www.morikita.co.jp/books/mid/085471

このうち，RM.c をダウンロードし，C コンパイラを用いて実行ファイル RM を生成する．たとえば，gcc を用いた場合は次のとおり．

```
$ gcc -o RM RM.c
```

シミュレータ RM を起動するときには，RM プログラムのファイル名を引数として与える

[†] この場合，奇数番地には仮のオペランドとして 0 が代入される．

（拡張子は .ram）．このとき，次のオプションを指定できる．

- -s　　　　ステップ実行．⏎で再開し，Q（のあと⏎）で終了
- -t　　　　ステップごとにレジスタの内容を出力
- -r n　　　レジスタ領域の 0～n 番地までを出力（デフォルト 7）

HALT 命令が実行されるとプログラムは自動的に終了し，そのときの制御装置の状態（命令カウンタ，命令レジスタなど）とレジスタ領域の内容が印字される．

なお，途中で強制終了させるには Ctrl-C を入力する[†]．

ステップ実行の場合，「-s」を付けると，一つの命令を実行したあとで，次の画面となる．

```
$ RM -s sum.ram
----------------------------------------
       【   中       略   】
              | 5| 0|
              | 6| 0|
              ------------
--(1 サイクル実行：Return　連続実行：c　終了：q) ?
```

⏎で再開（一つの命令実行）し，C（のあとに⏎）で連続実行に切り替わり，Q（のあとに⏎）により終了する．

上記 URL からダウンロード可能なサンプルプログラムは次のとおり．

- plus.rm　　　　　加算（例 3.2）
- sum.rm　　　　　総和（例 3.3）
- minus.rm　　　　SUB を用いない減算
- multi.rm　　　　乗算
- plus_succ.rm　　ADD を用いない加算（問 3.4）

[†] Ctrl-C は，Ctrl キーを押下したまま C キーを押す入力を表す．

演習問題のヒントと解答

紙面の都合上,プログラムの表記法(インデントの仕方など)は本文と異なっている.また,一部の問については割愛している.

第1章
1.1 関数型：ML, OCaml, Scala など.手続き型：Basic, Pascal, Perl など.
1.2 空欄には,上から順に,「$n>1$」,「$n \leftarrow n-2$」,があてはまる.
1.3 空欄には,上から順に,「$n>1$」,「$fn \leftarrow n1+n2$」,「$n1 \leftarrow fn$」,「$n2 \leftarrow n1$」,「$n \leftarrow n-1$」があてはまる.
1.4 ユークリッドの互除法は,整数 x,y の最小公倍数を求めるアルゴリズム.このアルゴリズムは,mod を剰余演算としたとき,次の AL プログラムとなる.
read(x); **read**(y); $a \leftarrow x$; $b \leftarrow y$;
while $(b \neq 0)$ **do** $r \leftarrow a \bmod b$; $a \leftarrow b$; $b \leftarrow r$; **end**; **write**(a);

第2章
2.1 下図では,追加したアークのラベルのみ記述している.

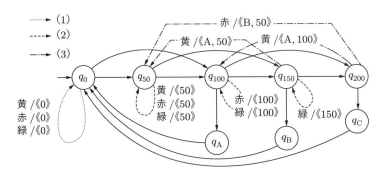

2.2 状態遷移図：【メリット】初期状態から到達可能(不可能)な状態を見つけやすい.繰り返し動作(周期動作)の有無を判断しやすい.【デメリット】状態遷移の漏れ(記載ミス)を見つけにくい.状態数が多くなると解読しにくい.

状態遷移表：【メリット】状態遷移の漏れ(記載ミス)を見つけやすい(空欄の有無をチェックすればよい).遷移可能性を調べやすい.【デメリット】遷移関係が少ないと,疎行列になりやすく,記憶領域に無駄が出やすい.繰り返し動作(周期動作)の有無を判断しにくい.

演習問題のヒントと解答 | 203

2.3 両方向に延びるテープをもつチューリング機械 TM_{RL} のテープのあるマス目から左右に続くマス目「・・・,L2,L1,L0,R0,R1,R2,・・・」を，片方向にのみ延びるテープをもつチューリング機械 TM_R のテープ上に「L0,R0,L1,R1,L2,R2,・・・」として並べていけば，TM_R は TM_{RL} を模倣できるので，TM_R は TM_{RL} と同等の計算能力をもつ．また，1本だけのテープをもつチューリング機械 TM_1 のテープのマス目を n 分割するなどして，$n>1$ 本のテープをもつチューリング機械 TM_n の各テープ上のマス目を並べていけば，TM_n は TM_1 を模倣できるので，TM_n は TM_1 と同等の計算能力をもつ．

2.4 $TM_f = \langle Q_f, \Sigma, \delta_f, q_{0f}, q_{Hf}\rangle$ かつ，$TM_h = \langle Q_h, \Sigma, \delta_h, q_{0h}, q_{Hh}\rangle$ であるとき，$TM_{hof} = \langle Q_{hof}, \Sigma, \delta_{hof}, q_0, q_H\rangle$ は次のものとする．TM_f の q_{Hf} と TM_h の q_{0h} を同一視し，Q_h と Q_f が互いに素な集合となるように Q_h の要素名を変更する．ただし，$q_{Hf} = q_{0h}$．そのうえで，$Q_{hof} = Q_h \cup Q_f$ とする．$\delta_{hof}(q,x)$ は，$q \in Q_f$ ならば $\delta_f(q,x)$，$q \notin Q_f$ ならば $\delta_h(\langle q\rangle,x)$．ここで，$\langle q\rangle$ は変更前の要素名．さらに，$q_0 = q_{0f}$，$q_H = q_{Hh}$（変更後の要素名）．

2.5 定理 2.5 における「TM の定義」を「プログラム」とし，「UTM」を「停止性判定プログラム」に置き換えて証明を構成すればよい．

2.6 アメリカの学会 ACM が 1966 年以降，ソフトウェアの分野で優れた業績をあげた研究者に与える賞．これまでの受賞者には，ミンスキー，マッカーシー，ダイクストラ (E. W. Dijkstra)，バッカス (J. Backus) らがいる．

第 3 章

3.1 $n=4$，$s=10$ とし，「$1+2+3+4$」の総和を求めるサンプルプログラムを示す．命令の区切り文字を；とする（左から右への並び順）．

```
SETC  4; STORE 0; SETC 10; STORE 1; SETC  1; STORE 2; SETC  2; STORE 3;
SETC  3; STORE 4; SETC  4; STORE 5; LOAD  0; SUCC    ; STORE 0;
LOADI 0; ADD   2; STORE 2; LOAD  0; PRED    ; STORE 0;
PRED    ; PRED    ; JZERO 50; JUMP 30; LOAD  2; STOREI 1; HALT    ;
```

1〜2 行目は初期値設定：$M[0] \leftarrow 4$，$M[1] \leftarrow 10$，$M[2] \leftarrow 2,\ldots,M[5] \leftarrow 4$．3 行目は加算の繰り返し（$M[1]$ をカウンタとし，$M[2]$ に総和を格納）：$M[0] \leftarrow M[0]+1$，$M[2] \leftarrow \underline{M[M[0]]}+M[2]$，$M[0] \leftarrow M[0]-1$．4 行目は終了判定：$M[0]-2$ が 0 ならば $M[2]$ の値を $\underaccent{\tilde{}}{M[M[1]]}$ に格納し終了．そうでなければ，3 行目の LOADI へ戻り，加算を継続する．このとき，カウンタ $M[1]$ は繰り返し中に「$n+1, n, \ldots, 2$」と減じられ，$M[n+1]+M[n]+\cdots+M[2]$ によって総和が求められる．なお，下線部と波線部のために，それぞれ，LOADI と STOREI が使用されている．

3.2 たとえば，$M[1]$ の数を $0, 1, 2, \ldots$ と増分していきながら，$M[0]$ と比べて，ちょうど，$M[1]+1 = M[0]$ となる $M[1]$ を作ればよい．

3.3 $x_1 \times x_2$ は，下図によって，w_3 に x_2 個分の x_1 の和を代入する．

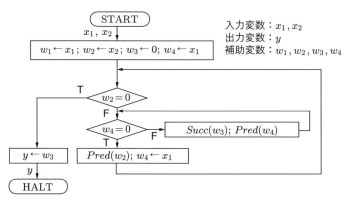

3.4 Scratchのスクリプトと実行例は下図のとおり.

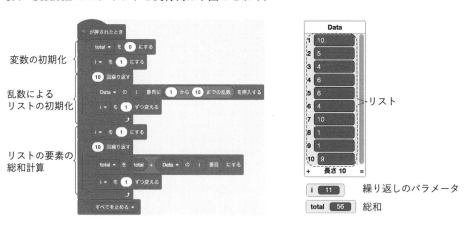

3.5 略

3.6 Scratchのスクリプト（2段に分割表示）と実行例は次図のとおり.

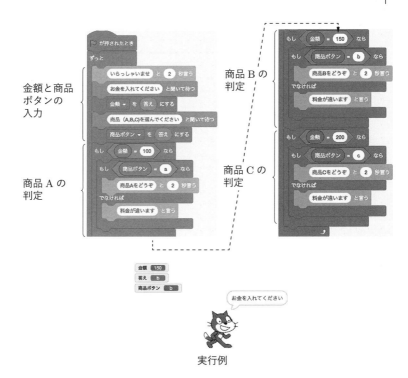

実行例

第 4 章

4.1 $equal(x,y) = sign((x \ominus y) + (y \ominus x))$.

4.2 常に 0 を値にとる（n 引数関数の）定数関数 C_0^n は，C と n 引数の射影関数の合成 $C \circ U_1^n$ から構成される．さらに，後者関数 S を k 回合成することで，本書の定数関数が $C_k^n = \underbrace{S \circ S \circ \cdots \circ S \circ S}_{k \text{ 個}} \circ C_0^n$ として構成される．任意の自然数は「0 と後者関数」で構成されることを利用したことによる．

4.3 $div'(x_1, x_2) = \mu y(equal(nsign(x_2 \times (y+1) \ominus x_1), 0))$.

4.4 **read**(x); **read**(y); **while** $(y \neq 0)$ **do** $x \leftarrow g(x)$; $y \leftarrow y-1$; **end**; **write**(x);

4.5 ; を区切り文字とする（左から右への並び順）．
```
vm_1 100 'Y' = print "JuiceA";     vm_1 150 'R' = print "JuiceB";
vm_1 200 'G' = print "JuiceC";     vm_2 lst y = vm_1 (amount lst) y;
amount [] = 0;                     amount (x:ls) = (amount ls) + x;
```

第 5 章

5.1 (1) $\overline{SIGN}(x) = \lambda x.(\textbf{if } \overline{ZERO?}(x) \textbf{ then } \overline{0} \textbf{ else } \overline{1})$ (2) 略

5.2 $\Theta F \equiv (\lambda xy.y(xxy))(\lambda xy.y(xxy))F \xrightarrow{*}_\beta F((\lambda xy.y(xxy))(\lambda xy.y(xxy))F) \equiv F(\Theta F)$

5.3 $\overline{FACT} =_\beta \lambda n.\textbf{if } \overline{ZERO?}\, n \textbf{ then } \overline{1} \textbf{ else } \overline{MULTI}\, n(\overline{FACT}(\overline{PRED}\, n))$. $fact(2)$ の評価は略.

5.4 (1) $\mathbf{SKK} \equiv (\lambda xyz.xz(yz))\mathbf{KK} \twoheadrightarrow_\beta \lambda z.\mathbf{K}z(\mathbf{K}z) \twoheadrightarrow_\beta \lambda z.z \equiv \mathbf{I}$ より，$\mathbf{SKK} =_\beta \mathbf{I}$.
(2) $\mathbf{SKS} \twoheadrightarrow_\beta \lambda z.\mathbf{K}z(\mathbf{S}z) \twoheadrightarrow_\beta \lambda z.z \equiv \mathbf{I}$ より，$\mathbf{SKS} =_\beta \mathbf{I}$.
(3) $\mathbf{S}(\lambda x.M)(\lambda x.N) \twoheadrightarrow_\beta \lambda x.((\lambda x.M)z)((\lambda x.N)z) \twoheadrightarrow_\beta \lambda x.MN$ より，
$\mathbf{S}(\lambda x.M)(\lambda x.N) =_\beta \lambda x.MN$.

5.5 my-Scheme.scm の 11〜13 行目を，次のように変更するとよい．
```
11':       ((eval (caddr x) ())        ; 演算子の評価
12':           (myeval (car x))        ; 第1実引数の評価
13':           (myeval (cadr x))))     ; 第2実引数の評価
```

第6章

6.1 四つの性質は，加算と乗算に関する3引数の述語 add と multi を用いれば，それぞれ，次のホーン節で表せる．
```
add(X,0,X).    add(X,s(Y),s(Z)) :- add(X,Y,Z).
multi(X,0,0).  multi(X,s(Y),Z) :- multi(X,Y,W), add(X,W,Z).
```
例 6.17 と問 6.13 とは引数の並び順で違いは見られるが，導出は同じように行われる．

6.2 次のように 3 引数の述語 sum_tail を導入し，計算途中の値を第 2 引数にもたせながら，再帰呼び出しにより計算する．
```
sum(N, S) :- sum_tail(N, 0, S).    sum_tail(0, S, S).
sum_tail(N, T, S) :- N > 0, T1 is T + N, N1 is N - 1, sum_tail(N1, T1, S).
```

6.3 条件分岐と減算，それぞれに対応する述語 if と subc は次のとおり．
```
if(Cond, Then, Else) :- Cond, !, Then.    if(Cond, Then, Else) :- Else.
subc(X,Y,Z) :- if(X>Y, Z is X-Y, Z is 0).
```

6.4 SLD-comp.pl では，目標節 q(0,1) に対して，2 行目の確定節との導出が行われる．それによって，再帰呼び出しが続けられ，計算が停止しない．これに対して，2 行目と 3 行目の確定節の順番を入れ換えれば，目標節 q(0,1) に対して q(X,Y):-q(Y,X) との導出が行われて計算が停止する．このように，確定節の列挙順によっては，論理式 q(0,1) が成り立つことを証明できないこともある．

6.5 サンプルプログラムを次のものとする．
```
a(0).  b(1).  c(2).  d(3).  a(2) <== c(2).  b(3) <== d(3).
e(X,Y) <== a(X) && b(Y).
```
目標節を exec(e(U, V)). とすると，U=2, V=3 が得られる．これは，単位節 a(0) や b(1) よりも，確定節「a(2) <== c(2)」と「b(3) <== d(3)」が優先して選択されたことによる．

6.6 例 6.2 の vending-machine.pl の 1〜7 行目に加えて，投入総額を計算するための述語「total」と，「購入 2」を用いる．total では，再帰呼び出ししながらリスト（たとえば，[100,50]）の各要素の総和（100+50=150）を計算する．リスト処理については補遺を参照のこと．
```
価格 (a, 100).  価格 (b, 150).   価格 (c, 200).
ボタン (黄, a).  ボタン (赤, b).  ボタン (緑, c).
購入 (X, Y, Z) :- 価格 (Z, X), ボタン (Y, Z).
total([], 0).  total([C|Cs], S) :- total(Cs, S1), S is C + S1.
購入 2(M, B, G) :- total(M, Ms), 購入 (Ms, B, G).
```

参考文献

本書全般に関するもの
- [1] 長尾真ほか 編：岩波情報科学辞典，岩波書店，1990
- [2] J. van Leeuwen 著，廣瀬健ほか 監訳：コンピュータ基礎理論ハンドブック I「アルゴリズムと複雑さ」，丸善，1994
- [3] J. van Leeuwen 著，廣瀬健ほか 監訳：コンピュータ基礎理論ハンドブック II「形式的モデルと意味論」，丸善，1994

用語・記号・概念については，主に文献 [1, 2, 3] を参考とした．
- [4] 細井勉 著：計算の基礎理論，教育出版，1975
    数学の準備（集合，論理，数），チューリング機械，帰納的関数，停止問題に関する記述がある．とくに，帰納的関数については，自然数の体系を形式化することを通じて詳しく論じられている．
- [5] 井田哲雄 著：計算モデルの基礎理論，岩波書店，1991
    機械モデル（チューリング機械），関数モデル（帰納的関数，ラムダ計算），論理モデルについての記載があり，本書全般を通じての参考書でもある．本書でとりあげなかった計算モデル（書換えモデル，代数モデル）についての詳しい記述がある．
- [6] 川合慧，萩谷昌己 著：コンピューティング，放送大学教育振興会，2015
    オートマトン，チューリング機械，ラムダ計算，関数プログラミング，論理計算など計算モデル全般について述べられている．

第 1 章　計算モデルに関するもの
- [7] 井田哲雄，浜名誠 著：計算モデル入門，サイエンス社，2006
    [5] と同様に，チューリング機械，帰納的関数，ラムダ計算などがとりあげられており，それぞれについて簡潔にまとめられている．
- [8] 淵一博，黒川利明 編著：新世代プログラミング，共立出版，1986
    ラムダ計算や論理プログラミングの基礎概念に加えて，プログラミングパラダイムの観点から，関数型プログラミング，論理型プログラミング，オブジェクト指向プログラミングの他，各種プログラミング言語（Prolog, Lisp など）についても記述されている．
- [9] 井田哲雄 著：プログラミング言語の新潮流，共立出版，1988
    ラムダ計算，論理型言語の計算モデルに加えて，Scheme, Lisp, Prolog など，計算モデルとプログラミング言語との関連についても述べられている．

第 2 章　抽象機械型計算モデルに関するもの

文献 [4], [5], [8] のほか，
- [10] M. Davis 著，渡辺茂，赤摂也 訳：計算の理論，岩波書店，1966
    チューリング機械と帰納的関数の計算可能性についての理論的な議論が展開されている．
- [11] M. L. Minsky 著，金山裕 訳：計算機の数学的理論，近代科学社，1970
    チューリング機械の基礎から万能チューリング機械，帰納的関数との関係，レジスタ機械について述べられている．とくに，チューリング機械の種類やレジスタ機械の命令セット

についての議論が詳しい．
- [12] 星野力 著：甦るチューリング，NTT 出版，2002
  チューリング機械の他，チューリングテストなど，コンピュータ科学の創始者としてのチューリングについて，人生とともに述べられている．
- [13] 渡辺治，米崎直樹 著：計算論入門，日本評論社，1997
  チューリング機械や帰納的関数，ラムダ計算に関する記述があり，例題が参考になる．計算モデルどうしの計算可能性の議論も詳しい．

第 3 章 命令型計算モデルに関するもの

文献 [2] のほか，
- [14] 笠井琢美，戸田誠之助 著：計算の理論，共立出版，1993
  各種レジスタ機械ならびに，while 文によるプログラムについての計算可能性について述べられている．
- [15] 阿部彩芽，笠井琢美 著：チューリングの考えるキカイ，技術評論社，2018
  [14] における計算可能性の話題を中心に，イラストを交えながら平易な言葉で説明している．
- [16] 小林孝次郎 著：計算可能性入門，近代科学社，1980
  レジスタ機械 (RAM)，帰納的関数，チューリング機械，それぞれについての説明のほか，相互の関係についても詳しく述べられている．
- [17] Z. Manna 著，五十嵐滋 訳：プログラムの理論，日本コンピュータ協会，1975
  流れ図について詳しく述べられているほか，述語論理についての記述が詳しい．本書ではとりあげなかったプログラムの検証についても述べられている．
- [18] E. Engeler 著，稲垣康善 訳：計算の理論入門，日本コンピュータ協会，1976
  流れ図の標準形や計算可能性について詳しい．
- [19] E. N. Yourdon 編：Classics in Software Engineering, Yourdon Press, 1979
  構造化プログラミング（流れ図の標準形も含む）を中心とした，ソフトウェア工学に関する 1970 年代の研究論文集．
- [20] 中植正剛，太田和志，鴨谷真知子 著：Scratch で学ぶ プログラミングとアルゴリズムの基本，日経 BP 社，2015
  Scratch の各種ブロックの使い方，関数の定義の仕方のほか，サーチやソートなどのアルゴリズムの実現法について詳しい．

第 4 章 関数型計算モデル（帰納的関数）に関するもの

文献 [4], [5], [8], [13] のほか，
- [21] 高橋正子 著：計算論，近代科学社，1991
  主にラムダ計算について詳細な議論が行われているが，帰納的関数，流れ図，N プログラムについても述べられている．
- [22] 高橋正子 著：コンピュータと数学，朝倉書店，2016
  文献 [21] の前半にあたる帰納的関数について，N プログラムを用いながら，より詳細な議論が行われている．
- [23] 廣瀬健 著：計算論，朝倉書店，1975
  チューリング機械と帰納的関数について詳しい．
- [24] 向井淳 著：入門 Haskell，毎日コミュニケーションズ，2006
  Haskell のインストール法，本書でとりあげなかった構文やデータ型，関数などについて述べられている．

第 5 章　ラムダ計算に関するもの

文献 [3], [5], [8], [21] のほか,

[25] 横内寛文 著：プログラム意味論, 共立出版, 1994
　　ラムダ計算の基礎, コンビネータ, 計算可能性, 関数型言語に加えて, 型付きラムダ計算やカテゴリー理論の記述がある.

[26] H. P. Barendregt 著, The Lambda Calculus (2nd Edition), North Holland, 1984
　　ラムダ計算の専門書. 型付きラムダ計算やカテゴリー理論の記述がある.

[27] 木村泉, 米澤明憲 著：算法表現論, 岩波書店, 1982
　　手続き型や関数型のプログラミングについての基礎概念のほか, ラムダ計算, 抽象データ型, 型理論, アクター理論についても述べられている.

[28] 中島玲二 著：数理情報学入門, 朝倉書店, 1982
　　ラムダ計算の基礎理論について, スコット理論も含め述べており, とくに, ラムダ計算の計算可能性や手続き型プログラムとの関係について詳しい.

[29] H. Abelson, G. Sussman and J. Sussman 著, 和田英一 訳：計算機プログラムの構造と解釈（第 2 版）, 翔泳社, 2014
　　計算機科学の基本となるデータ抽象, 遅延評価, 状態をもつオブジェクト, 非決定性, 並列性などについて, Scheme を用いながら述べられている. さらに, レジスタ機械とともにインタープリタ, コンパイラの Scheme による実装法が詳しい.

[30] 猪股俊光, 益崎真治 著：Scheme による記号処理入門, 森北出版, 1994
　　Scheme による関数プログラミング全般の説明のほか, Scheme を用いた Lisp 処理系の記述, 数式処理, 状態空間探索, 演繹的推論など記号処理のための実装法が述べられている.

第 6 章　論理型計算モデルに関するもの

文献 [5], [8] のほか,

[31] 萩谷昌己, 西崎真也：論理と計算のしくみ, 岩波書店, 2007
　　1 階述語論理, 帰納的関数, ラムダ計算などについて, 計算可能性の観点から詳しく述べられている. 本書でとりあげなかった様相論理や, 型付きラムダ計算についても述べられている.

[32] 長尾真, 淵一博 著：論理と意味, 岩波書店, 1983
　　命題論理, 述語論理, 論理プログラミングについて, 例とともに述べられている.

[33] 小野寛晰 著：情報科学における論理, 日本評論社, 1994
　　命題論理, 述語論理, 導出原理が詳しい. 本書でとりあげなかった様相論理, 直観主義論理, 自然演繹についても述べられている.

[34] J. W. Lloyd 著, 佐藤雅彦, 森下真一 訳：論理プログラミングの基礎, 産業図書, 1987
　　論理プログラミングの数学的基礎から SLD 導出や論理プログラムについての説明が詳しい.

[35] 山崎進 著：計算論理に基づく推論ソフトウェア論, コロナ社, 2000
　　述語論理, 導出演繹, 論理プログラムのほか, 否定の取り扱いや非単調推論について記述されている.

索 引

英数字

∃　161, 164, 194
∀　161, 164, 194
∧　160, 164, 192
∨　160, 164, 192
¬　160, 164, 192
⟹　160, 164, 192
⟺　160, 164, 192
←　6
≡　114
⊢　166, 174
$=_\beta$　130
$\to_\beta$　125
$\overset{*}{\to}_\beta$　128
$\leftrightarrow_\beta$　130
□　168, 176
!　187
α 変換　122
β 基　125
β 正規形　126
β 変換　124, 125
β 変換列　127
δ　19, 24, 28
ε　15, 197
Σ　9, 19, 24, 28
ω　19
Ω　131, 146
1 階述語論理　160
AL プログラム　8
Church–Rosser 性　132
F　7, 54, 97, 135, 164, 192
FUNARG 問題　150
Haskell　4, 79
I　131, 146
N　9, 193
Natnum　90
PRED　44, 54, 67, 82
prf　85
PRF　98

Prolog　5, 157
RAM　45
RASP　144
Read-Eval-Print Loop　151
rf　100
RM シミュレータ　49
RM プログラム　46
Scheme　5, 116
Scratch　4, 67
SLD 導出　175, 177
SLD 反駁　177
SUCC　44, 54, 67, 80, 137
T　7, 54, 97, 135, 164, 192
TM　27
TM シミュレータ　33
UTM　36
Y　139

あ 行

アセンブリ言語　4
値呼び　146
アルゴリズム　5
アルファベット　9, 24, 28, 197
意味論　165

か 行

解決可能　140
解決不能　140
解　釈　163
開論理式　163
確定節　177
型　76
カット　187
ガード　81
カリー化　83, 148
仮引数　6, 77
含　意　192
環　境　148
関　数　75, 160, 195

関数型計算モデル　4, 75
関数型プログラミング　108
関数適用　76, 118
関数の型　83
関数の合成　77
関数閉包　149
完　全　182
冠頭論理積標準形　169, 171
冠頭論理和標準形　169
簡　約　115
木　65, 196
偽　97, 135
規　則　158
帰納的関数　4, 99, 106, 142, 183
帰納的部分関数　101
局所変数　129
空　語　197
空　節　168, 176
繰り返し　7, 48, 55, 66, 68, 71, 89, 111
クリーネの標準形定理　105
計　算　1
計算可能性　36, 51, 59
計算モデル　1
形式的体系　166
継　続　145
ゲーデル数　10, 36
減算関数　117
原始帰納的関数　4, 85
原始帰納的述語　97
原始帰納法　86, 100
健　全　182
項　160
高階関数　109, 144
後　者　9, 44
後者関数　11, 21, 29, 54, 76, 84, 85, 100, 117, 137, 183
恒　真　165
合　成　85, 100

索引

合成関数　195
公　理　166, 182
公理系　166
コード化　10
コントローラ　28, 30
コンビネータ　121

さ 行

再帰関数　79
再帰呼び出し　79
最左簡約戦略　134
最左最内戦略　147
最左戦略　134
最小化　99, 100
最内基　147
参照の透明性　108
自己記述　151, 188
事　実　158
自然数　9, 90
実　数　9
失　敗　174
実引数　6, 77
質　問　158
射影関数　85, 100
終　域　195
充足可能　165
充足不能　165
自由変数　121, 130, 162
出　現　121
述　語　158, 160, 194
述語表現可能　183
出力関数　19
出力変数　54
受理語　22
受理状態　22
順序機械　18
条件分岐　7, 48, 55, 66, 68, 71, 81, 89, 135
状　態　14
状態遷移関数　19, 24
状態遷移図　15
状態遷移表　16
状態遷移モデル　4
証　明　166
初期状態　14
真　97, 135
真理集合　164, 194
真理値　135, 164, 192
推論規則　166, 182

スコーレム関数　171
正規化戦略　134
正規化定理　134
整　数　9
静的束縛　149
正リテラル　168
節　168
節集合　168, 170
全域関数　76
線形導出　177
選　言　192
宣言型言語　184
選言標準形　169
前　者　9, 44
前者関数　11, 54, 84, 89, 139
全称記号　161, 194
全称閉包　163, 168
先　祖　65, 196
相補リテラル　168, 173
束　縛　6, 117
束縛変数　121, 129, 162
素論理式　160
存在記号　161, 194

た 行

大域変数　130
対象節　173
代　入　6, 172
単位節　176
単一化　172
単一化代入　172
値　域　195
遅延評価　147
逐次実行　6, 47, 55, 66, 71
知識ベース　156, 185
チャーチ数　136, 144
チャーチ＝チューリングの提唱　108
チャーチの提唱　108
抽象機械型計算モデル　3, 13
チューリング機械　3, 27, 51, 106
定義域　195
停止問題　5, 37
定数関数　85, 100
定　理　166
手続き型言語　184
手続的解釈　184
テープ　27

動作関数　28
導　出　167
導出木　167
導出原理　167, 173
導出節　173
導出列　174
同　値　192
動的束縛　149
頭　部　176
閉じたラムダ式　121
閉じた論理式　163

な 行

流れ図　4, 53, 61, 67, 71
流れ図の等価性　59
名前の衝突　123
名前呼び　147
入力変数　54

は 行

バックトラック　185, 186
万能チューリング機械　36, 144
反　駁　174
引　数　6, 76
ビジュアルプログラミング言語　4, 70
否　定　135, 192
評　価　116
表現関数　97
標準形　63
標準形定理　65
開いた論理式　163
複合文　6
副作用　109
不動点　138
不動点演算子　139
不動点定理　138
部分関数　76
部分式　119
負リテラル　168
プログラミング言語　3
プログラム　3
フローチャート　53
分離規則　156
閉論理式　163, 169
ヘッド　28, 30
変　数　6
変数条件　123
補助変数　54

ホーン節　176
本　体　54, 77, 176

ま　行
末尾再帰呼び出し　111, 184
命　題　160, 192
命令カウンタ　44
命令型計算モデル　4, 41
命令実行サイクル　45
命令セット　44, 52
命令レジスタ　44
目標節　176

や　行
有限オートマトン　3, 22

有理数　9
要求呼び　147

ら　行
ラムダ記法　114
ラムダ計算　5, 114, 142
ラムダ式　118
ラムダ抽象　118
ラムダ定義可能　141
ラムダ表現　141
ラムダ変数　118
リスト　116
リテラル　168
領　域　163
量化記号　161

累算器　44, 71
レジスタ機械　4, 43, 51, 61, 71
連　言　192
連言標準形　169
論理型計算モデル　5, 155
論理結合子　161, 192
論理式　160, 192
論理積　135, 192
論理積標準形　169
論理プログラム　176, 182
論理和　135, 192
論理和標準形　169

著者略歴

猪股　俊光（いのまた・としみつ）
- 1984 年　豊橋技術科学大学工学部生産システム工学課程卒業
- 1986 年　豊橋技術科学大学工学研究科生産システム工学専攻修士課程修了
- 1989 年　豊橋技術科学大学工学研究科システム情報工学専攻博士後期課程修了
　　　　　工学博士
- 1989 年　豊橋技術科学大学工学部助手
- 1992 年　静岡理工科大学理工学部講師
- 1995 年　静岡理工科大学理工学部助教授
- 1998 年　岩手県立大学ソフトウェア情報学部助教授
- 2007 年　岩手県立大学ソフトウェア情報学部教授
　　　　　現在に至る

山田　敬三（やまだ・けいぞう）
- 1995 年　九州工業大学情報工学部知能情報工学科卒業
- 1997 年　九州工業大学大学院情報工学研究科情報科学専攻博士前期課程修了
- 2000 年　九州工業大学大学院情報工学研究科情報科学専攻博士後期課程修了
　　　　　博士（情報工学）
- 2000 年　九州工業大学情報工学部知能情報工学科助手
- 2006 年　岩手県立大学ソフトウェア情報学部講師
　　　　　現在に至る

編集担当　宮地亮介（森北出版）
編集責任　藤原祐介（森北出版）
組　　版　中央印刷
印　　刷　同
製　　本　ブックアート

計算モデルとプログラミング　　　© 猪股俊光・山田敬三　2019

2019 年 4 月 19 日　第 1 版第 1 刷発行　　【本書の無断転載を禁ず】
2021 年 7 月 26 日　第 1 版第 2 刷発行

著　　者　猪股俊光・山田敬三
発行者　　森北博巳
発行所　　森北出版株式会社
　　　　　東京都千代田区富士見 1-4-11（〒102-0071）
　　　　　電話 03-3265-8341／FAX 03-3264-8709
　　　　　https://www.morikita.co.jp/
　　　　　日本書籍出版協会・自然科学書協会　会員
　　　　　JCOPY ＜（一社）出版者著作権管理機構　委託出版物＞

落丁・乱丁本はお取替えいたします．

Printed in Japan／ISBN978-4-627-85471-0